R과 통계적 방법을 활용한

탐색적 데이터 분석

Exploratory Data Analysis *and Visualization*
using R and Statistical Methods

고승곤 지음

4R's

Re-sistance

Re-siduals

Re-expression

Re-velation

KYOWOO

R과 통계적 방법을 활용한

탐색적 데이터 분석

Exploratory Data Analysis *and* Visualization
using R and Statistical Methods

고승곤 지음

*Far better an approximate answer to the right question,
which is often vague, than an exact answer to the wrong
question, which can always be made precise.*
J. W. Tukey (1962)

항상 정확할 수 있는
잘못된 질문에 대한 정확한 답변보다
종종 모호하지만 올바른 질문에 대한 대략적인 답변이
훨씬 더 좋습니다.

Is it not time to seek out novelty in data analysis?
Tukey (1962)

데이터 분석에서
새로움을 추구할 때가 되지 않았습니까?

시작하며

디지털 전환(Digital Transformation; DX)이라는 용어가 정치, 경제, 사회 그리고 일상에서 조차 흔한 단어가 되었다. 이는 우리 모두가 급속한 변화의 중심에 있음을 의미하며 지금까지와는 다른 어떤 노력이 필요함을 강조하는 것이라고 생각한다. 누구나 디지털(Digital)을 원한다. 따라서 디지털 전환을 서로 다른 관점 - 기술, 자동화, 인공 지능, 네트워킹 등 - 에서 이야기한다. 하지만 가장 광범위하면서도 기본적인 디지털 전환은 데이터(data) 전환이다. 데이터는 장치-사물-사람 간의 초연결을 달성할 수 있는 유일한 프로토콜(protocol)이기 때문이다.

디지털 전환 시대의 역량 중의 핵심은 데이터 리터러시(Litelacy)라고 할 수 있다. 이는 데이터를 목적에 적합하게 활용하기 위한 수집, 분석 그리고 해석 능력을 말한다. 다행히도 우리는 통계학(Statistics)을 전공하거나 이에 관심을 가지고 있어서 어느 정도의 데이터 리터러시를 갖추고 있다고 할 수 있다.

지금까지의 데이터 분석은 유용성이 검증된 통계 소프트웨어 - SAS, SPSS, Minitab 등 -을 활용하여 학습된 이론과 방법을 비교적 쉽고 정확하게 구현할 수 있었다. 이는 앞으로도 당분간 데이터 분석의 정석으로 남을 것이다. 하지만 기업과 기관에서 목적이 명확하지 않거나 정제되지 못한 데이터가 분석 대상으로 등장하고, 각 분야에서 데이터 분석 방법에 대한 새로운 시도가 급증하며, 그 결과에 대한 실시간 해석이 일상화되어 감에 따라 프로그래밍(programming)에 기반한 융통성있는 그리고 데이터의 변경에도 즉시 재생 가능한(reproducible) 방법들이 곧 주류가 될 것이라는 예상은 틀리지 않을 것이다.

R은 통계 계산과 그래픽 중심의 프로그래밍 언어(programming language)이다. 기존의 통계 소프트웨어와 비교할 때 번거로운 점이 없지 않지만, 올바른 방향으로 노력하는 경우 쉽게 익숙해 지고 다양한 분석을 융통성있게 그리고 효율적으로 실행할 수 있다. 또한 다양한 사용자 그룹의 경험을 공유할 수 있는 R-Community가 잘 발달되어 있어서 익숙하지 않은 명령과 함수들에 대한 유용한 도움을 받을 수 있다.

탐색적(Exploratory) 데이터 분석은 1970~1990년대 제안되고 정립된 방법이다. 이는 당시 주류 분석 방법이었던 확률 모형과 임의성이 보장된 데이터에 기반한 통계적 추론 중심의 확증적(Confirmatory) 데이터 분석을 보완하기 위하여 제안되었다. 따라서 이는 확률적 근거 하에서 적용되던 이론 중심의 데이터 분석 대신에 데이터에 대한 전반적인 이해를 돕기 위한 데이터 자체의 특징과 내재한 구조적 관계를 파악하기 위한 숫자들의 패턴 검토와 그래프 요약 작업들로 구성된다. 최근의 데이터 전성 시대 한 가운데서 다양한 양과 질의 데이터로 부터 합리적인 해석을 요구 받는 개인과 조직이라면 반드시 습득해야 할 필수 데이터 분석 방법이라고 할 수 있다.

이 책은 탐색적 데이터 분석의 핵심 개념인 4R's - 저항성, 잔차 중심, 재표현, 현시성-을 위한 핵심 방법들을 중심으로 통계학과 또는 데이터 관련 학과의 2학년 또는 3학년의 한 학기 과정(15주)에 적합하도록 정리하였다. 2장과 3장의 R 관련 기초 내용과 본문의 R관련 실습 문제는 수업 시간에 일일히 설명하기 보다는 숙제 또는 개인 학습을 통하여 습득하는 것을 추천한다. 이를 위하여 각 내용을 설명하면서 코드(code) - 결과(output)를 순차적으로 빠짐 없이 나열하고자 하였다. 모든 코드는 직접 입력해 보는 것을 추천한다.

매번 느끼는 것이지만 책을 적는다는 것은 긴 시간 동안의 극심한 노동을 필요로 한다. 이번 작업에서는 R Bookdown Package을 활용하여 비교적 짧은 시간에 책의 편집을 마무리할 수 있었다. 이러한 기술에 기여해 주신 많은 개발자분들께 깊이 감사드리며, 이를 사용한 사람의 깊은 감동을 꼭 전해드리고 싶다. 이러한 노동과 노력 뒤에 출간한 책이라고 할지라도 부족한 점과 뜻하지 않은 실수가 존재할 것이다. 이는 꾸준히 보완할 것을 약속드리며, 실제 기업의 현장에서 필요로 하는 내용을 추천해 주고 최종본의 내용 검토에 바쁜 시간을 할애해 준 LG전자(주) 박현진 선임과 주제의 생소함에도 흔쾌히 출판을 허락해 주신 교우사 오판근 사장님 그리고 출판 관계자 분들께 깊은 감사를 드린다.

2023. 1. 1.

저자 고승곤

차례

그림 차례

표 차례

1 개요

탐색적 데이터 분석은 탐정 활동이다. Exploratory data analysis is detective work - numerical, counting or graphical detective work, Tukey(1977)[1]

[그림 출처] https://www.oneeducation.org.uk

데이터 분석(Data Analysis)은 통계학(Statistics)과 다양한 응용 분야간의 중요한 연결 고리이다. 이는 원시 데이터(raw data)로 부터 새로운 사실(fact), 실행 가능한 통찰(insight) 그리고 유용한 지식(knowledge)으로 전환하기 위한 도전적인 활동이며(고승곤, 2014), 크게

[1]Tukey, J. W. (1977). Exploratory data analysis, Reading, MA

탐색적(Exploratory) 단계와 확증적(Confirmatory) 단계로 구분된다[Mallows and Tukey (1982)][2].

탐색적 단계는 사전 가정 없이 데이터의 특징과 내재한 구조적 관계를 파악하기 위한 작업들로 구성된다. 이러한 작업은 있는 그대로 데이터를 해석하고 숫자들의 패턴을 검토하는 과정을 통하여 데이터에 대한 전반적인 이해를 돕는다. 따라서 탐색적 단계에서는 특정 가설 또는 사실을 증명하기 보다는 새롭게 증명되어야 할 가설(hypotheses)을 선별하는 것을 주 목적으로 한다.

확증적 단계는 탐색적 단계에서 수집된 정보에 대한 실증적 평가 그리고 도출된 가설의 검증을 목적으로 한다. 이들 각 단계는 [그림 1.1]과 같이 상호 보완적이며 순환적이다. 이러한 과정은 반복적으로 적용될 수 있으며 필요에 따라 추가 데이터 그리고/또는 새로운 데이터의 수집을 필요로 할 수 있다(허명회, 2012).

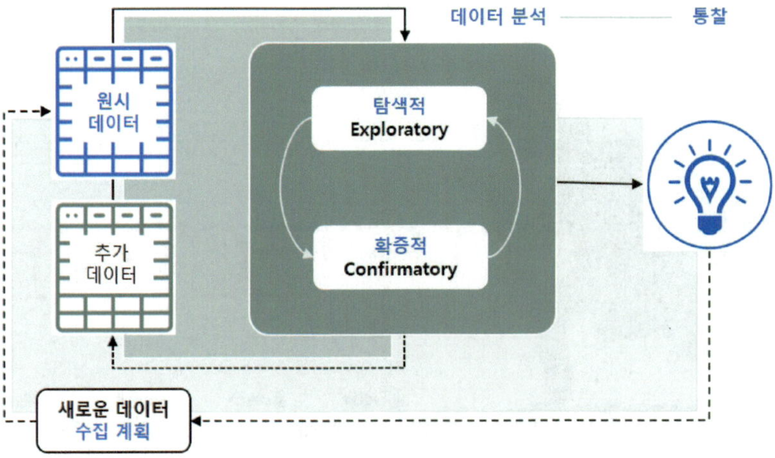

그림 1.1: 통찰 확보를 위한 데이터 분석의 실행 구조

탐색적 데이터 분석(Exploratory Data Analysis; 이하 EDA)은 프린스턴 대학의 (Princeton University) John W. Tukey교수에 의하여 정립된 개념과 방법으로 [그림 1.2]의 중요 저서

[2] Mallows, C. L., & Tukey, J. W. (1982). An overview of techniques of data analysis, emphasizing its exploratory aspects. Some recent advances in statistics, 33, 111-172.

들과 다양한 논문을 통하여 이론적 근거와 활용 방법을 제시하였다.[Friendly (2022)][3][Mosteller and Tukey (1977)][4][Hoaglin et al. (1983)][5][Hoaglin et al. (2011)][6].

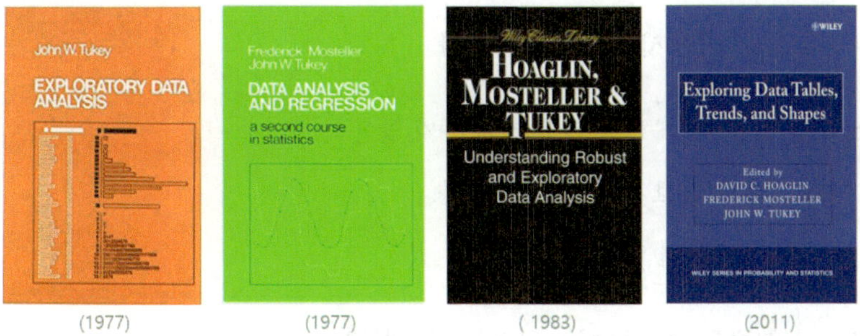

그림 **1.2:** EDA 정립에 기여한 Tukey 교수의 중요 저서

일반적으로 통계 분석은 특정 분포(일반적으로 **정규 분포**)를 가정한 모집단으로 부터의 임의 추출된 표본을 가정한다. 이때 **평균**(mean)은 다음의 목적 하에서 가장 바람직한 추정값이 된다.

$$\min_{\mu}\sum_{i=1}^{n}(y_i-\mu)^2 \;\rightarrow\; \hat{\mu}=\frac{\sum_{i=1}^{n}y_i}{n}$$

또한 계산된 평균값 $\hat{\mu}$를 이용하여 (1) 모집단 평균(μ)이 포함될 것으로 예상되는 $(1-\alpha)\times 100\%$ 신뢰 구간(Confidence Intervals)을 정의하는 구간 추정(Interval Estimation)을 실행하거나 (2) 사전 정의된 가설에 대하여 유의 수준 α 하에서의 가설 검정(Hypothesis Testing)을 적용하여 모집단 평균 μ에 대한 정보를 확증한다. 이와 같이 모집단에서 정의되는 관심 모수(parameter(s))에 대한 확증적 결과를 도출하는 과정을 확증적 데이터 분석(Confirmatory Data Analysis; 이하 CDA)라고 부른다. 이는 관찰된 데이터를 생성할 수 있는 확률 모형을 정의하고 해당 확률 모형의 알려지지 않은 모수들을 추정하는 방법으로 데이터로부터 정보를 도출한다(고승곤, 2020).

[3]Remembrances of Things EDA, Michael Friendly, Published for Tukey Dayv, June 16, the 107th anniversary of John Tukey's birth <https://nightingaledvs.com/remembrances-of-things-eda/>

[4]Mosteller, F., & Tukey, J. W. (1977). Data analysis and regression. A second course in statistics. Addison-Wesley series in behavioral science: quantitative methods.

[5]Hoaglin, D. C., Mosteller, F., & Tukey, J. W. (1983). Understanding robust and exploratory data anlysis. Wiley series in probability and mathematical statistics.

[6]Hoaglin, D. C., Mosteller, F., & Tukey, J. W. (Eds.). (2011). Exploring data tables, trends, and shapes. John Wiley & Sons.

EDA는 CDA를 적용하기 전에 데이터에 내재한 기본 패턴과 구조를 탐색하고 CDA를 통하여 실증해야할 정보와 가설을 도출하는 것을 목적으로 적용된다. EDA는 간단한 통계 계산과 다양한 도표 표현(graphical displays)을 통하여 데이터에 대한 이해도와 실무 적용도를 높이기 위하여 제안된 것으로 다음과 같은 점에서 CDA와 구별된다.

- 모집단(Population)에 대한 가정을 전제하지 않는다.
- 주어진 데이터로 부터 정보 도출에 집중한다.
- 추론적인 목표를 설정하지 않는다.

또한 다음과 같은 실행적(practical) 요소를 강조한다.

- 데이터 분석의 시작은 적용 범위(scope)와 유용성(usefulness)을 추구해야 한다.
- 데이터 분석의 과정은 불충분한 증거가 더 자주(shall more often) 올바른 답을 제시할 수 있도록 적당히 자주 오류를 범할 용의(willing to err moderately often)가 있어야 한다.
- 데이터 분석의 해석에서 수리적 결과는 입증의 근거가 아닌 판단의 근거로 사용해야 한다.

1.1 4R's

EDA는 (1) 결과를 직접 보는것(숫자 또는 그림) (2) 단순하고 직관적인 계산 (3) 적합성과 함께 잔차에 대한 심도있는 고찰 (4) 순차적인 단계에 의한 보다 개선된 이해와 해석 그리고 (5) 공식적이던 비공시적이던 단지 확률(probability)만으로 판단하지 않아야 함을 강조하면서 [그림 1.3]와 같이 4 가지 핵심 개념인 4R's를 제시하였다[Hoaglin et al. (1983)][7].

[7] Hoaglin, D. C., Mosteller, F., & Tukey, J. W. (1983). Understanding robust and exploratory data anlysis. Wiley series in probability and mathematical statistics.

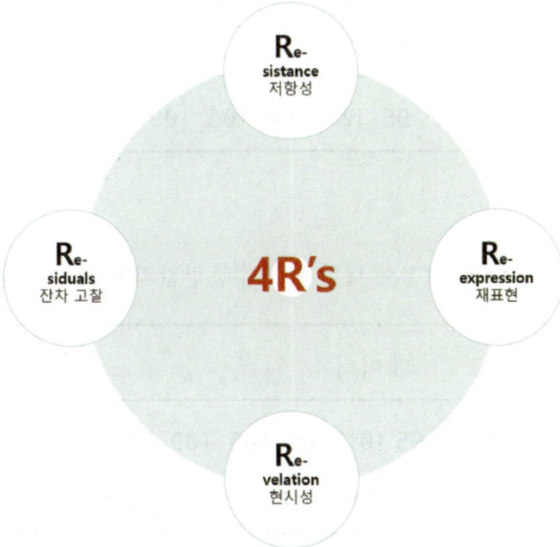

그림 1.3: EDA의 핵심 주제: 4R's

1. 저항성(Resistance)

   분석의 결과는 정확하지 못한 관찰 또는 이상점(outliers)에 둔감(robust)해야 한다. 평균(mean)과 표준편차(standard deviation)와 비교할 때, 순서 통계량(order statistic)의 순위(rank)에 기반한 중앙값(median) 또는 사분위수(quartiles) 등이 잘못 측정된 값 그리고/또는 이상점들의 포함 여부에 대하여 영향을 덜 받는다. 따라서 이러한 통계량을 사용한다면 그 결과는 비정상적인 값에 대하여 저항성(resistance)을 가질 뿐만 아니라 데이터를 객관적으로 설명하는데 유용할 수 있다.

[표 1.1]의 2 종류의 데이터 세트 A와 B는 가장 큰 값을 제외하고는 모두 동일한 값으로 구성되었다. 이들 데이터로 부터 각각 평균과 중앙값을 계산해 보면, 평균은 극단값(extreme value)의 영향을 받지만, 중앙값은 영향을 받지 않는 것을 확인할 수 있다. 또한 [표 1.2]는 A에서의 값 95를 950으로 잘못 입력된 경우의 평균과 중앙값이다. 이 경우 역시 평균보다 중앙값이 영향을 적게 받는 것을 확인할 수 있다.

표 1.1: 극단값 포함 여부에 대한 평균과 중앙값의 변화 I(가상 데이터)

	데이터	평균	중앙값
A	75 83 84 94 95 101 104 106 109 120	97.1	98.0

	데이터	평균	중앙값
B	75 83 84 94 95 101 104 106 109 500	135.1	98.0

표 1.2: 극단값 포함 여부에 대한 평균과 중앙값의 변화 II(가상 데이터)

	데이터	평균	중앙값
A	75 83 84 94 95 101 104 106 109 120	97.1	98.0
B	75 83 84 94 950 101 104 106 109 500	182.6	102.5

2. 잔차(Residuals) 고찰

   특정 모형(model)을 적합(fitting)하는 것은 **주 경향성**을 파악하는 것으로 간단하고 유용한 정보를 제공하지만 항상 **부분적인 요약**이라는 한계가 있다. 또한 주 경향성에서 설명되지 못한 대부분의 중요한 근거는 **잔차 = 데이터 - 적합**에 포함된다. 따라서 잔차에 대한 심도있는 고찰은 항상 의도하지 않았던 새로운 사실을 확인할 수 있는 근거를 제공한다.

[그림 1.4]는는 **2021년 국내 연봉 상위 100 직업**(단위:만원)을 조사한 것이다[8]. 고려된 100개 직업의 평균은 약 **5,712(만원)**이며, 중앙값은 **5,211(만원)**이다. 약 **500(만원)**의 차이가 작지 않다면, 고려된 100개의 연봉 중에는 값이 큰 극단값이 존재함을 예상할 수 있다. [그림 1.4]의 각 직업별 연봉을 $x_i, i = 1, 2, \ldots, 100$라고 할 때, 모든 데이터를 표현할 **통계적 모형**(statistical model)은 다음과 같다.

$$x_i = \mu + \epsilon_i,\; i = 1, 2, \ldots, 100$$

여기서 μ는 평균 또는 중앙값으로 **주 경향성** 그리고 ϵ_i, $i = 1, 2, \ldots, 100$은 잔차(residuals)를 나타낸다. 만일 특정 직업 x_i에 관심이 있다면, 주 경향성인 μ 보다는 **잔차**인 ϵ_i를 고찰하는 것이 유용함을 확인할 수 있다.

[8] 2021년 한국의 직업 정보(고용노동부) https://www.moel.go.kr

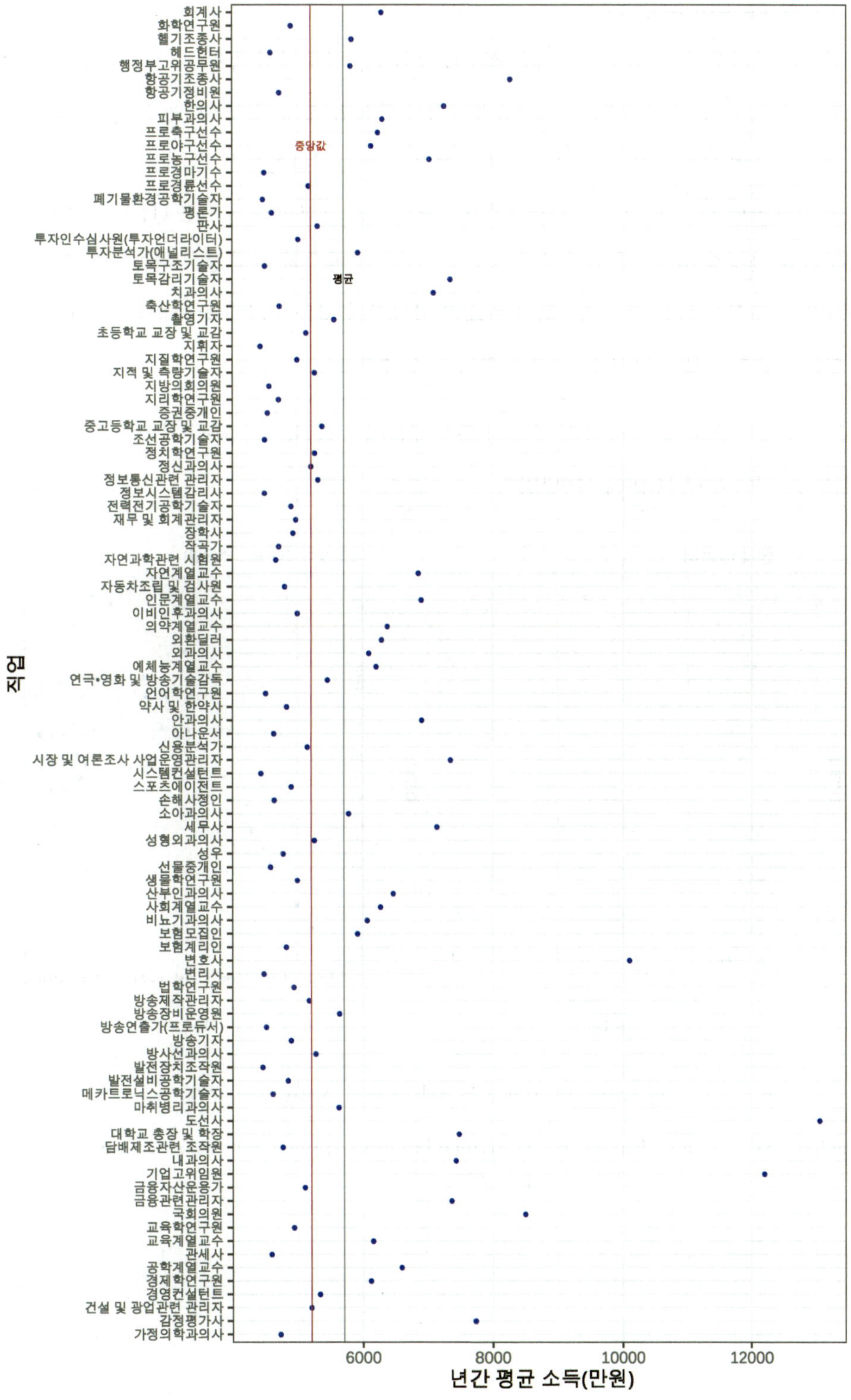

그림 1.4: 국내 연봉 상위 100 직업(단위: 만원)

3. 재표현(Re-expression)

   데이터에 사용된 단위(unit) 또는 척도(scale)는 실무적인 측정 용이성에 기초한다. 하지만 이러한 단위/척도가 데이터를 요약하거나 분석할 때도 적합하다는 보장은 없다. 실제로 많은 경우에 분석과 해석을 위하여 원시 데이터를 로그(logs) 또는 제곱근(square roots)을 이용하여 새로운 척도로 재표현하여 사용한다. 이러한 재표현은 (1) 분포의 대칭성 (2) 분산의 안정성 (3) 관계의 선형성 그리고 (4) 관련 변수의 가법성을 확보하여 쉬운 분석과 유용한 해석을 도울 수 있다. 또한 재표현 사다리(ladder of re-expression)는 어떤 변환을 사용할 것인가에 대한 기준과 방법을 결정하는데 도움을 준다.

[그림 1.5]는 28 종의 육상 서식 동물들의 몸무게(weights; kg)와 뇌 무게(brain; g)를 조사한 것이다[Venables and Ripley (1999)][9].

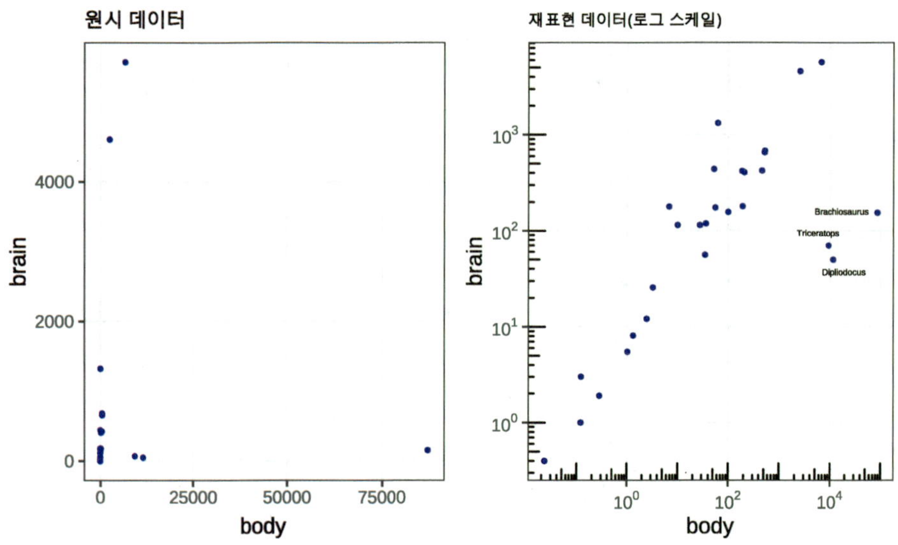

그림 1.5: 28 종의 몸무게(Kg)와 뇌무게(g)간의 관계

[9]Venables, W. N. and Ripley, B. D. (1999) Modern Applied Statistics with S-PLUS. Third Edition. Springer. <https://cran.r-project.org/> MASS:Animals

그림 1.6: [재표현 데이터] 그림에서 패턴을 벗어난 3 종류의 동물들

[그림 1.5]의 [원시 데이터]에서는 2 개의 변수 간의 패턴을 확인할 수 없다. 하지만 2 개의 변수에 $\log_{10}(\cdot)$ 변환을 적용한 [재표현 데이터]에서는 [그림 1.6]의 일부 데이터 - Brachinosaurus, Triceratops, Dipliodocus - 를 제외하고는 선형에 가까운 패턴이 존재함을 확인할 수 있다. 또한 변환된 데이터는 다음의 통계적 모형을 이용하여 몸무게와 뇌무게 간의 주요약과 잔차를 파악하여 보다 정제된 정보를 도출할 수 있다.

$$log_{10}(\text{brain}_i) = \beta_0 + \beta_1 log_{10}(\text{body}_i) + \epsilon_i,\ i = 1, 2, \dots, 28$$

4. 현시성(Revelation)

   EDA는 패턴을 찾거나 적합도를 표시하기 위하여 그래프 사용을 강조한다. 그래프는 숫자만으로는 불가능한 다양한 정보를 표현하고 전달할 수 있다. 따라서 실제로 수치 요약을 하기 전에 다양한 그래프를 시도해 볼 필요가 있다. 그래프는 데이터에 내재한 정보를 효율적으로 검토할 수 있는 유용한 도구임과 동시에 수량화된 데이터의 요약-비교-관계의 탐색을 돕고 도출된 결과에 대한 명확한 의사 소통을 도울 수 있다.

EDA의 매력 중 하나는 간단하고 유용한 방법들 - [그림 1.7]과 같은 집계(tally) 방법과 줄기-잎(stem-and-leaf) 그림 등 - 을 제공한다는 것이다. 이러한 방법들은 다양한 그래픽 소프트웨어(graphics software)의 등장으로 보다 쉽게 적용할 수 있게 되었다. EDA의 개념과 방법들은 데이터 시각화(visualization)를 위한 다양한 동적(dynamic) 그리고 대화형(interactive) 그래픽 소프트웨어의 성장에 지대한 영향을 주었다. 다시 말해, 새로운 그래픽 소프트웨어의 개발로

인하여 EDA가 중요해 진 것이 아니라, EDA에서 제시된 개념과 방법들을 쉽고 다양하게 적용할 수 있도록 데이터 시각화 소프트웨어가 발전하고 있다는 것이다[Friendly (2008)][10].

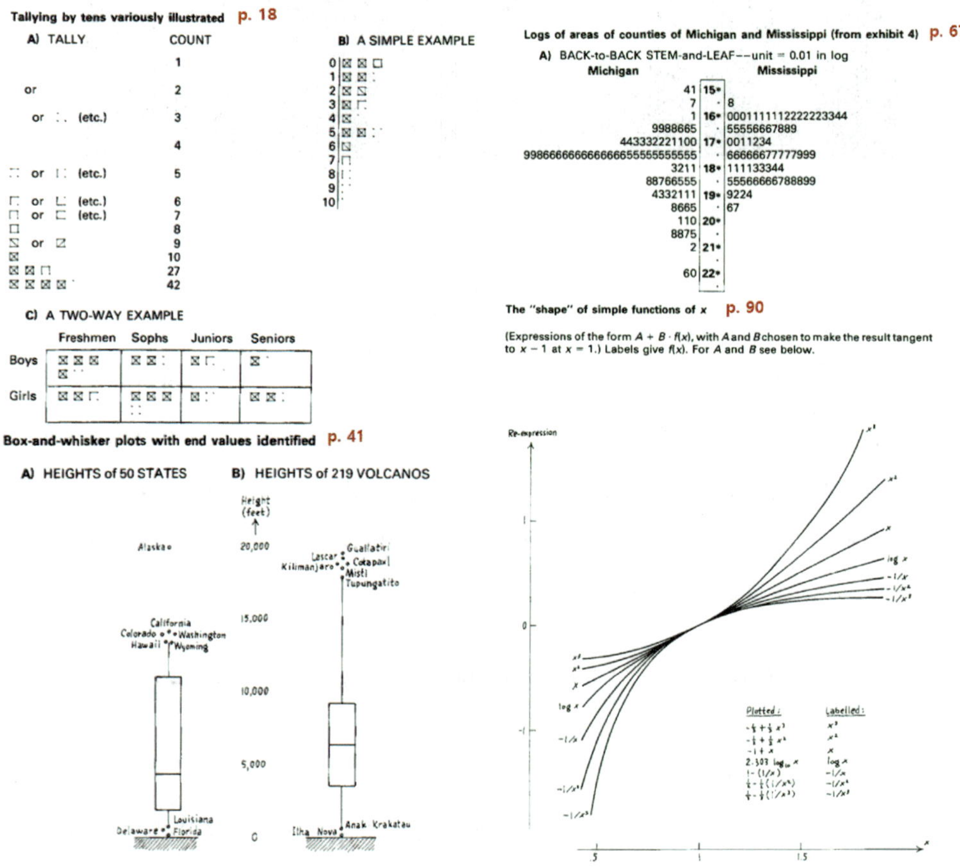

그림 1.7: Tukey의 요약, 비교 그리고 관계 도출과 관련된 아이디어(1977)

1.2 EDA의 중요 방법

EDA의 방법들은 컴퓨터의 활용이 제한되었던 1970~1990년대에 소개되었다. 이들은 수작업(pencil-and-paper)을 전제로 소개되었지만, 현재의 컴퓨터 환경을 기초로 하는 데이터 분석에서도 중요한 역할을 한다. 핵심적인 개념을 이해할 수 있는 방법들을 목적에 따라 정리해 보면 [표 1.3]과 같다.

[10]Friendly, M. (2008). A brief history of data visualization. In Handbook of data visualization (pp. 15-56). Springer, Berlin, Heidelberg.

표 1.3: EDA의 분석 목적별 중요 방법

목적	방법
요약	중앙값(median), 순서 통계량(order statistics)
	문자 값 요약(letter value Summaries)
	다섯 숫자 요약(five-number summaries)
	삼 평균(tri-mean)
	사분위수 범위(Inter Quartile Range)
	펜스(fences), 스텝(step)
비교	박스 그림(Box Plot)
	문자값 그림(letter value plot)
	산포-수준 그림(spread-level Plot)
	중앙값 정제(median polish)
관계	대칭도(symmetry plot)
	3-요약 점(three-summary points)
	직선화(streightening)
	저항선(resistance line)
	평활화(smoothing)
변환	재표현의 사다리(ladder of re-expression)

2 R 시스템

R은 통계 계산(statistical computing)과 그래프(graphs) 생성을 위한 무료 소프트웨어 환경이다.

R은 GPL(General Public License)하에서 [그림 2.1]의 CRAN(The Comprehensive R Archive Network)을 통하여 공유된다[1].

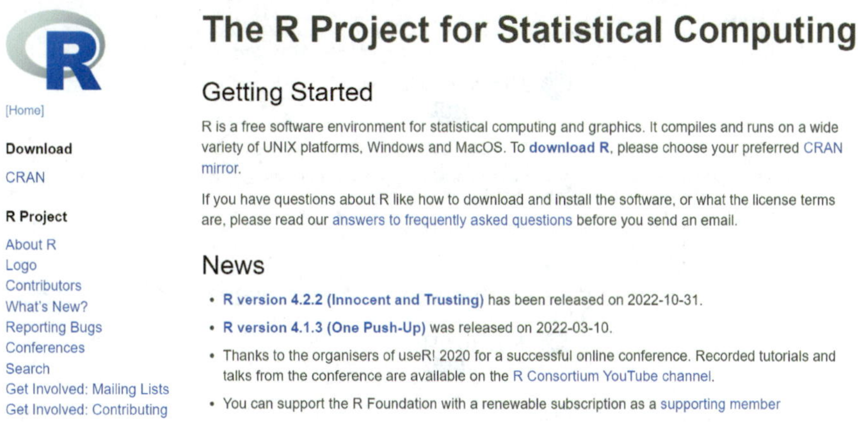

그림 2.1: The R Project Homepage: `https://www.r-project.org/`

R은 1980년대 초 Becker와 Chambers에 의하여 개발된 통계 프로그래밍 언어 S와 상용 제품인 S-PLUS에 기초를 두고 있다[Becker (1984)][2]. 이는 교육 목적으로 S의 축약형을 정리하고자 했던 뉴질랜드 오클랜드 대학교의 Ross Ihaka와 Robert Gentleman에 의하여 개발 되었고, 1995년

[1] GPL이란 사용자에게 소프트웨어를 실행, 연구, 공유 및 수정할 수 있는 자유를 보장하는 일련의 무료 소프트웨어 라이선스를 말한다, <https://en.wikipedia.org/wiki/GNU_General_Public_License>

[2] Becker, R.A.and Chambers, J.M. (1984). S: An Interactive Environment for Data Analysis and Graphics. Pacific Grove, CA, USA: Wadsworth & Brooks/Cole

GPL하에서 소스 코드(source code)가 처음 공개되었다[Ihaka and Gentleman (1996)][3]. 현재 Microsoft Windows XP 이상, Apple Macintosh OS X 그리고 다양한 Unix 및 Linux 플랫폼용으로 제공되고 있다.

2.1 R의 설치

R은 [그림 2.2]의 단계를 거쳐서 설치할 수 있다. 설치한 후 R아이콘을 선택하면 [그림 2.3]와 같은 초기 화면을 만날 수 있다.

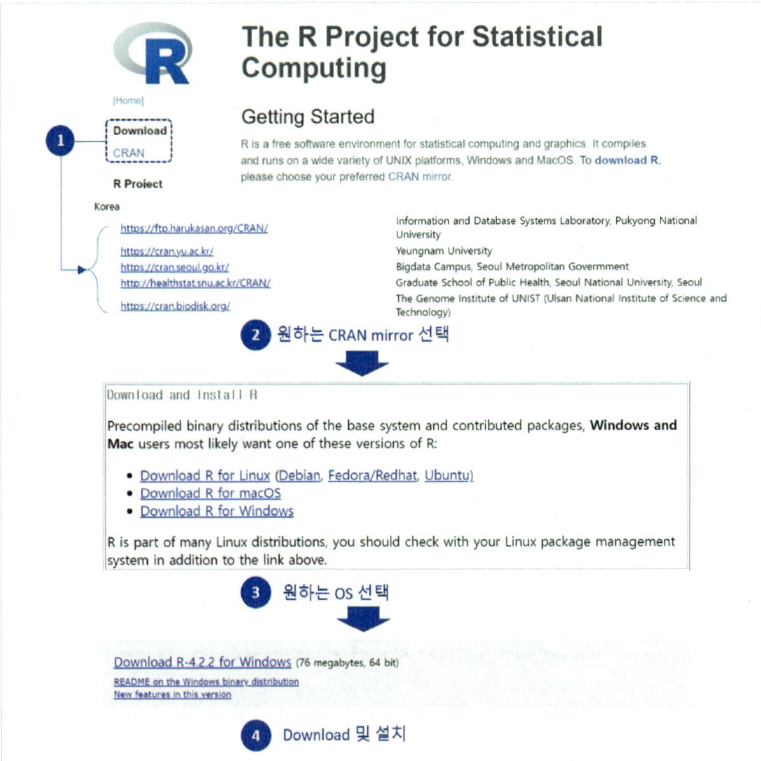

그림 2.2: R의 설치

[3]Ross Ihaka & Robert Gentleman (1996) R: A Language for Data Analysis and Graphics, Journal of Computational and Graphical Statistics, 5:3, 299-314

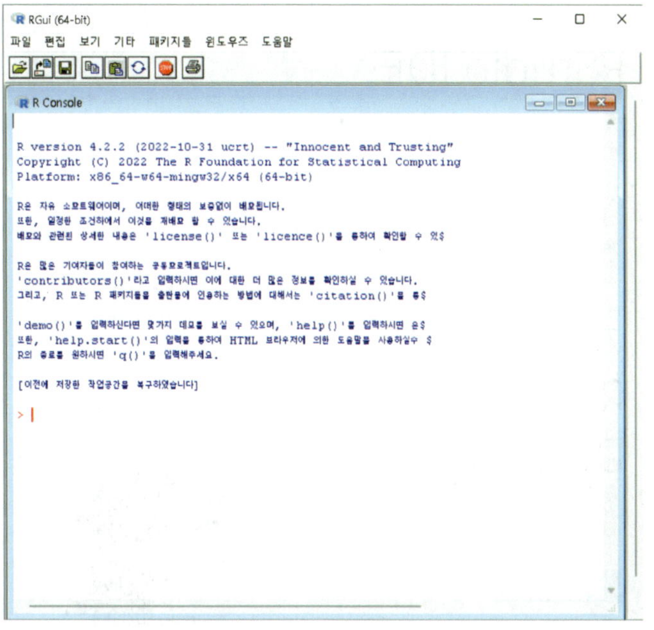

그림 2.3: R의 초기화면

2.2 Rstudio 설치

Rstudio는 **R**을 위한 통합 개발 환경(Integrated Development Environment; IDE)으로 콘솔(console), 구문 강조 에디터(editor), 그림(plotting) 도구, 명령 히스토리(history), 디버깅(debugging) 그리고 워크플레이스(workspace) 관리 등을 위한 다양한 도구를 제공한다. 이는 오픈 소스와 상용 버전으로 구분되며, Desktop용(Windows, Mac 그리고 Linux), RStudio Server 또는 RStudio에 연결된 workbench에서 실행이 가능하다. [그림 2.4]는 Dasktop의 windows용의 다운로드 페이지이다[4].

[4]2022년 Rstudio는 open-source data analysis의 효율성을 위하여 R뿐만 아니라 Python 등과 같은 다양한 언어도 함께 작업할 수 있는 all-in-one solution을 제공한다는 목표하에 사명을 posit으로 변경하였다.

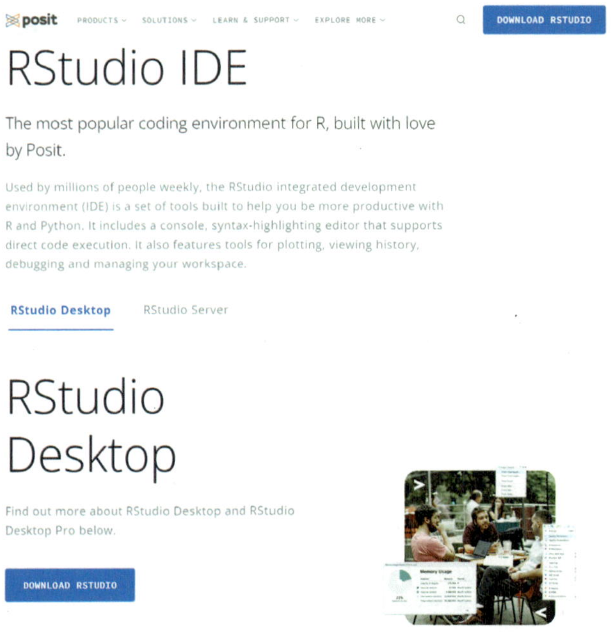

그림 2.4: RStudio Desktop용 다운 로드 페이지<https://posit.co/downloads/>

설치 파일을 실행하고 생성된 RStudio 아이콘을 선택하면 [그림 2.5]의 초기 화면을 만날 수 있다. RStudio의 화면은 기본적으로 4 개로 분할되며, 각 화면은 사용자의 편의를 돕기 위한 다양한 실행과 분석 관련 정보를 제공하다.

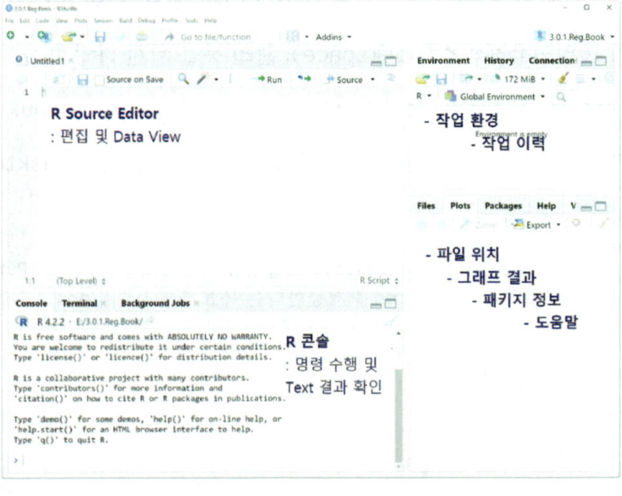

그림 2.5: RStudio 초기 화면

2.3 Add-on Package의 선택과 설치

package는 한번만 설치하면 된다.

R을 설치하면 [표 2.1]의 패키지(package)들이 기본적으로 설치된다. 이들은 데이터 분석을 위한 다양한 기능과 함수 그리고 실습을 위한 데이터 세트(data set) 를 포함하고 있다. 이들 기본 package들은 R을 구동하면 자동으로 실행 준비 상태가 된다.

표 2.1: R에서 기본 설치되는 패키지들

base	compiler	datasets	graphics	grDevices	grid	methods
parallel	splines	stats	stats4	tcltk	tools	utils

여기서 package란 사용하기 편한 번들(bundle) 형태로 제공되는 함수와 데이터의 모음을 말한다. 기본 package에서 제공하지 않는 기능과 함수 그리고 데이터 세트[5]는 필요에 따라 install.packages() 함수를 이용하여 추가적으로 설치할 수 있다[6]. 이때 package 명 앞뒤에 반드시 따옴표(" 또는 ')를 추가해야 한다. 예를 들어, tidyverse라는 package를 추가로 설치하고자 한다면, 다음의 명령을 실행한다.

```
install.packages("tidyverse")
```

설치한 package는 컴퓨터 내의 특정 폴더에 저장된다. 이를 현재의 실행 환경에 추가하기 위해서는 library() 함수를 이용하여 불러들여야 한다.

```
library(tidyverse)
```

library()에 의하여 실행 환경에 추가된 package들은 R을 종료하면 함께 종료된다.

이러한 환경 설정 방법은 R을 실행할때 마다 필요한 package들을 매번 library()를 이용하여 실행 환경에 불러들여야 한다는 단점을 갖지만, 각 분석에 필요한 package만을 선택적으로

[5]특별히 구분할 필요가 없는 경우, 데이터 세트는 간단히 데이터로 표현한다.

[6]설치된 package를 삭제하고자 하는 경우에는 remove.packages("package_name") 그리고 갱신(update)하고자 할때는 update.packages("package_name")을 사용한다.

사용하여 좀 더 간결한 환경에서 **R**을 실행할 수 있다는 장점을 제공한다. 이러한 구조를 간단히 설명하면 package를 책(book)으로 그리고 library는 도서관으로 대비할 수 있다. 사전 설치된 package(책)을 도서관인 library()에서 언제든지 실행 환경으로 불러 올 수 있다[7]. 또한 다음의 함수를 이용하여 현재 자신의 컴퓨터에서 설치된 package들을 확인할 수 있다. [그림 2.6]는 그 결과 중 일부이다.

```
library()
```

```
다음은 라이브러리 에 있는 'C:/Users      AppData/Local/R/win-
library/4.2' 패키지들입니다:

abind           Combine Multidimensional Arrays
akoini          What the Package Does (Title Case)
ape             Analyses of Phylogenetics and
                Evolution
aplpack         Another Plot Package: 'Bagplots',
                'Iconplots', 'Summaryplots', Slider
                Functions and Others
arm             Data Analysis Using Regression and
                Multilevel/Hierarchical Models
askpass         Safe Password Entry for R, Git, and
                SSH
assertthat      Easy Pre and Post Assertions
backports       Reimplementations of Functions
                Introduced Since R-3.0.0
base64enc       Tools for base64 encoding
bit             Classes and Methods for Fast
                Memory-Efficient Boolean Selections
bit64           A S3 Class for Vectors of 64bit
                Integers
```

그림 **2.6:** library() 실행 결과 중 일부

R의 최대 장점은 다양한 분야에서의 최신 분석 방법을 구현한 package를 쉽게 활용할 수 있다는 것이다. 2023년 1월 현재 CRAN의 package 저장소에는 약 19,000개의 package들이 기여하고 있다[8].

특정 package내의 function을 지정하고자 하는 경우, pakage.name::function.name의 형식으로 명령을 입력한다.

[7] Hadley Wickham, <https://twitter.com/hadleywickham/status/541948905009586176?lang=en>, Dec 8, 2014

[8] 2023년 1월 현재, the CRAN package repository features 19164 available packages, <https://cran.r-project.org/web/packages/>

이러한 package 사용에서 한 가지 주의할 점은 서로 다른 분야에서 서로 다른 연구자들이 개발한 package에는 서로 다른 기능을 하지만 동일한 function name으로 정의될 수 있다는 것이다. 이를 피하기 위해서는 원하는 function과 data 앞에 다음과 같이 package 이름을 지정하면 된다. 다음은 dplyr 패키지 내에 있는 mutate() 함수를 적용하겠다는 명령이다.

```
dplyr::mutate(new = 2*old)
```

2.4 R의 작업 환경

프로그래밍 과정을 위하여 R과 관련된 용어와 함수명 등은 영문 용어를 그대로 사용한다. 국문 번역이 도움이 된다고 판단된 용어들에 대해서는 국문 용어를 첨부한다.

R은 모든 data, variables(변수), functions(함수), results(결과) 등의 대상을 named object(명명된 객체) 형태로 활성 메모리에 저장한다[9]. 사용자는 이들 object들에 operators(연산자)와 function(함수)을 적용하여 원하는 작업을 실행할 수 있다. 사용 가능한 함수들은 C:/Program Files/R/R_Home/library/에 위치하며, 해당 dir의 base에는 R의 기본 화일들과 함께 기본적인 함수들- data import, data manage, graphs 등 -이 포함된다. 사용자가 추가로 설치한 Add-on Package 이름의 폴더에는 해당 package가 제공하는 모든 function들과 data set들이 저장된다(Ripley, 2021). 이러한 R의 실행 구조를 간단히 도시하면 [그림 2.7]와 같다.

[9] 32bit version - 3GB 그리고 64bit version - 8TB까지 사용 가능하다. 따라서 RAM의 용량이 중요하다.

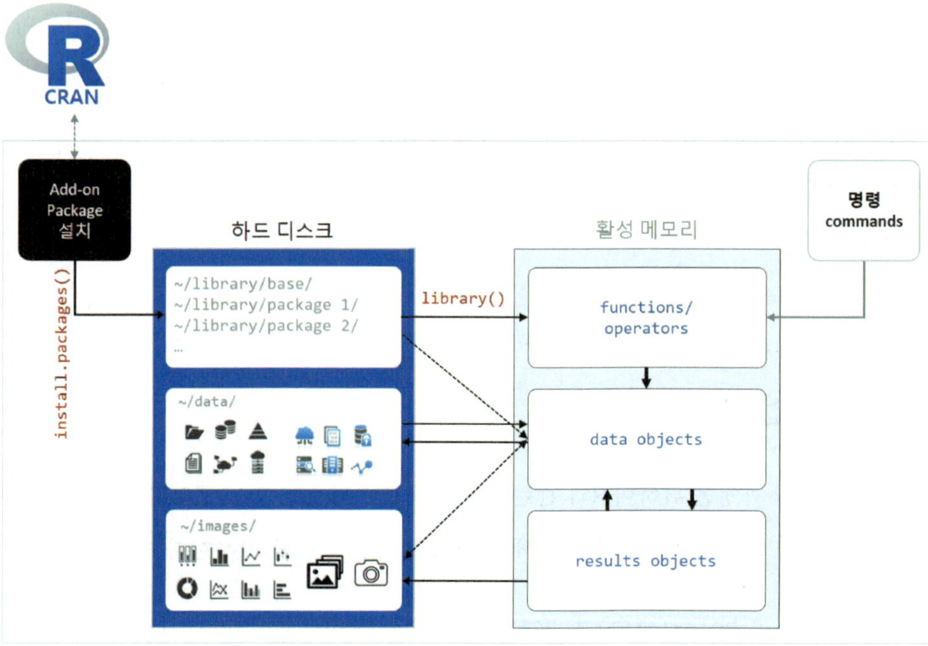

그림 2.7: R의 실행 구조

이와 같이 필요한 함수를 실행 환경에 적재하는 방식에서는 명령의 실행 속도가 컴퓨터의 RAM(Random Access Memory) 크기에 영향을 받는다[10]. 최근 컴퓨터의 성능을 고려해 볼때, 규모가 크지 않은 데이터를 이용한 분석에서는 문제가 되지 않지만 대용량의 데이터를 정제 또는 분석하고자 하는 경우에는 문제가 발생할 수 있다. 이러한 경우에는 다양한 하드웨어/소프트웨어적 해결책을 고려할 수 있지만, 개인 사용자인 경우에는 다음을 먼저 확인해 보면 도움이 된다.

메모리(memory)의 확인

- memory.limit(): 사용 가능한 메모리의 양 확인
- memory.size(): 현재 사용 중인 메모리 양 확인
- gc(reset=TRUE): 불필요한 메모리를 정리

효율적인 데이터 분석을 위하여 작업 환경의 구조화는 반드시 필요한 작업이다. 특히, codes, data, images 등을 동시에 고려해야 한다면 필요 요소들을 구분하여 일관된 구조를 정의하고

[10] 컴퓨터의 CPU가 처리할 프로그램이나 데이터가 임시로 저장되는 곳을 말하며, 전원이 꺼지면 저장된 내용이 모두 지워진다.

작업을 진행해야 한다. 따라서 Project별로 [그림 2.8]과 같이 working dir를 생성하고 하위 dir에 codes, data, images 등의 결과물을 구분하여 관리하는 것이 바람직하다[11].

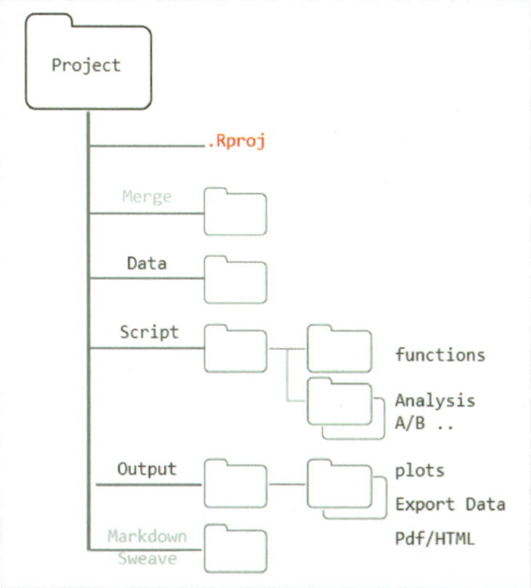

그림 2.8: R Project 정의 및 구성(예)

directory separateor(디렉터리 구분자)

- backslash(\)는 Window system에서 사전 지정된 특수 문자이다.
- R에서는 이를 실행하기 위하여 double backslash(\\) 또는 forward slash(/)를 사용한다.

R에서는 연산 구조, data 보관 그리고 data 전송 등에서는 일정한 엔코딩(encoding system) 방법을 이용하여 결과를 표현한다. R에서의 프로그래밍 또는 문서 작업에서 영어만을 사용한다면 큰 문제가 없지만, 만일 한글 또는 기타 언어를 함께 이용한다면, code unit의 character encoding 표준을 사전에 지정해야 한다[12]. 이때 일반적으로 UTF-8을 사용하며, [그림 2.9]과

[11] R에서 project란 .RProj에 정의된 working directory를 의미한다. 해당 project를 선택하면 working directory가 .RProj가 존재하는 위치로 자동 변경된다. working directory를 확인할때는 getwd() 그리고 변경하고자 할때는 setwd() 함수를 사용한다.

[12] Unicode 기반의 UTF-32, UTF-16, UTF-8과 ASCII 기반의 Latin-1, CP1252가 일반적으로 사용되며, 인터넷 웹에서 80 %이상은 UTF-8을 사용한다. R의 character vector는 각 element마다 별도의 Encoding 방법을 적용할 수 있다. 이는 Encoding()을 이용하여 확인 및 변경할 수 있다. 이때 unknown은 해당 플랫폼의 default encoding을 의미하고 변경되는 값은 UTF-8, latin1, byte으로 제한된다.

같이 RStudio의 `Tools > Global Options...`의 Code에서 현재의 `Default text encoding`을 확인하고 필요한 경우 변경할 수 있다. [표 2.2]는 개별 운영체계의 대표적인 엔코딩 표준이다.

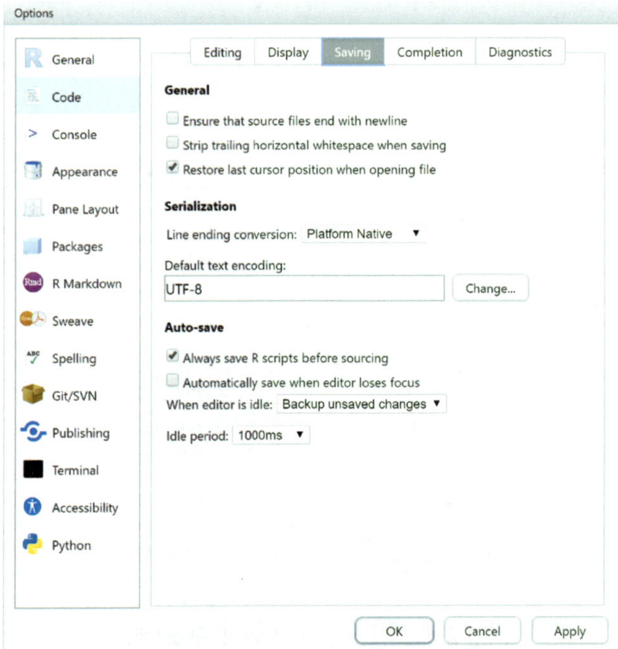

그림 **2.9:** `R` Code Text Encoding

표 **2.2:** `OS`별 기본 Encoding

OS	Encoding system
`Linux`	`UTF-8`
`MS Windows`	`CP949(한글), CP1251(영문), UTF-16`
`Mac OS X`	`UTF-16LE`

3 R 언어의 특징

- R에서 모든 것은 object(객체)이다.
- R에서 모든 것은 function calls(함수 호출)이다.

R은 실행 환경에서 특정 object(객체)에 name(이름)을 부여하여 구별한다. 이를 할당(assignment)이라고 하고, 할당 연산자(operator)「<-」를 적용하여 실행한다[1]. R에서는 다음의 연산자를 구별해서 사용해야 한다.

명령	의미
x <- y	x는 object(객체) y를 얻는다.
x = y	x는 y로 정의된다. function의 인수 정의에서 사용한다.
x == y	만일 x가 y와 일치한다면 TRUE, 그렇지않으면 FALSE이다.

object 할당에서 name(이름)은 다음의 규칙을 따른다(R Core Team, 2022).

- name은 대소문자를 구별한다(case-sensitive). (예) xt ≠ Xt
- 숫자 또는 기호로 name을 시작할 수 없다. (예) 1x, -x 등
- name 중간에 빈칸(blank space)을 사용할 수 없다. (예) study stat 등

[1]「 = 」기호를 사용할 수도 있다. 어떤 기호를 사용하든지 일관성 있게 사용하는 것이 중요하며, 협업의 경우, 사용 기호를 사전에 명시하고 모든 구성원들이 동일으로 사용해야 한다.

R은 코드 입력에서 특정 형식의 indentation style(들여쓰기 형식)을 요구하지 않는다. 하지만, tidyverse R style 등을 참조하여 일정한 형식으로 입력한다면, 프로그램의 가독성을 높이고 수정/관리가 용이해진다[2].

3.1 기초 연산

R은 기초 연산은 물론 행렬 연산과 분해 등과 같은 다양한 고급 연산을 쉽게 실행할 수 있다. 일반적인 기초 연산에 자주 사용되는 연산자(operators)와 내장 함수(built-in functions)는 [표 3.2]와 같다[Crawley (2012)][3][4].

R에서는 자연 로그 함수인 ln() 기호가 없고, log()가 자연 로그 함수를 의미한다.

표 3.2: R의 기본 연산자와 함수들

연산	수학 기호	R 명령	결과
덧셈 addition	$1 + 2$	`1 + 2`	3
뺄셈 subtraction	2 - 1	`2 - 1`	1
곱셈 multiplication	2×2	`2*2`	4
나눗셈 division	$2 \div 2$	`2/2`	1
정수 나눗셈, integer division	$\lfloor 5 \div 2 \rfloor$	`5 %/% 2`	2
나머지 연산, MOD	$5 \bmod 2$	`5 %% 2`	1
지수 exponent	3^2	`3^2`	9
	$3^{(-2)}$	`3^(-2)`	0.11
	$4^{1/2}$	`4^(1/2)`	2
제곱근 squre root	$\sqrt{4}$	`sqrt(4)`	2
로그 logarithm	$ln(e)$	`log(exp(1))`	1
	$log_{10}(100)$	`log10(100)`	2

[2]<https://style.tidyverse.org/> The tidyverse style guide

[3]Crawley, M. J. (2012). The R book. John Wiley & Sons.

[4]연산은 BODMAS - Bracket, Other(powers/indices or roots), Division, Multiplication, Addition, Subtraction - 의 순서로 실행한다.

연산	수학 기호	R 명령	결과
	$log_2(4)$	`log2(4)`	2
	$log_k(4)$	`log(4, base = k)`	$\log(4, 4) = 1$
삼각함수 trigonometry	$sin(\pi/2)$	`sin(pi/2)`	1
	$cos(90)$	`cos(90)`	0
파이 상수 pi constant	π	`pi`	3.14159
자연 상수 e constant	e	`exp(1)`	2.71828

R을 사용하면서 특정 함수(또는 명령)에 대한 정보와 설명이 필요한 경우, 해당 함수 앞에「?」를 추가하여 실행하면, RStudio의 Files/Plots ...창에 참고할 수 있는R Documentation을 보여 준다.

```
?log
```

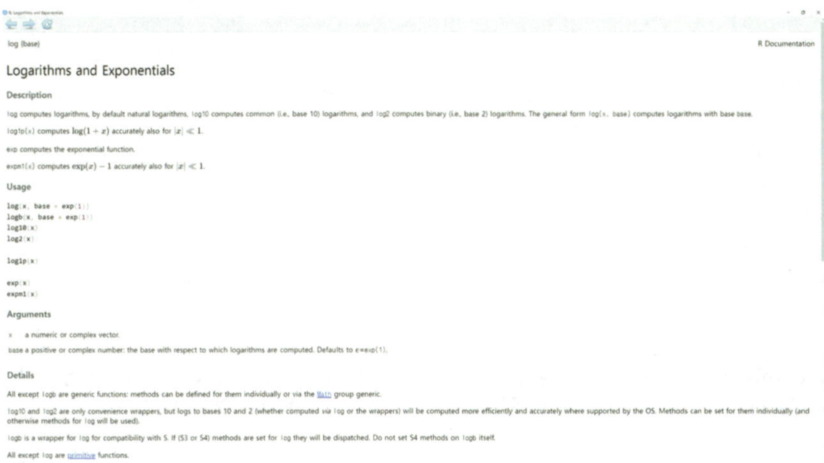

그림 3.1: ?log의 결과

올바른 데이터 분석을 위해서는 (1) 각 variable(변수)별 data type(유형) (2) 상호 통합된 data structure(구조) 그리고 (3) 분석 목적을 달성할 수 있는 다양한 data manipulation(처리) 방법을 이해해야 한다.

3.2 데이터의 유형

R에서 모든 입력은 vector(벡터)로 가정한다.

원시 데이터의 Data Type은 [표 3.3]과 같다[5].

표 3.3: 데이터의 유형

구분	예시	비고
숫자형 double	2.5, 15e-3	실수
정수형 integer	2L, 15L	정수, 숫자 뒤에 L 추가
문자형 character	"study", "u00b5"	'또는 "로 단위 문자 정의
논리형 logical	TRUE, FALSE	반드시 대문자 입력(TRUE = 1, FALSE = 0을 가정)

```
typeof(1.5 + 2.5)
#> [1] "double"
typeof(1L+2L)
#> [1] "integer"
typeof("study")
#> [1] "character"
typeof(TRUE)
#> [1] "logical"
typeof(True)                              # TRUE/FALSE는 반드시 대문자로 입력
#> Error
```

[5] 이외에도 complex(복소수형)와 raw(원시형)가 있지만, complex는 통계 분석에서 거의 사용되지 않고, raw는 binary(이진) 데이터를 다룰때 필요한 특수한 유형이다. 이역시 자주 사용되지 않는다.

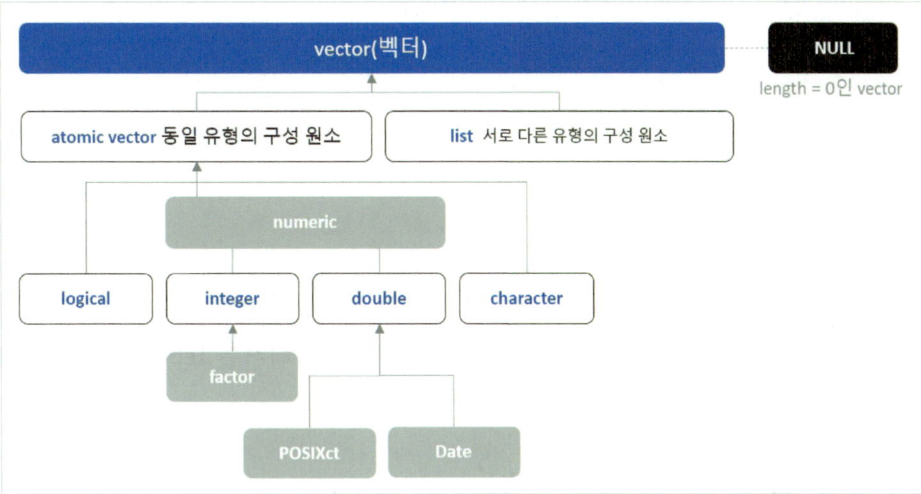

그림 3.2: object(객체)의 데이터 유형

R은 모든 데이터를 vector 기반으로 정의된다. vector는 모든 구성 원소가 동일한 유형을 갖는 atomic vector(원자 벡터)와 서로 다른 유형으로 구성된 list(리스트)로 구분된다. NULL은 vector는 아니지만 길이가 0(zero)인 vector의 역할을 한다.

factor는 사전에 정의된 제한된 수의 값만을 갖는다.

[그림 3.2]에서 factor는 범주형(categorical) 데이터의 저장을 위하여 정의된 것으로 사전에 정의된 일정한 수의 제한된 값만을 사용할 수 있다. 따라서 factor는 고려하는 데이터에서 사전 정의된 모든 값들의 빈도를 확인하고자 할 때 유용하며, 사전 정의된 값은 levels()를 이용하여 확인할 수 있다. 일부 package의 함수에서는 factor가 character로 간주되기도 하지만, 기본적으로 **정수형** vector로 생성된다. 만일 factor로 정의된 원소들을 **문자열**로 처리하기를 원한다면 as.character()를 이용하여 **문자형** vector로 전환한 후 적용해야 한다[6].

```
x <- factor(c("A1", "A2", "A3"))
levels(x)
#> [1] "A1" "A2" "A3"
x[3] <- "A4"
#> Warning in `[<-.factor`(`*tmp*`, 3, value = "A4") :
```

[6] factor형에 대한 다양한 함수는 forcats:: 내에 포함되어 있다. 단, tibble::tibble()은 문자형을 factor로 자동 변환하지 않는다.

```
#> 요인의 수준(factor level)이 올바르지 않아 NA가 생성되었습니다.
x
#> [1] A1   A2   <NA>
#> Levels: A1 A2 A3
is.character(x)
#>[1] FALSE
```

만일 명목형(nominal) 이 아닌 순서형(ordinal) 척도를 정의하고자 한다면 factor를 ordered()를 이용하여 정의한다. 또한 순서를 역순으로 하기 위해서는 lebels =을 정의할 때 rev()를 적용한다.

```
degree <- ordered(c("low", "medium", "medium", "high"),
                  levels = c("low", "medium", "high")
                  )
degree
#> [1] low    medium medium high
#> Levels: low < medium < high
#
degree_rev <- ordered(c("low", "medium", "medium", "high"),
                      levels = rev(c("low", "medium", "high"))
                      )
degree_rev
#> [1] low    medium medium high
#> Levels: high < medium < low
#
degree_un <- factor(c("low", "medium", "medium", "high"),
                    levels = c("low", "medium", "high")
                    )
degree_un
#> [1] low    medium medium high
#> Levels: low medium high
```

Date는 1970-01-01로 부터의 시간(초)의 수로 정의된다.[7].

```
today <- Sys.Date()
today
#> [1] "2022-04-06"
typeof(today)
#> [1] "double"
```

[7] 1970-01-01은 Unix Epoch라고 알려진 특정 시간이다.

date-time 정보는 calender time을 나타내는 POSIXct와 local time을 나타내는 POSIXlt로 표현한다[8]. POSIXct는 double형 vector로 구축되고, 그 값은 1970-01-01 이후의 시간(초)을 나타낸다[9]. tz =는 date-time 정보의 형식만을 제공하며, 자정(midnight)인 경우 시간을 인쇄하지 않는다[10].

```
now_ct <- as.POSIXct("2022-07-01 15:00", tz = "UTC")
now_ct
#> [1] "2022-07-01 15:00:00 UTC"
typeof(now_ct)
#> [1] "double"
local_ct <- as.POSIXct("2022-07-01 15:00")
local_ct
#> [1] "2022-07-01 15:00:00 KST"
```

모든 object는 attributes(속성)를 갖는다.

모든 객체는 일종의 메타데이터(metadata)인 attribtues(속성)를 갖는다[11]. 속성은 일종의 이름이 부여된 named-list이며 다음의 방법으로 부여하거나 확인할 수 있다.

- attr()을 이용하여 속성을 부여한다.
- attributes()를 이용하여 속성을 확인한다.
- str()를 이용하여 object의 유형, 구조 그리고 속성을 확인한다.

대부분의 속성은 object가 수정될 때 상실되지만, name(이름), dimension(차원) 그리고 class(클래스)는 제거되지 않는다[12].

```
x <- 1:10
attr(x, "x_attr") <- "길이 10인 벡터"
attributes(x)
#> $x_attr
# [1] "길이 10인 벡터"
```

[8] POSIX는 Portable Operating System Interface의 약자로 플랫폼간 표준 중의 하나이다.

[9] lubridate::(2011)는 date-time과 관련된 유용한 함수들을 포함하고 있다.

[10] 협정 표준시(Universal Time Coordinated; UTC)는 그리니치 평균시(Greenwich Mean Time; GMT)에 기반한 국제 표준 시간이다. 한국은 UTC+9 시간대에 속한다.

[11] 메타데이터(metadata)란 데이터에 관한 구조화된 데이터로써 다른 데이터를 설명해 주는 데이터를 말하며 속성 정보라고도 한다.

[12] 차원(dimension)은 vector의 확장인 matrix/array와 dataframe을 결정하고, class()는 S3 형식의 factor, date and times, data frames 그리고 tibble 등의 객체 시스템과 연결시켜 준다.

```
str(x)
#>  int [1:10] 1 10 6 9 4 3 10 2 1 3
#> - attr(*, "x_attr")= chr "길이 10인 벡터"
```

R에서 상수는 다음과 같이 표현한다.

R에서 상수(scalar)는 1×1 원자 벡터로 가정한다. 하지만 필요한 경우, 다음과 같이 상수(constant) 형태의 값을 정의한다.

- 논리형은 TRUE/FALSE 또는 T/F로 정의한다.
- 실수형은 십진형(12.3), 공학형(1.23e1), 16진형(0x176b3)의 형식으로 지정이 가능하며, 부동 소수점 표준에 의하여 3 개의 특별한 값- -Inf, Inf , NaN(not a number) -을 포함한다.
- 정수형은 실수형과 비슷하게 정의되지만 반드시 L을 숫자 끝에 추가해야 한다. 예를 들면, 12L, 12e1L, 0x176b3과 같다.
- 문자열(strings)은 "(큰 따옴표) 또는 '(작은은 따옴표)로 감싸야 하며, 특수 문자는 \ (back slash)를 앞에 추가해야 한다. 이를 escape character라고 한다[13].

결측값은 반드시 NA로 입력되어야 한다.

결측값(missing values) 또는 알려지지 않은 값들은 Not Applicable의 약자인 NA를 사용한다. 이는 길이가 1인 논리형 vector이며, NA가 포함된 연산의 결과는 항상 NA로 반환한다.

```
NA > 1
#> [1] NA
10 * NA
#> [1] NA
!NA
#> [1] NA
```

만일 NA를 c()에서 사용하면 적절한 형태로 강제 변환(coercion)되며, NA_* 형태로 저장된다.

[13]특별한 용도를 갖는 문자를 지정하는 것을 말하며, /n(start new line), /t(tab)등의escape seqence'에 적용된다.

```
x <- c(1L, NA, 2L)
x[2]
#> [1] NA
typeof(x[2])
#> [1] "integer"
x <- c(NA, 1, NA, "Sun")
x == NA
#> [1] NA NA NA NA
typeof(x[1])
#> [1] "character"
```

하지만 다음과 같은 특수한 경우가 존재한다.

```
NA ^ 0
#> [1] 1
NA | TRUE
#> [1] TRUE
NA & FALSE
#> [1] FALSE
```

결측값은 `is.na()`로 간단히 확인할 수 있으며, 만일 결측값을 모두 `0`으로 할당하고자 한다면 `x[is.na(x)] <- 0`을 사용하면 된다.

```
x <- c(1, 2, NA, 4, 5)
is.na(x)
#> [1] FALSE FALSE  TRUE FALSE FALSE
x[is.na(x)] <- 0
x
#> [1] 1 2 0 4 5
```

3.3 데이터의 구조

개별 variable(변수)은 동일한 데이터 유형으로 구성됨을 기본으로 한다. 하지만 상호 통합 구조인 경우에는 서로 다른 데이터 유형들이 포함될 수 있다. 대표적인 데이터 구조는 [그림 3.3]과 같고 이를 차원(dimension)에 따라 구분하면 [표 3.4]와 같다.

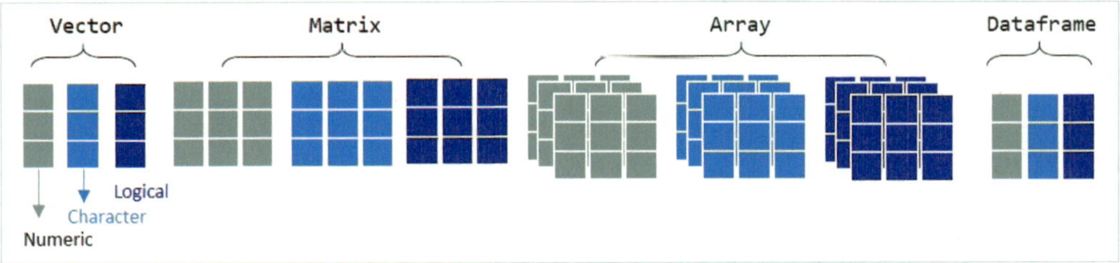

그림 3.3: R의 대표적인 데이터 구조

표 3.4: 차원과 유형별 R의 데이터 구조

차원	동일한 유형	상이한 유형
1	vector	list
2	matrix	dataframe
≥ 3	array	

3.3.1 벡터 Vectors

- vector의 유연성은 character > double > integer > logical의 순서로 높다.
- 2개 이상의 원소로 구성된 vector는 반드시 c()을 사용한다[14].

```
mean(2, 100, -4, 3, 230, 5)
#> [1] 2
mean(c(2, 100, -4, 3, 230, 5))
#> [1] 56
```

vector를 구성하는 원소(elements)의 수 $k \geq 1$을 vector의 차원(dimensionality)이라고 하며, 나열된 형태에 따라 row/column vector로 구분한다. 만일 row/column 여부를 명확히 명시하지 않은 경우에는 표현 방식과 관계없이 column vector로 가정한다. vector의 표현 형식은 (...) 또는 [...]을 사용한다.

[14] combine 또는 concatenate을 의미한다.

$$\mathbf{a} = \begin{pmatrix} a_1 & a_2 & \cdots & a_k \end{pmatrix} \quad \text{또는} \quad \mathbf{b} = \begin{pmatrix} b_1 \\ b_2 \\ \vdots \\ b_k \end{pmatrix}$$

✿ vector는 다음 함수를 이용하여 생성할 수 있다.

- c( )
- seq(from = , to = , by =)
- rep(, time =)

```
c(1, 2, 3, 4, 5)
#> [1] 1 2 3 4 5
```

정의된 vector의 인덱스(index)는 1에서부터 시작된다. 따라서 **R**의 결과에서 [1]은 첫번째 원소임을 나타낸다. 차원이 큰 vector의 경우에는 [m]으로 시작하여 추가 행으로 표시한다. 여기서 m은 해당 행의 첫번째 원소의 index를 의미한다. 일련의 숫자를 나열해야 하는 경우 : 연산자를 사용하면 특정 정수값 사이의 모든 정수값을 나열할 수 있다.

```
c(1:30)
#> [1]  1  2  3  4  5  6  7  8  9 10 11 12 13 14 15 16 17 18 19 20 21 22 23 24
#>[25] 25 26 27 28 29 30
```

만일 1.0이 아닌 증가분을 갖는 vector를 원한다면 seq(from = a, to = b, by = c) 함수를 사용할 수 있다. 이때, 각 인수의 입력 순서를 준수한다면 다음과 같이 간단히 생성할 수 있다[15].

```
seq(1, 2, 0.1)
#> [1] 1.0 1.1 1.2 1.3 1.4 1.5 1.6 1.7 1.8 1.9 2.0
```

✿ 서로 다른 데이터 유형을 갖는 vector들을 통합하는 경우, 강제적으로 가장 유연성이 높은 유형으로 변환된다. 이를 강제 전환(coercion)이라고 한다.

---

[15] **R**에서 함수의 인수는 (1)name (2) 순서 (3) name의 부분 매칭으로 지정할 수 있다. 따라서, 순서를 준수하는 경우, 인수의 name을 지정하지 않아도 된다.

```
c(1, 2, 3, "study", TRUE)
#> [1] "1"     "2"     "3"     "study" "TRUE"
```

동일한 값을 반복하는 vector를 원하는 경우에는 rep(a, times = n)을 이용할 수 있다. 이는 vector의 반복에서도 동일하게 적용할 수 있다.

```
rep("K", 10)
#> [1] "K" "K" "K" "K" "K" "K" "K" "K" "K" "K"
x <- c(1, 2, 3, 4, 5)
rep(x, 3)
#> [1] 1 2 3 4 5 1 2 3 4 5 1 2 3 4 5
```

지금까지 설명된 vector의 생성 함수와 연산자들은 모두 함께 사용될 수 있다.

```
vec <- c(x, rep(1:3, 2), c(10, 20, 30), rep(seq(1, 5, 2), 2), 17)
vec
#> [1]  1  2  3  4  5  1  2  3  1  2  3 10 20 30  1  3  5  1  3  5 17
```

생성된 vector는 names()를 통하여 개별 원소에 이름을 부여할 수 있고, length( )와 str( )로 확인할 수 있다.

```
names(vec) <- LETTERS[1:21]
vec
#>  A  B  C  D  E  F  G  H  I  J  K  L  M  N  O  P  Q  R  S  T  U
#>  1  2  3  4  5  1  2  3  1  2  3 10 20 30  1  3  5  1  3  5 17
attr(vec, "vec") <- "이름이 부여된 벡터"
length(vec)
#> [1] 21
str(vec)
#> Named num [1:21] 1 2 3 4 5 1 2 3 1 2 ...
#>  - attr(*, "names")= chr [1:21] "A" "B" "C" "D" ...
#>  - attr(*, "vec")= chr "이름이 부여된 벡터"
```

vector는 dim()을 이용하여 matrix와 array로 확장할 수 있다.

vector는 dim()을 정의하여 matrix와 array로 전환된다. vector에 적용되었던 함수 names()와 length()는 [표 3.5]와 같이 일반화된다.

표 3.5: 벡터 속성의 확장과 관련 함수들

	벡터 vector	행렬 matrix	배열 array
이름	names()	rownames(), colnames()	dimnames()
길이	length()	nrow(), ncol()	dim()
확장	c()	rbind(), cbind()	abind::abind()
전치	--	t()	aperm()
확인	is.null(dim())[16]	is.matrix()	is.array()

3.3.2 행렬 Matrics

matrix(행렬)는 [행의 수, 열의 수]로 정의된다.

matrix는 생성 또는 통합되는 데이터 유형이 모두 동일해야 한다.

$$A_{n\times p} = \begin{pmatrix} a_{11} & a_{12} & \cdots & a_{1p} \\ a_{21} & a_{22} & \cdots & a_{2p} \\ \vdots & \vdots & \ddots & \vdots \\ a_{n1} & a_{n2} & \cdots & a_{np} \end{pmatrix}$$

matrix는 matrix()를 이용하여 생성하거나 사전 정의된 vector를 대상으로 cbind( ), rbind( )를 적용하여 생성할 수 있다.

```
values <- seq(1, 12, by = 2)
mat <- matrix(values, nrow = 2, ncol = 3)
mat
```

```
#      [,1] [,2] [,3]
# [1,]    1    5    9
# [2,]    3    7   11
```

[16]dim 속성이 없는 vector는 1 차원으로 가정되지만, 실제로는 NULL dimension을 갖는다.

```
x <- c(1, 5, 9)
y <- c(3, 7, 11)
mat_2 <- rbind(x, y)
mat_2
```

```
#   [,1] [,2] [,3]
# x    1    5    9
# y    3    7   11
```

```
mat_3 <- cbind(x,y)
mat_3
```

```
#      x  y
# [1,] 1  3
# [2,] 5  7
# [3,] 9 11
```

✿ transposed matrix(전치 행렬)는 t( )을 이용하여 정의한다.

```
t(mat)
```

```
#      [,1] [,2]
# [1,]    1    3
# [2,]    5    7
# [3,]    9   11
```

✿ colnames(), rownames()와 character vector를 이용하여 열과 행의 이름을 지정할 수 있다.

```
colnames(mat) <- c("X", "Y", "Z")
rownames(mat) <- c("A", "B")
mat
```

```
#   X Y  Z
# A 1 5  9
# B 3 7 11
```

✿ nrow( )와 ncol( )을 이용하여 행과 열의 수를 확인하고, length( )를 이용하여 matrix의 모든 원소의 수를 확인할 수 있다.

```
ncol(mat)
#> [1] 3
nrow(mat)
#> [1] 2
length(mat)
#> [1] 6
```

object가 matrix인지 여부는 is.matrix( )를 이용하여 {TRUE, FALSE}로 확인할 수 있다.

```
is.matrix(mat)
#> [1] TRUE
is.matrix(mat_2)
#> [1] TRUE
```

다른 데이터 구조를 matrix로 변환하기 위해서는 as.matrix( )를 사용한다[17]. 이때 유형이 서로 다른 경우에는 가장 유연성이 높은 유형으로 강제 전환한다.

```
mat_3 <- cbind(c(1, 2), c("a", "b"))
as.matrix(mat_3)

#       [,1] [,2]
# [1,] "1"  "a"
# [2,] "2"  "b"
```

3.3.3 배열 Arrays

배열(array)이란「1개 이상의 배열 index로 구별 가능한 원소들로 구성된 데이터 구조」를 말한다.

array는 array( ) 또는 dim( )을 이용하여 생성할 수 있다. 이때, 차원은 (행, 열, 층)의 순서로 지정된다.

```
arr_1 <- seq(1, 18, by = 1)
arr_1
```

[17] 이러한 object간의 변환은 Built-in 그리고/또는 package 내의 function이 특정 object 형식을 요구하는 경우 유용하다. 분석자의 의도와는 달리 vector가 matrix 또는 array의 형태로 저장될 수 있기 때문이다.

```
#  [1]  1  2  3  4  5  6  7  8  9 10 11 12 13 14 15 16 17 18

dim(arr_1) <- c(2, 3, 3)          # 차원 지정(행, 열, 층)
arr_1

# , , 1
#
#      [,1] [,2] [,3]
# [1,]    1    3    5
# [2,]    2    4    6
#
# , , 2
#
#      [,1] [,2] [,3]
# [1,]    7    9   11
# [2,]    8   10   12
#
# , , 3
#
#      [,1] [,2] [,3]
# [1,]   13   15   17
# [2,]   14   16   18

dim(arr_1) <- c(3, 3, 2)
arr_1

# , , 1
#
#      [,1] [,2] [,3]
# [1,]    1    4    7
# [2,]    2    5    8
# [3,]    3    6    9
#
# , , 2
#
#      [,1] [,2] [,3]
# [1,]   10   13   16
# [2,]   11   14   17
# [3,]   12   15   18
```

✿ 각 차원별 이름은 character vector로 구성된 list를 생성하여 dimnames( )으로 지정할 수 있다.

```
arr_3 <- array(1:48, dim=c(3, 8, 2)) # 3차원 배열(행, 열, 층)
dimnames(arr_3) <- list(
        c("id1", "id2", "id3"),
        c("A", "B", "C", "D", "E", "F", "G", "H"),
        c("L1", "L2")
        )
arr_3
```

```
# , , L1
#
#     A B C  D  E  F  G  H
# id1 1 4 7 10 13 16 19 22
# id2 2 5 8 11 14 17 20 23
# id3 3 6 9 12 15 18 21 24
#
# , , L2
#
#      A  B  C  D  E  F  G  H
# id1 25 28 31 34 37 40 43 46
# id2 26 29 32 35 38 41 44 47
# id3 27 30 33 36 39 42 45 48
```

생성된 array의 transpose(전치)는 aperm(, c(1,2,3 ...))을 이용한다.

```
dim(arr_3)
#> [1] 3 8 2
aperm(arr_3)
dim(aperm(arr_3))
#> [1] 2 8 3
arr_4 <- aperm(arr_3, c(2, 1, 3))
dim(arr_4)
#> [1] 8 3 2
```

3.3.4 리스트 Lists

list는 서로 다른 data type으로 구성될 수 있고 key-value 구조를 갖는다.

list는 서로 다른 data type을 포함할 수 있으며 1 차원 key-value 구조하에서 정의된다. 이때, key내에서는 반드시 동일한 data type을 유지해야 한다. 그렇지 않은 경우, 가장 유연성이 높은 data type으로 강제 전환된다. list는 list내에 list를 포함할 수 있는 계층적 구조가 가능하며, list 선택 결과는 항상 list로 반환된다.

✿ list는 list()로 생성할 수 있다.

```
lst_a <- list(c(1,2), "study", TRUE)
lst_b <- list(
 a = c(3,"check"),
 b = "study",
 c = TRUE
 )
```

✿ unlist() 를 통하여 list 구조를 해체할 수 있으며, 그 결과는 가장 유연성 높은 유형의 vector로 강제 전환된다.

```
unlist(lst_a)
#> [1] "1"     "2"     "study" "TRUE"
```

3.3.5 데이터프레임 Dataframe

matrix와 동일한 [행, 열] 구조를 갖지만, matrix와 달리 각 열(column) 별로 서로 다른 data type으로 구성될 수 있다.

✿ data.frame( )을 이용하여 정의한다. 다른 데이터 구조는 as.data.frame()을 이용하여 강제 전환할 수 있다.

```
students <- c("Kim", "Park", "Ko", "Lee")
test.results <- c(76, 82, 84, 67)
test.grade <- c("B", "A", "A", "C")
#
class.df <- data.frame(students, test.results, test.grade)
str(class.df)

# 'data.frame': 4 obs. of  3 variables:
#  $ students    : chr  "Kim" "Park" "Ko" "Lee"
#  $ test.results: num  76 82 84 67
#  $ test.grade  : chr  "B" "A" "A" "C"
```

```
student_ID <- c("2016012571", "2018056280", "2021096493", "2020032567")
class.df <- cbind(student_ID, class.df )
class.df

#   student_ID students test.results test.grade
```

```
# 1 2016012571      Kim          76          B
# 2 2018056280     Park          82          A
# 3 2021096493       Ko          84          A
# 4 2020032567      Lee          67          C
```

✿ 단순히 vector들을 cbind()하는 경우에는 개별 vector들은 가장 유용성이 높은 data type으로 강제 전환되어 matrix로 정의된다.

```
class.df2 <- cbind(students, test.results, test.grade, student_ID)
class.df2
```

```
#       students test.results test.grade student_ID
# [1,] "Kim"    "76"         "B"        "2016012571"
# [2,] "Park"   "82"         "A"        "2018056280"
# [3,] "Ko"     "84"         "A"        "2021096493"
# [4,] "Lee"    "67"         "C"        "2020032567"
```

```
str(class.df2)  #[1] 'chracter matrix'
```

```
#  chr [1:4, 1:4] "Kim" "Park" "Ko" "Lee" "76" "82" "84" "67" "B" "A" "A" "C" ...
#  - attr(*, "dimnames")=List of 2
#   ..$ : NULL
#   ..$ : chr [1:4] "students" "test.results" "test.grade" "student_ID"
```

✿ cbind( )를 적용하는 경우, 결합하고자 하는 대상들 중에서 1개 이상의 dataframe이 존재해야 한다.

```
student_ID <- as.data.frame(student_ID)
class.df3 <- cbind(students, test.results, test.grade, student_ID)
str(class.df3)
```

```
# 'data.frame': 4 obs. of  4 variables:
#  $ students    : chr  "Kim" "Park" "Ko" "Lee"
#  $ test.results: num  76 82 84 67
#  $ test.grade  : chr  "B" "A" "A" "C"
#  $ student_ID  : chr  "2016012571" "2018056280" "2021096493" "2020032567"
```

✿ dataframe으로 불러들이는 경우, character vector는 factor로 강제 전환한다. 이를 원하지 않을 경우, `stringsAsFactors = FALSE`를 추가한다.

```
class.df4 <- data.frame(
                        students,
                        test.results,
                        test.grade,
                        student_ID,
                        stringsAsFactors=FALSE
                        )
str(class.df4)
```

```
# 'data.frame': 4 obs. of  4 variables:
#  $ students    : chr  "Kim" "Park" "Ko" "Lee"
#  $ test.results: num  76 82 84 67
#  $ test.grade  : chr  "B" "A" "A" "C"
#  $ student_ID  : chr  "2016012571" "2018056280" "2021096493" "2020032567"
```

3.4 object의 부분 선택

- R은 [, [[그리고 $의 부분 선택 연산자를 갖는다.
- [는 모든 object에 적용이 가능하다.
- 부분 선택 결과는 vector, list, matrix, dataframe 그리고 factor에서 서로 다를 수 있다.

R의 가장 기본적인 부분 선택 연산자(subsetting operator)는 모든 object에 적용 가능한 "["이다. 이는 object의 일부분을 선택할 수 있고, 할당 연산자 <-와 함께 새로운 object를 생성할 수 있다. 가장 기본은 x[i] <- value의 형태이다. 이때, value의 길이는 반드시 x[i]의 길이와 동일해야 하며, i는 유일해야 한다. 그렇지 않은 경우, R은 **재활용 원칙**에 따라 의미 없는 값을 할당할 수 있다. [[은 단일 원소만을 반환하고 list로 부터 일부 요소를 선택할 수 있다. 문자와 결합된 [[의 축약형으로 $ 선택 연산자가 제공된다. 예를 들어, x[["var"]]은 x$var와 동일한 결과를 제공한다.

3.4.1 벡터 Vectors

- [는 총 5가지 방법으로 적용할 수 있다[Wickham (2019)][18].

[18]Wickham, H. (2019). Advanced R. 2nd Edition, CRC press. <https://adv-r.hadley.nz/>

1. 양의 정수를 이용한 특정 위치의 원소를 선택한다. 이때, 중복된 index는 반복된 값을 반환한다.

```
x <- c(2.1 , 4.2 , 3.3 , 5.4)  # 소수점 이하 값은 순서를 의미
x[c(1, 3)]
#> [1] 2.1 3.3
x[c(2,2)]
#> [1] 4.2 4.2
```

2. 음의 정수를 이용한 특정 위치의 원소를 배제한다. 단, 양/음의 정수를 동시에 사용할 수 없다.

```
x[-c(1, 3)]
#> [1] 4.2 5.4
x[c(-3, 1)]
#> Error in x[c(-3, 1)] : only 0's may be mixed with negative subscripts
```

3. 논리형 vector에서 TRUE인 위치의 원소를 선택한다. 길이가 짧은 경우에는 재사용되고 index의 NA는 결과에서도 NA로 반환된다.

```
x[c(TRUE, FALSE, TRUE, FALSE)]
#> [1] 2.1 3.3
x[c(TRUE, FALSE)]
#> [1] 2.1 3.3
x[c(TRUE, FALSE, TRUE, NA)]
#> [1] 2.1 3.3  NA
```

4. 문자형 vector와 일치하는 name의 원소를 선택한다. 이때, 반드시 정확한 name을 지정해야 한다.

```
y <- setNames(x, c("a", "b", "c", "d"))
y[c("a", "b")]
#>   a   b
#> 2.1 4.2
y[c("a", "a", "a")]
#>   a   a   a
#> 2.1 2.1 2.1
z <- c(abc = 1, def = 2)
z[c("a", "d")]
#> <NA> <NA>
#>   NA   NA
```

factor의 경우 levels()에서 정의된 **문자열**이 아니라 factor를 정의한 **정수형** vector를 이용하여 선택한다.

```
x <- factor(c("A1", "A2", "A3"))
levels(x)
x["A1"]
#> [1] <NA>
x[1]
#> [1] A1
```

5. 공백([])을 이용하여 원래의 vector 전체를 선택할 수 있고, [0]를 이용하여 길이가 0인 vector를 정의할 수 있다.

```
x[]
#> [1] 2.1 4.2 3.3 5.4
x[0]
#> numeric(0)
```

3.4.2 행렬/배열 Matrix/Array

dim()은 row(행), column(열), layer(층)의 순서로 정의된다.

matrix와 array는 vector로 부터 dim() 속성에 의하여 정의된 object이다. 따라서 쉼표(,)로 구분된 각 차원의 index를 통하여 부분 선택할 수 있다. 만일 특정 차원을 지정하지 않으면, 원래의 행, 열, 층의 모든 원소를 반환한다.

```
mat_4 <- matrix(1:9 , nrow = 3)
colnames(mat_4) <- c("A" , "B" , "C")
mat_4[1:2, ]                                    # 행을 선택
#> A B C
#> [1 ,] 1 4 7
#> [2 ,] 2 5 8
mat_4[c(TRUE , FALSE , TRUE), c("B" , "A")]    # (1, 3)행과 ("B", "A) 열을 선택
#> B A
#> [1 ,] 4 1
#> [2 ,] 6 3
mat_4[0 , -1]                                   # 행 원소 없이 "A"열 제외
#> B C
```

3.4.3 리스트 Lists

- vector와 동일한 방법으로 부분 선택할 수 있으며, 그 결과는 항상 list로 반환한다.
- list 내의 개별 구성 원소를 선택하기 위해서는 반드시 "[[" 연산자를 적용해야 한다.

만일 list에서 [를 사용하면 list의 개별 구성 원소를 반환할 수 없다. 따라서 list의 구성 원소를 부분 선택할 때는 반드시 [[를 사용해야 한다. [[는 하나의 값을 반환하며, 양의 정수 또는 문자열 중 하나로 지정할 수 있다[19].

```
lst_a <- list(c(1,2), "study", TRUE)
lst_b <- list(
 a = c(3,"check"),
 b = "study",
 c = TRUE
 )
```

```
lst_a[1]
#> [[1]]
#> [1] 1 2
str(lst_a[1])             # list_a의 첫번째 원소: list
#> List of 1
#> $ : num [1:2] 1 2
str(lst_a[[1]])           # list_a의 첫번째 원소의 구성 요소들: numeric
#> num [1:2] 1 2
lst_a[[1]][2]             # list_a의 첫번째 원소의 구성 요소의 2번째 값: numeric
#> [1] 2
lst_b$a                   # lst_b["a"] 역시 동일한 결과 제공
#> [1] "3"       "check"
lst_b[["a"]][1]
#> [1] "3"
```

다음의 계층적 구조를 갖는 list에서의 구성 원소의 선택과 반환된 결과는 [그림 3.4]와 같다.

```
lst_c <- list(1, list(2, list(3)), lst_a)
lst_c[1:2]
lst_c[3]
lst_c[[3]]
lst_c[[3]][2]
lst_c[[3]][[2]]
```

[19] 만일 vector에서 [[를 사용하는 경우에는 재귀적으로 적용된다. 즉, x[[c(1, 2)]]는 x[[1]][[2]]와 동일한 결과를 제공한다.

list에서 구성 원소를 제거하기 위해서는 x[[i]] <- NULL을 사용하고, NULL로 대체하기 위해서는 x[i] <- list(NULL)을 사용한다.

```
x <- list(a = 1, b = 2)
x[["b"]] <- NULL
str(x)
#> List of 1
#> #> $ a: num 1
y <- list(a = 1, b = 2)
y["b"] <- list(NULL)
str(y)
#> List of 2
#> $ a: num 1
#> $ b: NULL
```

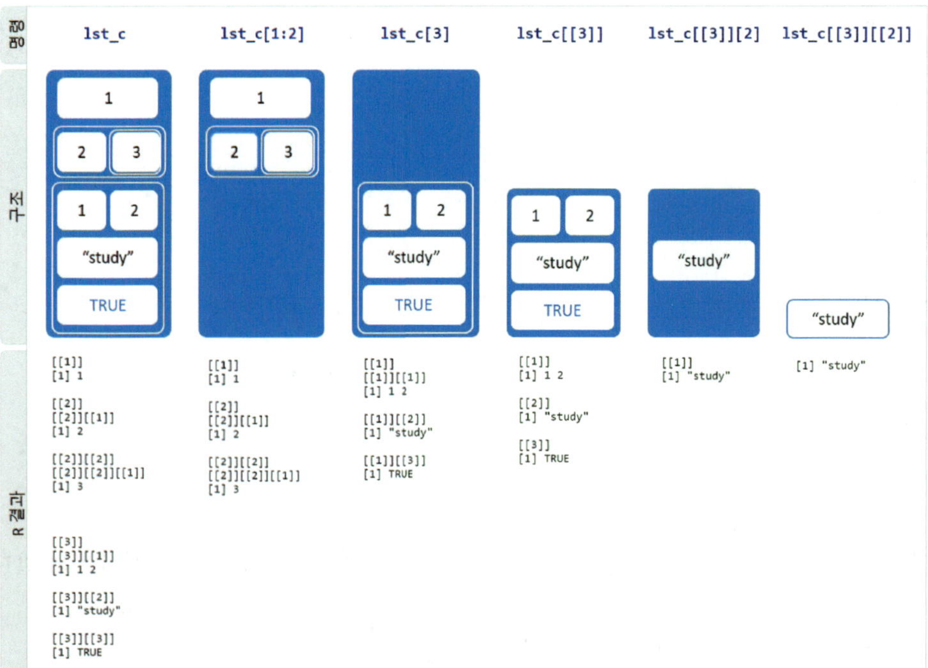

그림 3.4: list의 구조와 구성 원소의 선택 방법

3.4.4 데이터프레임 Dataframe

- dataframe은 list와 matrix의 특성을 공유한다.

dataframe은 열로 구성된 list이므로 list와 동일한 방법을 적용할 수 있다.

```
df <- data.frame (x = 1:3 , y = 3:1 , z=letters[1:3])
# 행의 선택
df[df$x == 2, ]
#>   x y z
#> 2 2 2 b
#
df[c(1, 3), ]
#>   x y z
#> 1 1 3 a
#> 3 3 1 c
# 열의 선택
df[c("x", "z")]
#>   x z
#> 1 1 a
#> 2 2 b
#> 3 3 c
df[, c("x", "z")]     # 결과 동일
```

dataframe으로 부터 1개의 열을 선택하는 경우에는 그 방법에 따라 차이를 보인다. 기본적으로 [는 가능한 한 간단한 차원으로 반환한다. 단일 index로 부분 선택을 하는 경우에는 list와 동일하게 적용되며 column(열) 중심으로 반환된다. 만일 matrix 부분 선택과 같이 차원이 정의된 경우에는 차원을 단순화하여 결과를 반환한다.

```
df <- data.frame (x = 1:3 , y = 3:1 , z=letters[1:3])
str(df["x"])
#>'data.frame': 3 obs. of  1 variable:
#> $ x: int  1 2 3
str(df[,"x"])
#>  int [1:3] 1 2 3
```

x$y는 x[["y"]]와 동일한 결과를 제공한다.

이는 변수명을 알고 있는 경우, 특정 변수를 지정하고자 할때 유용하다. 이들 방법간의 큰 차이점은 $는 왼쪽으로 부터의 부분 일치(partial matching) 방법으로 변수를 선택할 수 있다는 것이다[20].

[20] 이 경우, global option에서 options(warnPartialMatchDollar = TRUE)를 설정하면, 부분 일치가 적용될 때마다 warnning message를 제공한다.

```
x <- list(abc = 1)
x$a
#> [1] 1
x[["a"]]
#> NULL
options(warnPartialMatchDollar = TRUE)
x$a
#> 경고: partial match of 'a' to 'abc'[1] 1
```

만일 변수명을 새로운 변수로 저장했다면, 반드시 x[[var]]를 사용해야 한다.

```
var <- "cyl"
mtcars$var
#> NULL
mtcars[[var]]
#> [1] 6 6 4 6 8 6 8 4 4 6 6 8 8 8 8 8 8 4 4 4 4 8 8 8 8 4 4 4 8 6 8 4
```

공백([])을 이용한 선택 또는 처리는 원래의 dataframe을 그대로 유지하지만, 그렇지 않은 경우에는 list로 전환된다.

```
mtcars[] <- lapply(mtcars, function(x) round(x, digits = 2))
is.data.frame(mtcars)
#> [1] TRUE
mtcars <- lapply(mtcars, function(x) round(x, digits = 2))
is.data.frame(mtcars)
#> [1] FALSE
is.list(mtcars)
#> [1] TRUE
```

3.4.5 논리연산자와 함수의 활용

논리 연산자가 적용된 결과는 원소별 논리값(TRUE 또는 FALSE)을 갖는 논리형 vector로 반환한다.

vector의 원소들 중에서 특정 조건을 만족하는 구성 원소들을 선별하거나 서로 다른 vector들을 비교하고자 할 때 [표 3.6]의 논리 연산자(logical operators)}를 적용할 수 있다[21].

[21] and(&)와 or(|)는 vector형 불 연산자이며, 상수형인 경우, &&와 ||을 사용한다. 이는 if-else에서 사용된다.

표 3.6: 논리 연산자

연산자	설명	수학 기호	R 명령	결과
$a < b$	less than	$1 < 2$	`1 < 2`	TRUE
$a > b$	greater than	$1 > 2$	`1 > 2`	FALSE
$a \leq b$	less than or equal to	$1 \leq 2$	`1 <= 2`	TRUE
$a \geq b$	greater than or equal to	$1 \geq 2$	`1 >= 2`	FALSE
$a = b$	equal to	$1 = 2$	`1 == 2`	FALSE
$a \neq b$	not equal to	$1 \neq 2$	`1 != 2`	TRUE
$\sim a$	not	$\sim (1 > 2)$	`!(1 > 2)`	TRUE
$a \vee b$	or	$(1 > 2) \vee (3 < 4)$	`(1 > 2)|(3 < 4)`	TRUE
$a \wedge b$	and	$(1 > 2) \wedge (3 < 4)$	`(1 > 2) & (3 < 4)`	FALSE

필요한 경우, 논리 연산자를 대신하여 `isTRUE()` 함수를 사용할 수 있고 논리값으로 구성된 결과는 `as.numeric()` 함수를 이용하여 numeric vector로 전환할 수 있다.

```
x <- c(10, 20, 30, 40, 50)
x == 30
#> [1] FALSE FALSE  TRUE FALSE FALSE
!(x == 30)
#> [1]  TRUE  TRUE FALSE  TRUE  TRUE
(x == 30)|(x != 30)
#> [1] TRUE TRUE TRUE TRUE TRUE
(x == 30)&(x != 30)
#> [1] FALSE FALSE FALSE FALSE FALSE
x > 30
#> [1] FALSE FALSE FALSE  TRUE  TRUE
as.numeric(x > 30)
#>  [1] 0 0 0 1 1
sum(x > 30)
#> [1] 2
isTRUE(sum(x > 30) > 3)
#> [1] FALSE
```

논리 연산자는 부분 선택 연산자([)와 함께 사용하여 특정 원소들을 선택할 수 있다. 이때 index 확인을 위하여 which()를 함께 사용할 수 있으며, 다양한 내장 함수들을 함께 사용할 수 있다 (Crawley, 2012) [22].

```
x[x > 30]
#> [1] 40 50
which(x > 30)
#> [1] 4 5
max(x)
#> [1] 50
which(x == max(x))
#> [1] 5
which.max(x)
#> [1] 5
x[which(x > 30)]
#> [1] 40 50
sum(x[which(x > 30)])
#> [1] 90
```

3.5 함수 Functions

DRY - Do not Repeat Yourself!

function은 동일한 작업의 반복을 줄이거나 프로그램의 복잡도를 줄이고자 할 때 사용된다. 반복해야 할 명령들은 중괄호(curly brackets) {...}내에 포함한다. 이때, 포함되는 명령의 수에는 제한이 없다. **R**에서의 모든 함수는 다음의 구조를 갖는다. 여기서, body는 반드시 1개 이상의 명령을 포함해야 하고 arguments(인수) 그리고/또는 **결과값**(return values)은 포함되지 않을 수도 있다.

```
f <- function (arg1, arg2, ...) {
    # body
    return(...)
}
```

다음은 2개의 숫자를 더하는 함수이다. 여기서, body는 x + y이고, arguments는 x와 y이다. return을 지정하지 않으면, function내에서 연산된 마지막 값을 반환한다.

[22] Crawley, M. J. (2012). The R book. John Wiley & Sons.

```
fun_sum <- function(x, y) {
  x + y
}
fun_sum(1,2)
#> [1] 3
```

3.5.1 내장 함수 built-in function

R의 내장(built-in) function은 value(값) 또는 position(위치)를 이용하여 arguments를 결정한다. function의 구조는 간단히 function_name을 입력하여 확인할 수 있다. 예를 들어, base::에서 제공하는 sd에 대한 구조는 다음과 같다.

```
sd

# function (x, na.rm = FALSE)
# sqrt(var(if (is.vector(x) || is.factor(x)) x else as.double(x),
#     na.rm = na.rm))
# <bytecode: 0x0000021ce2c10ca8>
# <environment: namespace:stats>
```

내장 함수는 크게 (1) general (2) mathematical (3) statistical 로 구분된다.

- general functions: cbind(), rbind(), sort(), order() 등
- numeric(mathematical) functions: abs(), log(), exp(), sqrt() 등
- statistical functions: mean(), var(), quantile(), summary() 등

3.5.2 사용자 정의 함수 user-defined function

function name은 내장(built-in) 함수의 name과 동일하지 않아야 한다.

사용자 정의(user-defined) function 역시 name(이름)-arguments(인수)-body(본체)로 구성된다. 정의된 function은 어느 곳에서나 사용할 수 있고 필요한 경우 rm( )을 이용하여 제거할 수 있다.

```
function_name <- function(argument1, argument2, ...)
{
```

```
    # 명령 1
    # 명령 2
    # ...
}
```

다음은 단일 argument[23]인 n의 제곱(square)을 구하는 function이다. 이때 변수 n 의 유형을 제한하지 않았으므로 integer, vector or matrix를 모두 사용할 수 있다.

```
square<- function(n)
{
  n^2
}

square(4)
#> [1] 16
square(matrix(1:9, 3, 3))
#>      [,1] [,2] [,3]
#> [1,]    1   16   49
#> [2,]    4   25   64
#> [3,]    9   36   81
```

✿ arguments가 2 개 이상인 경우에는 반드시 순서(order)를 고려해야 한다.

```
div <- function(x,y) {
  x/y
}
# 순서 중요
div(2,4)

# [1] 0.5


#> [1] 0.5
div(4,2)

# [1] 2


#> [1] 2
```

[23] 실행 인자인 argument(인수)는 직접 입력되는 값(value)을 의미하고, parameter(파라미터)는 매개 변수로서 임의의 값을 말한다.

예제 1. 사용자 함수의 생성

다음의 함수를 고려해 보자.

$$z = \frac{x - \bar{x}}{sd(x)}$$

먼저 간단한 data를 생성하여 저장하면 다음과 같다. 여기서 rnorm()은 정규 확률 난수를 생성하는 함수이다.

```
# Create a data frame
set.seed(311)
c1 <- rnorm(50, 5, 1.5)
c2 <- rnorm(50, 3, 1.5)
c3 <- rnorm(50, 2, 1.5)
df_s <- data.frame(c1, c2, c3)
```

주어진 데이터에 적용될 함수 생성을 위하여 다음을 고려해야 한다.

함수 생성시 고려 사항

- name 결정: std()
- argument의 수 검토: 연산할 variable지정을 위하여 *1*개 이상의 argument 필요
- function body의 범위: 결과를 제공받고자 하는 연산식
- 결과 제공 형태: 새로운 object 또는 print

1. 분자(nominator)의 정의 : sdev <- sd(x)
2. 분모(denominator)의 정의: center <- x - mean(x)
3. 분모와 분자를 이용한 최종 연산식: std <- center/sdev
4. function call에 의하여 반환될 return() 지정: return(std)
5. 모든 단계와 절차를 bracket({ }) 내에 포함

```
std <- function(x){
  sdev <- sd(x)
  center <- x - mean(x)
  std <- center/sdev
  return(std)
}
```

6. 결과 확인

결과가 일정 크기 이상의 vector, matrix, data.frame 또는 function인 경우 다음을 이용하여 일부를 확인할 수 있다.

- head(x, n = , ...)
- tail(x, n = , ...)

```
head(std, n = 7)

#
# 1 function (x)
# 2 {
# 3     sdev <- sd(x)
# 4     center <- x - mean(x)
# 5     std <- center/sdev
# 6     return(std)
# 7 }
```

```
std_1 <- std(df_s$c1)
head(std_1, 3)
#> [1] 0.1809524 0.4101656 0.6556025
```

3.6 흐름 제어 Control Flows

흐름 제어(control flow)는 [표 3.7]과 같이 선택(choice)과 반복(loop)으로 구분된다.

표 **3.7:** control flow를 위한 function

방법	기본 형태	보언
choice	1. if (condition) true_action	else 생략 가능
선택	else false_action	
	2. ifelse(condition, true_action, false_action)	vectorized if

방법	기본 형태	보언
	3. switch(expression, list)	
loop 반복	1. for(item in vector) perform_action - next: 현재 실행 종료 - break: for-loop 종료 2.repeat(action)	

3.6.1 조건별 action 선택: if-else, ifelse, switch

if-else에서 정의된 (condition)은 반드시 TRUE 또는 FALSE 중의 1 개로 결정되어야 한다.

if에서 else 조건을 명시하지 않을 수 있다. 이 경우 else 조건을 만나면 NULL을 반환한다. 만일 2 개 이상의 logical vector를 생성하는 경우에는 ifelse()를 적용한다. 이러한 이유를 ifelse()를 vectorized if라고도 부른다.

```
grade <- function(x) {
  if (x >= 90) {
    "A"
  } else if (x >= 80) {
    "B"
  } else if (x >= 70) {
    "C"
  } else if (x >= 60) {
    "D"
  } else {
    "F"
  }
}
#
grade_2 <- function(x) {
  if (x >= 60) {
    "Pass"
  }
}
grade_3 <- function(x) {
```

```
  ifelse(x >= 60, "Pass", "Fail")
}


score <- c(30, 60, 100, 90, 70)
#
grade(score)
#> Error in if (x >= 90) { : the condition has length > 1
grade(83)
#> [1] "B"
grade(50)
#> [1] "F"
grade_2(95)
#> [1] "Pass"
grade_2(55)
#> NULL
grade_3(score)
#> [1] "Fail" "Pass" "Pass" "Pass" "Pass"
```

- switch()는 특정한 문자열들의 모임 으로 조건이 주어진 경우 유용하다.

```
books <- function(x) {
  switch(x,
    "1학년" = 2,
    "2학년" = 6,
    "3학년" = 10,
    "4학년" = 15,
    stop("Unknown input")
  )
}
books("1학년")
#> [1] 2
books("대학생")
#> Error in books("대학생") : Unknown input
```

3.6.2 반복 실행: for, while, repeat

- loop의 유연성은 for < while < repeat의 순서로 높다.
- 반복되는 원소의 수를 알고 있는 경우에는 for가 유용하다[24].

[24] output을 저장할 공간을 미리 지정하는 것이 바람직하다. (예) x <- vector(mode = "list", length = 100)

for는 vector의 각 원소별로 반복적인 작업을 수행할 때 사용된다. 이는 정의된 vector의 각 원소에 따라 제시된 명령(perform_action)을 수행하고 자동으로 다음 원소를 선택한다. 만일 모든 원소를 고려하기 전에 종료를 원할 경우, next 또는 break 명령을 사용하여 인위적으로 for의 실행을 종료할 수 있다.

```
for (i in 1:10) {
  if (i < 3) next
  else
   print(i)
  if (i >= 5) break
}
#> [1] 3
#> [1] 4
#> [1] 5
```

만일 사전에 반복되는 원소의 수를 알지 못하면 while 또는 repeat를 사용한다.

```
set.seed(311)
test <- function(n) {
        sample(x = c(1:10), n, replace = T, prob = rep(0.1, 10))
}

x <- test(10)
#
i <- 1
while(x[i] < 8) {
 print(x[i])
 i <- i + 1
}
#
i <- 1
repeat{
  print(x[i])
  i <- i + 1
  if(x[i] >= 8) {
  break
  }
}

# [1] 9
```

3.7 범함수 Functionals

범함수(functionals)란 입력으로 function 취하고 출력으로 vector를 반환하는 함수를 말한다.

가장 널리 사용하는 **범함수**는 apply-계열 함수로 for-loop의 대안으로 사용한다. 이는 **분할-적용-결합**(split-apply-combine)과 같이 공통적인 데이터 조작 작업을 **캡슐화**(encapsulation)하고[25] 다양한 연산 함수를 작업하고자 할 때 유용하다. 이는 항상 빠른 코드를 만드는 것은 아니지만, code의 전체 구조를 간단히 하여 의사 소통을 명확하게 한다.

apply-계열의 함수들의 핵심 아이디어는 loop-hiding 이다.

apply-계열의 함수들은 실제로 for-loop를 이용하기때문에 실제 실행 시간은 (올바로 작성된) for-loop 함수와 큰 차이는 없다. 하지만, apply-계열의 함수는 그 목적을 분명히 확인할 수 있고 looping의 기본 구조를 검증하지 않아도 되므로 실제 프로그래밍의 작성과 검증을 효과적으로 진행할 수 있게 해 준다. 또한 함수 실행의 결과가 list이고, 일부 구성 요소가 NULL 이라면 for-loop는 문제가 되지만 apply-계열 함수는 올바른 결과를 도출한다.

3.7.1 lapply()

lapply()는 dataframe의 구성 원소에 반복적인 작업을 할 수 있는 함수이다. 이는 list인 x와 function f를 이용하여 lapply(x, f, ...)의 형식을 갖는다. 다음과 같이 for-loop와 동일한 기능을 수행한다.

```
lapply_r <- function(x, f, ...) {
 out <- vector("list", length(x))
 for(i in seq_along(x)) {
  out[[i]] <- f(x[[i]], ...)
 }
 out
}
```

[25] 캡슐화는 다른 모든 object에서 사용할 수 있는 인터페이스에서 작업 및 상태 구현을 숨김으로써 외부에서 object를 확인하는 것과 내부에서의 object의 구조를 명확히 분리되도록 한다.

예를 들어, dataframe에 -99로 입력된 결측값을 NA로 전환하는 방법을 function으로 작성하면 다음과 같다.

```
df <- list(c(1, 2, 3, -99), c(2, 3, 4, -99))
fix_missing <- function(x, na.value) {
x[x == na.value] <- NA
x
}
fix_missing(df, "-99")
```

```
# [[1]]
# [1]   1   2   3 -99
#
# [[2]]
# [1]   2   3   4 -99
```

정의된 function을 이용하여 lapply()를 적용하면 다음과 같다.

```
df[] <- lapply(df, fix_missing, na.value = -99)
df
```

```
# [[1]]
# [1]  1  2  3 NA
#
# [[2]]
# [1]  2  3  4 NA
```

또한 다양한 함수들의 리스트를 작성할 수 있다. 다음의 2개의 함수는 동일한 결과를 제공한다. lapply()는 list로 출력하므로, vector로 정의하기 위해서는 unlist()를 적용해야 한다.

```
my_summary <- function(x) {
c(mean(x , na.rm = TRUE),
  median(x , na.rm = TRUE),
  sd(x, na.rm = TRUE),
  mad(x , na.rm = TRUE),
  IQR(x , na.rm = TRUE)
  )
}
lapply(df, my_summary)
```

```
# [[1]]
# [1] 2.0000 2.0000 1.0000 1.4826 1.0000
#
```

```
# [[2]]
# [1] 3.0000 3.0000 1.0000 1.4826 1.0000
```

```
my_summary2 <- function(x) {
funs <- c(mean , median , sd , mad , IQR)
lapply(funs, function(f) f(x , na.rm = TRUE))
}
unlist(lapply(df, my_summary2)[1])
```

```
# [1] 2.0000 2.0000 1.0000 1.4826 1.0000
```

```
unlist(lapply(df, my_summary2)[2])
```

```
# [1] 3.0000 3.0000 1.0000 1.4826 1.0000
```

또한 출력을 vector, matrix 그리고 array를 생산하는 sapply(), vapply()를 사용할 수 있다. sapply()와 vapply()는 출력을 vector로 반환한다는 점을 제외하면 lapply()와 유사하다. 분석 과정에서 결과의 검토를 위하여 임시적으로 사용할 때는 sapply()가 보다 간단하다.

```
unlist(lapply(mtcars, is.numeric) )
```

```
#  mpg  cyl disp   hp drat   wt qsec   vs   am gear carb
# TRUE TRUE TRUE TRUE TRUE TRUE TRUE TRUE TRUE TRUE TRUE
```

```
sapply(mtcars, is.numeric)
```

```
#  mpg  cyl disp   hp drat   wt qsec   vs   am gear carb
# TRUE TRUE TRUE TRUE TRUE TRUE TRUE TRUE TRUE TRUE TRUE
```

```
vapply(mtcars, is.numeric, logical(1))
```

```
#  mpg  cyl disp   hp drat   wt qsec   vs   am gear carb
# TRUE TRUE TRUE TRUE TRUE TRUE TRUE TRUE TRUE TRUE TRUE
```

3.8 Tidyverse 통합 패키지

tidyverse::는 Data Analysis Workflow 구현을 위한 통합 package 이다(Wickham, 2022).

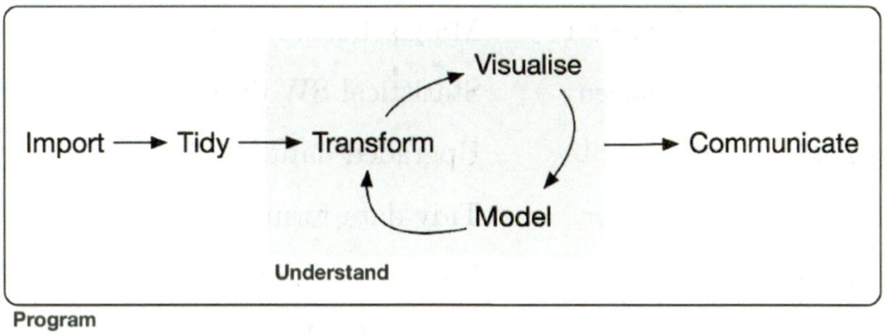

그림 **3.5:** Data Analysis Workflow <https://CRAN.R-project.org/package=dplyr>

Data Analysis Workflow의 기본 실행 단계는 [그림 3.5]와 같다. tidyverse::는 이를 구현하기 위하여 개발된 통합 package로 18개의 Core package와 이들에 종속된 다양한 dependencies로 구성된다(Wickham et al., 2022b).

```
install.packages("tidyverse")
```

```
library(tidyverse)

Registered S3 methods overwritten by 'dbplyr':
-- Attaching packages ------------------------------- tidyverse 1.3.0 --
□□ ggplot2 3.3.2     □□ purrr   0.3.4
□□ tibble  3.0.3     □□ dplyr   1.0.2
□□ tidyr   1.1.1     □□ stringr 1.4.0
□□ readr   1.3.1     □□ forcats 0.5.0
-- Conflicts ---------------------------------- tidyverse_conflicts() --
x dplyr::filter() masks stats::filter()
x dplyr::lag()    masks stats::lag()
```

tidyverse::를 설치하고 library()를 실행하면, [표 3.8]에서의 8개 기본 package들이 사용 가능 상태가 된다(붉은색). 나머지 10개의 package(파란색)는 필요에 따라 library()로 추가하여 사용할 수 있다.

표 3.8: tidyverse 패키지의 구성

단계	이름	용도
Import	readr	text, csv 등의 입력
	readxl	MS Exel(.xls, .xlsx) 입력
	haven	Statistical SW data 입력
Tidy	tibble	Upgraded data.frame
	tidyr	Tidy data formats
Transform	dplyr	Data Manipulation
	forcats	Factor Handling
	stringr	Characters Handling (with regex)
	lubridate	Date Handling
	hms	Time Handling
Visualize	ggplot2	Graphics and Models
Model	modelr	Bootstrapping/Cross Validation Extract predicted/Residuals
	broom	Access model quality
Program	purrr	Iterations
Commnicate	Rmarkdown	R + latex/html/pdf
	Shiny	

이중에서 데이터 처리에서 자주 사용하는 dplyr::의 중요 function 들에 대하여 확인해 보기로 한다. 먼저 다음을 만족하는 data set을 tidy data set이라고 한다(Wickham, 2014).

> tidy data set
>
> - 모든 column(열)은 variable(변수)이다. 변수는 1개의 column(열)에 저장된다.
> - 모든 row(행)은 case(관찰값)이다.관찰값은 고유의 단일 행에 저장된다.

- 모든 cell(셀)에는 오직 1 개의 값만 갖는다.

dplyr::은 tidy한 dataframe의 처리에 유용한 함수들을 제공하는 package이다. 이들 함수들은 row-wise(관찰값 중심)와 column-wise(변수 중심)로 구분할 수 있으며, 여러 함수들을 순차적으로 적용할 수 있는 pipe operator %>%를 포함한다. 또한 group_by()와 summarize()를 통하여 다양한 데이터 요약 결과를 쉽게 도출할 수 있다. forward pipe 연산자는 다양한 function들을 연속적으로 적용할 수 있어서 데이터 처리를 직관적으로 실행 할 수 있다[26].

h(g(f(x)))는 x %>% f%>% g %>% h와 동일하다.

- x %>% f는 f(x)와 동일하다.
- x %>% f(y)는 f(x, y)와 동일하다.
- x %>% f(y, .)는 f(y, x)와 동일하다.

다음은 R내장 data sets 중의 하나인 mtcars[27]를 이용하여 dplyr::의 function들을 확인해 보도록 하자. 고려된 변수들은 [표 11.4]와 같다.

표 3.9: mtcars 데이터의 변수와 의미

변수 명	설명	Data 유형
mpg	Miles/Gallon, 연비	연속형
cyl	No. of Cyclinders, 엔진의 기통수	이산형
disp	배기량($inch^3$)	연속형
hp	Gross Horsepower, 마력	연속형
drat	Rear axle ratio, 뒤차축비	연속형
wt	Weight(1000lbs), 무게	연속형
qsec	1/4 Mile time, 402m 도달 시간	연속형

[26] tidyverse를 구성하는 package들은 %>%(forward pipe) 사용이 가능하다. 이는 migrittr::에서 제공하는 것으로 library(migrittr)을 실행하면 %T>%(T-pipe), %<>%(forward-backward pipe), %$%(no-argument pipe) 등의 다양한 pipe operator들이 제공된다.

[27] 1974년도 미국의 Motor Trend US Magazine에 수록된 1973~1974년 출시 자동차의 특징을 기록한 것으로 R의 data sets에 내장되어 있다.

변수 명	설명	Data 유형
vs	V or Straight Engine, 엔진형태	범주형
am	0 = auto, 1 = manual, 변속기어 종류	범주형
gear	No. of Forward Gears, 전진 기어 단계의 수	이산형
carb	No. of Carburetors, 기화기의 수	이산형

```
data(mtcars)          # R Datasets에 기본 저장되어 있는 데이터
str(mtcars)

# 'data.frame': 32 obs. of  11 variables:
#  $ mpg : num  21 21 22.8 21.4 18.7 18.1 14.3 24.4 22.8 19.2 ...
#  $ cyl : num  6 6 4 6 8 6 8 4 4 6 ...
#  $ disp: num  160 160 108 258 360 ...
#  $ hp  : num  110 110 93 110 175 105 245 62 95 123 ...
#  $ drat: num  3.9 3.9 3.85 3.08 3.15 2.76 3.21 3.69 3.92 3.92 ...
#  $ wt  : num  2.62 2.88 2.32 3.21 3.44 ...
#  $ qsec: num  16.5 17 18.6 19.4 17 ...
#  $ vs  : num  0 0 1 1 0 1 0 1 1 1 ...
#  $ am  : num  1 1 1 0 0 0 0 0 0 0 ...
#  $ gear: num  4 4 4 3 3 3 3 4 4 4 ...
#  $ carb: num  4 4 1 1 2 1 4 2 2 4 ...

dim(mtcars)
#> [1] 32 11
```

3.9 행 중심 함수

- filter()는 row 기준의 subset(부분 집합)을 추출할 때 사용한다[28].

```
cyl_4 <- mtcars %>% filter(cyl == 4)
dim(cyl_4)
#> [1] [1] 11 11
cyl_4_am <- mtcars  %>% filter(cyl == 4 & am == 1)
dim(cyl_4_am)
#> [1]  8 11
```

[28] row의 일정 범위에 따른 모든 변수들을 지정하고자 할 때는 dpylr::slice()가 유용하하다.

- arrange()는 특정 변수에서 row(행)들의 순서(order)를 재정렬할 때 사용한다.

```
cyl_4_mpg <- mtcars  %>% arrange(mpg)        # mpg 변수의 오름차순 정렬
head(cyl_4_mpg, 3)

#                      mpg cyl disp  hp drat    wt  qsec vs am gear carb
# Cadillac Fleetwood  10.4   8  472 205 2.93 5.250 17.98  0  0    3    4
# Lincoln Continental 10.4   8  460 215 3.00 5.424 17.82  0  0    3    4
# Camaro Z28          13.3   8  350 245 3.73 3.840 15.41  0  0    3    4
```

```
cyl_4_rmpg <- mtcars  %>% arrange(desc(mpg)) # mpg 변수의 내림차순 정렬
head(cyl_4_rmpg, 3)

#                 mpg cyl disp hp drat    wt  qsec vs am gear carb
# Toyota Corolla 33.9   4 71.1 65 4.22 1.835 19.90  1  1    4    1
# Fiat 128       32.4   4 78.7 66 4.08 2.200 19.47  1  1    4    1
# Honda Civic    30.4   4 75.7 52 4.93 1.615 18.52  1  1    4    2
```

3.10 열 중심 함수

- select()는 variable name만으로 원하는 변수들을 선택할 수 있다[29].

```
perform_1 <- mtcars  %>% select(mpg, cyl, hp)   # 선택할 변수 지정
head(perform_1, 3)

#                mpg cyl  hp
# Mazda RX4     21.0   6 110
# Mazda RX4 Wag 21.0   6 110
# Datsun 710    22.8   4  93
```

```
perform_2 <-mtcars  %>% select(-c(disp, drat:carb)) # 제외할 변수 지정
head(perform_2, 3)

#                mpg cyl  hp
# Mazda RX4     21.0   6 110
# Mazda RX4 Wag 21.0   6 110
# Datsun 710    22.8   4  93
```

- rename()은 variable name을 변경할 때 사용한다.

---

[29] data$var_name, data["var_name"]과 같은 indexing의 적용 없이 가능하다.

```
str(mtcars)
perform_3 <- mtcars  %>%
 rename(cylinder = cyl, horse_power = hp)  %>%
 select(mpg, cylinder, horse_power)
head(perform_3, 3)
```

mutate()는 변수들의 연산/변환을 통하여 새로운 변수를 생성한다. 생성된 변수들은 dataframe의 마지막 변수 뒤에 추가된다.

- 1 gallon = 3.78541 litters
- 1 mile = 1.60934 Km
- $(1inch)^3 = 16.387cm^3$

```
perform_4 <- mtcars  %>% mutate(kml = (mpg * 1.60934) / 3.78541,
                                cdisp = disp*16.387
                                )
head(perform_4, 3)
```

```
#                mpg cyl disp  hp drat    wt  qsec vs am gear carb      kml
# Mazda RX4     21.0   6  160 110 3.90 2.620 16.46  0  1    4    4 8.928000
# Mazda RX4 Wag 21.0   6  160 110 3.90 2.875 17.02  0  1    4    4 8.928000
# Datsun 710    22.8   4  108  93 3.85 2.320 18.61  1  1    4    1 9.693257
#                  cdisp
# Mazda RX4     2621.920
# Mazda RX4 Wag 2621.920
# Datsun 710    1769.796
```

3.11 부분군(subgroup) 정의 및 요약

group_by()는 변수들의 범주로 정의되는 층별된 부분군을 정의한다.

summarize()는 변수들의 통계량 그리고/또는 함수 적용 값을 연산하여, 계산된 변수들만을 반환한다.

```
perform_5 <- mtcars  %>%
 group_by(cyl)  %>%
 summarize(mean_mpg = mean(mpg, na.rm = TRUE))
head(perform_5, 3)
```

```
# # A tibble: 3 x 2
#     cyl mean_mpg
#   <dbl>    <dbl>
# 1     4     26.7
# 2     6     19.7
# 3     8     15.1
```

3.12 그래프의 생성

그래프(graphs)는 데이터의 탐색과 도출된 결과의 요약에 있어서 가장 유용한 도구이다. 이는 현상에 대한 시각적 이해를 돕고 분석을 통하여 발견된 다양한 정보들을 함축적으로 표현할 수 있다는 장점을 갖는다. **R**은 유용하고 다양한 기본 plot()을 제공한다. 하지만 ggplot2:: package를 이용하면, 좀더 쉽고 직관적으로 그래프를 생성할 수 있다(Wickham, 2016).

ggplot2::에 내장된 midwest data를 이용하여 ggplot의 생성 과정을 확인해 보도록 하자(Wickham et al., 2022a).

```
data("midwest", package = "ggplot2")          # load the data
```

midwest data는 [그림 3.6]과 같이 미국 중서부(Midwest)의 437개 카운티(county)[30]에서 28개 변수를 조사한 것으로 그 중 일부 변수는 다음 [표 3.10]과 같다[31].

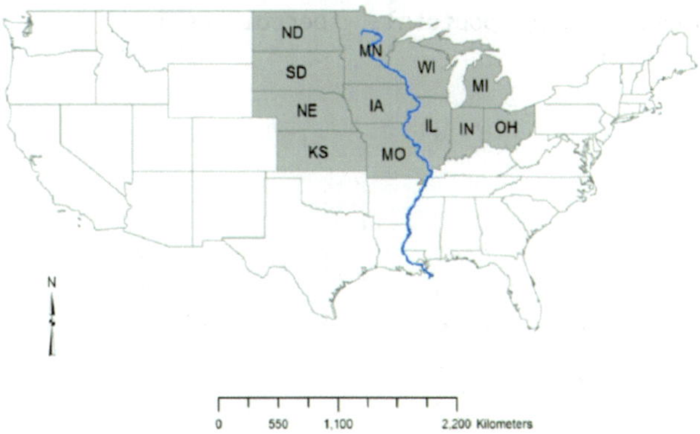

The twelve states of the Midwest study area denoted in gray: Illinois (IL), Indiana (IN), Iowa (IA), Kansas (KS), Michigan (MI), Minnesota (MN), Missouri (MO), Nebraska (NE), North Dakota (ND), Ohio (OH), South Dakota (SD), Wisconsin (WI). The Mississippi River is shown in blue.

그림 3.6: 미국의 midwest 지역과 주

[30] 미국의 주 정부 서비스를 제공하는 정치 및 행정 구역

[31] http://goo.gl/G1K41K

표 3.10: ggplot2::midwest(data set)의 일부 변수들

variable	설명
PID	고유 번호
county	카운티 이름
state	소속 주
area	면적
poptotal	총 인구
⋮	⋮
⋮	⋮
percollege	대학 졸업자 비율
percprof	전문가 비율
⋮	⋮

ggplot()은 g0와 같은 empty plot에서 시작한다. g0를 기본으로 다양한 building block 을 +를 이용하여 원하는 만큼 추가할 수 있다. 다음은 이에 대한 예시이다.

```
ggplot2::ggplot(midwest, aes(x=poptotal, y=percollege)) +
labs(title="g0: 빈 그림")
```

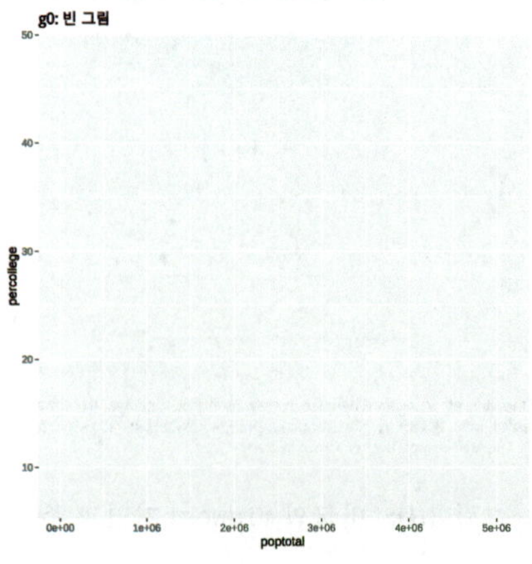

```
ggplot2::ggplot(midwest, aes(x=poptotal, y=percollege)) +
 geom_point() +
 labs(title="g1: 점 추가")
```

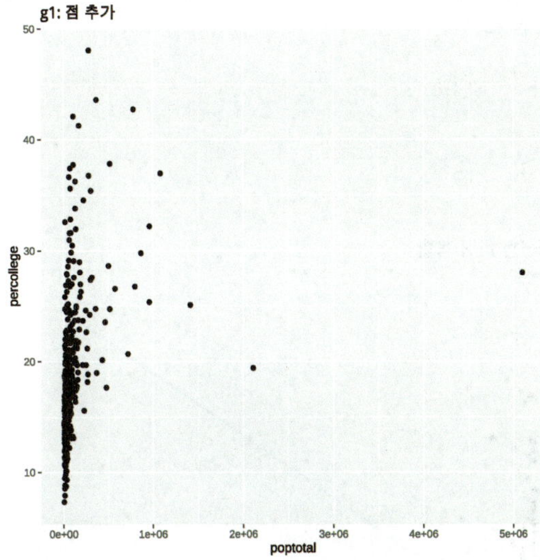


```
ggplot2::ggplot(midwest, aes(x=poptotal, y=percollege)) +
 geom_point() +
 xlim(c(0, 6000000)) + ylim(c(0, 50)) +
 labs(title = "g2:(x, y) 한계 지정 ")
```

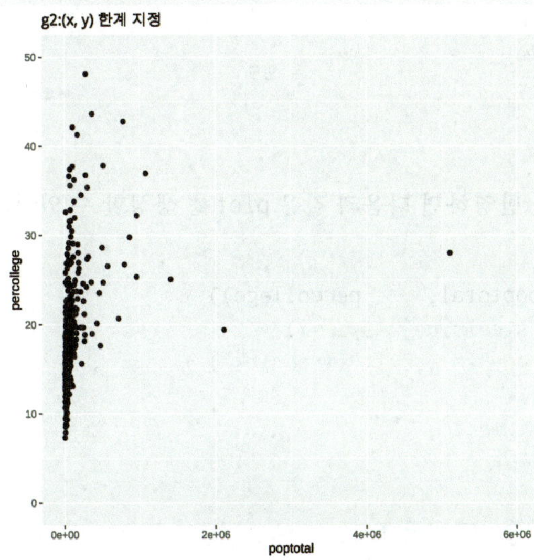

```
ggplot2::ggplot(midwest, aes(x=poptotal, y=percollege)) +
 geom_point() +
 xlim(c(0, 6000000)) + ylim(c(0, 50)) +
 geom_smooth(method="lm")  +
 labs(title="g3: 선형 회귀 적합",
      subtitle="midwest",
      y="대졸자 비율",
      x="인구",
      caption="미 중서부 인구 조사"
      )
```

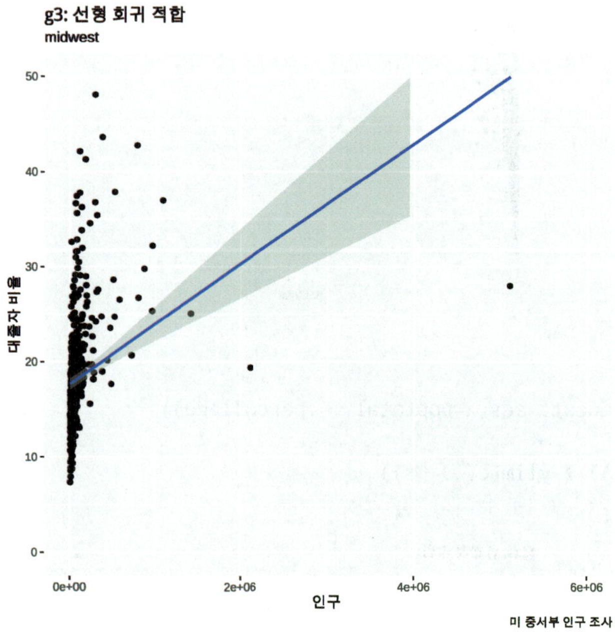

색상을 조정하고 theme를 반영하면 다음과 같은 plot을 생성할 수 있다.

```
ggplot(midwest, aes(x=poptotal, y = percollege)) +
        geom_point(col="steelblue", size=2) +
        geom_smooth(method="lm", col="firebrick") +
 labs(title="g4: 테마 적용",
             subtitle="midwest",
             y="대졸자 비율",
             x="인구",
             caption="미 중서부 인구 조사"
      ) +
 theme_bw()
```

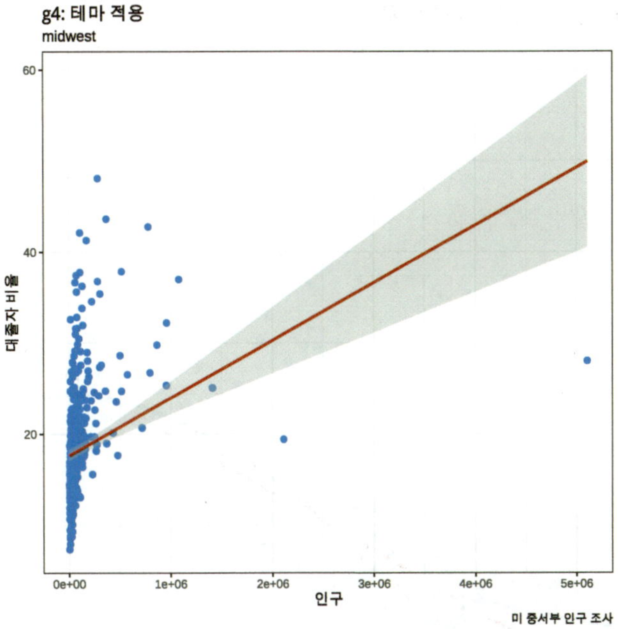

ggplot에서 인구(population)의 log() 함수를 적용한 결과는 다음과 같다.

```
ggplot(midwest, aes(x=log(poptotal), y = percollege)) +
       geom_point(col="steelblue", size=2) +
       geom_smooth(method="lm", col="firebrick") +
       geom_smooth(method = "loess",
                   span = 0.75,
                   alpha = 0.2,
                   col="blue"
                    ) +                          # loess fitted line
       labs(title="g5: log(인구) vs. 대졸자 비율",
            subtitle="midwest",
            y="대졸자 비율",
            x="인구",
            caption="미 중서부 인구 조사"
            ) +
 theme_bw()
```

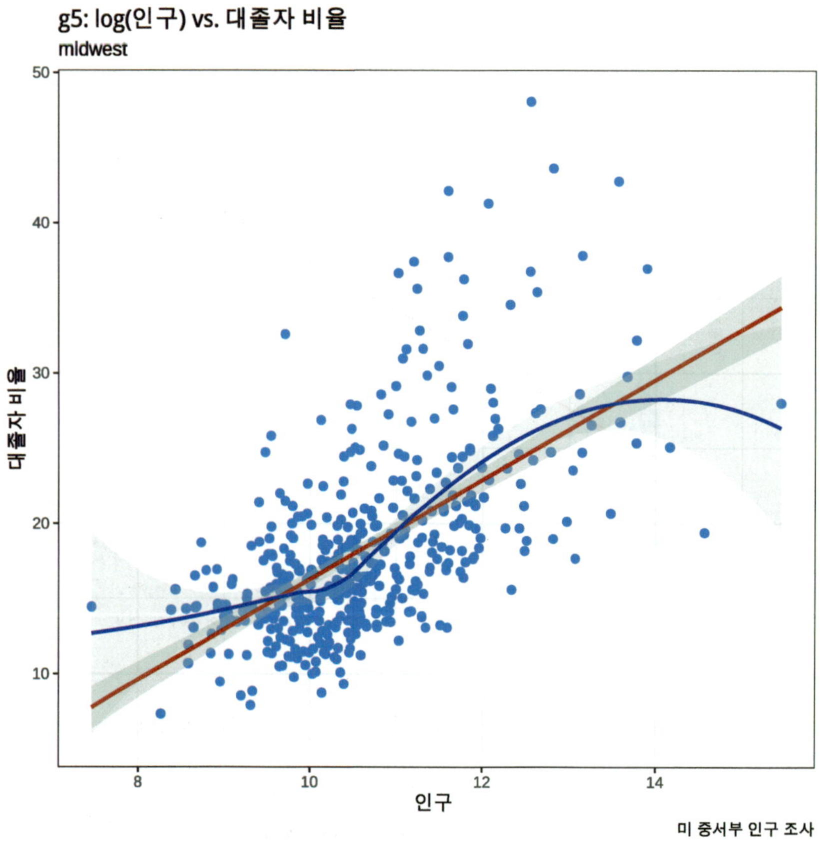

현재의 분석 결과를 각 주(state)별로 적용하면 다음과 같다.

```
ggplot(midwest, aes(x=log(poptotal), y = percollege)) +
       geom_point(col="steelblue", size=1) +
       geom_smooth(method="lm",
                   color = "firebrick",
                   se = FALSE
                   ) +
       geom_smooth(method = "loess",
                   span = 0.75,
                   alpha = 0.2,
                   col="blue"
                    ) +
       labs(title="g6: 주별 log(인구) vs. 대졸자 비율",
            subtitle="midwest",
            y="대졸자 비율",
            x="인구",
            caption="미 중서부 인구 조사"
```

```
          ) +
  theme_bw()  +
  facet_wrap(~state)
```

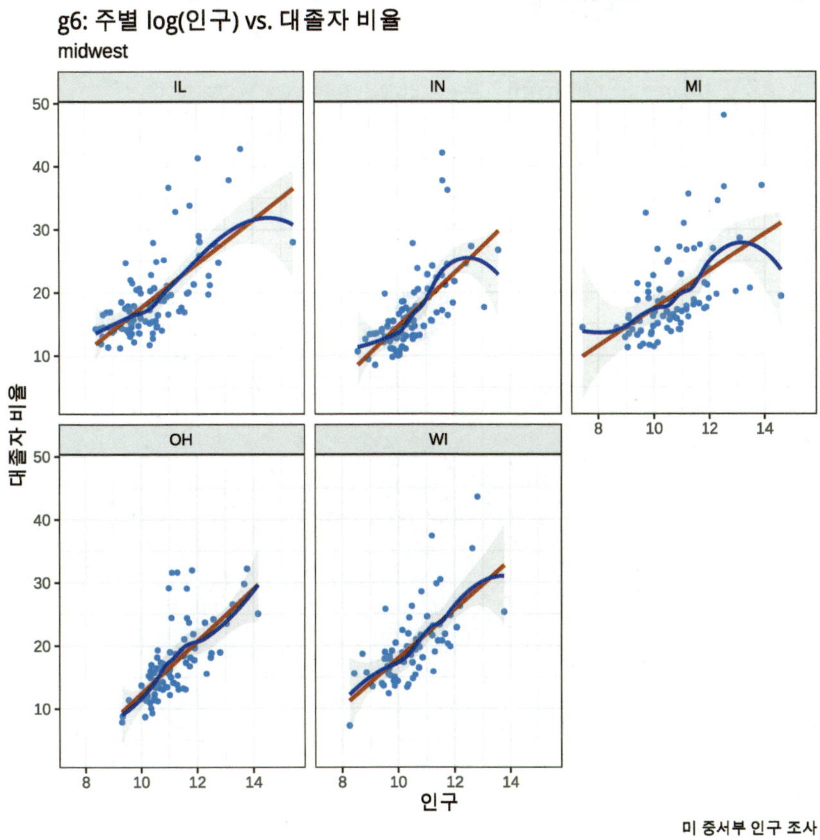

이와 같이 ggplot()은 원하는 형태와 모형 적합 결과를 동시에 표현할 수 있으며, 추가할 수 있는 레이어는 제한이 없다. ggplot() 그리고 다양한 tidyverse 패키지의 명령과 함수를 요약한 cheat sheet은 <https://posit.co/resources/cheatsheets/>에서 다운로드하여 참조할 수 있다.

CHEATSHEET

Data transformation with dplyr cheatsheet

CHEATSHEET

Data visualization with ggplot2 cheatsheet

4 줄기-잎 그림 Stem-and-Leaf Plot

단순한 그래프는 다른 어떤 것보다 데이터 분석가의 의견에 더 많은 정보를 제공해 왔다. The simple graph has brought more information to the data analyst's mind than any other device.,Tukey(1962)[1]

[2022년 11월] 탄현 산책로 나무의 줄기와 잎

그림 4.1: 나무의 줄기와 잎

줄기-잎 그림(stem-and-leaf plot)은 간단한 수작업(pencil-and-paper)을 통하여 데이터 세트(들)를 기록하고 관련 정보를 탐색할 수 하는 방법이다[2]. 이는 원하는 정보와 계산의 기초로

[1]Tukey, J. W. (1962). The future of data analysis. The annals of mathematical statistics, 33(1), 1-67.

[2]데이터 세트(data set)은 특별히 구분할 필요가 있는 경우를 제외하고 데이터로 표현한다. EDA에서 배치(batch)는 하나의 데이터 세트를 의미한다.

활용할 수 있는 세부 정보를 제공함과 동시에 히스토그램(histogram)과 비슷한 시각적 정보를 제공한다. 이를 통하여 탐색 가능한 정보는 다음과 같다.

줄기-잎 그림에서 탐색 가능한 정보

- 대칭성 유무
- 자료의 범위 및 산포의 정도
- 집중도가 높은 범위 식별
- 군집(cluster)의 존재 여부 및 구분
- 이상점(outliers) 존재 유무

다음의 데이터를 이용하여 줄기-잎 그림의 작성 방법과 주의 사항을 확인해 보자.

예제 2. 데이터($n = 11$): 64, 34, 15, 16, 21, 32, 41, 33, 17, 53, 22

1. 각 데이터의 값을 목적에 적합하도록 줄기(stem)와 잎(leaf)으로 구분한다.
   - 줄기-잎 구분: $64 = 6 \times 10 + 4$

데이터	구분	줄기-잎
64	6 / 4	6 - 4
34	3 / 4	3 - 4
15	1 / 5	1 - 5
16	1 / 6	1 - 6
⋮	⋮	⋮
53	5 / 3	5 - 3
22	2 / 2	2 - 2

2. 순차적으로 줄기와 잎을 작성한다.
   - 줄기는 작은 값에서 큰 값으로 위에서 아래로 작성한다.

- 각 잎은 가능한 한 1개의 숫자로 지정하고 동일 간격으로 작성한다. 만일 1.23에서 1을 줄기로 하고 23을 잎으로 하는 경우에는 마지막 자릿수를 반올림하지 않고 버림 (round down)하여 원자료의 값을 최대한 유지한다[3].
- 줄기내에서 잎의 순서는 무관하지만, 정보 탐색의 관점에서 순차적(오름차순 또는 내림 차순)으로 적는 것이 바람직하다.

```
1 | 567
2 | 12
3 | 234
4 | 1
5 | 3
6 | 4
```

3. 각 줄기의 도수(counts)를 기록한다.
   - 제 1 도수: 각 줄기 별 단순 도수를 적는다.
   - 제 2 도수(depth): 위와 아래에서 각각의 누적 도수를 적고, 중앙값을 포함하는 중간 도수는 ( )를 표시한다.

```
[도수]
 3  3   1 | 567
 5  2   2 | 12
(3) 3   3 | 234
 3  1   4 | 1
 2  1   5 | 3
 1  1   6 | 4
```

4. 데이터 수를 확인하고 그림의 단위(unit)를 표기한다.
   - 단순 도수의 합이 전체 데이터의 수와 동일한지 확인하고, 동일하다면 밑줄 또는 체크 (✓) 표시를 한다.
   - 줄기와 잎을 결합했을 경우의 값의 단위를 명시한다.

[3] R에서 floor() 함수를 이용하여 버림 작업을 할 수 있다.

```
단위: 1

 3  3   1 | 567
 5  2   2 | 12
(3) 3   3 | 234
 3  1   4 | 1
 2  1   5 | 3
 1  1   6 | 4

        11(v)
```

5. 데이터의 특징을 확인하고, 필요한 경우, 줄기의 확장 또는 축소를 고려한다.

완성된 줄기-잎 그림을 고찰해 보면, 주어진 데이터는 대칭성을 갖지 않으며, 10 ~ 30 구간에 데이터가 밀집되어 있으며 이상점(outliers)으로 판단할 수 있는 값은 존재하지 않는다. 일반적으로 줄기-잎 그림에서 줄기와 잎은 십진법 자리수 단위 또는 소수점(decimal points)을 기준으로 구분한다. 필요한 경우, 줄기의 크기는 정수 값 $k > 0$ 에서 $\{1, 2, 5\} \times 10^k$ 로 재정의할 수 있다. 만일 현재의 줄기 기준 단위가 변별력이 없다면, 줄기의 크기를 1/2 또는 1/5로 재구분하여 세분화 할 수 있다. 재구분된 줄기는 [표 4.2]과 같이 표기한다.

표 4.2: 줄기 크기의 재 구분

숫자		1/5 구분	1/2 구분
0	zero	*	*
1	one	*	*
2	two	t	*
3	three	t	*
4	four	f	*
5	five	f	.
6	six	s	.
7	seven	s	.
8	eight	.	.

숫자		1/5 구분	1/2 구분
9	nine	.	.

예제 3. 수작업 연습

다음은 30명으로 구성된 특정 학과의 중간고사 점수이다.

```
68 84 63 52 63 50 74 91 72 78 71 76 80 94 73
83 65 74 74 72 78 79 80 84 65 82 65 87 67 76
```

이를 이용하여 (1) 줄기 크기 = 10 그리고 (2) 줄기 크기 = 5를 갖는 줄기-잎 그림을 작성하시오.

1. 줄기 크기 = 10
   - 줄기-잎의 구분: $68 = 6 \times 10 + 8$

```
단위: 1

   2   2    5 | 02
   9   7    6 | 3355578
(12)  12    7 | 122344466889
   9   7    8 | 0023447
   2   2    9 | 14

      30(v)
```

작성된 줄기 잎 그림은 대칭 구조를 가지고 있으며, 특별한 군집(cluster) 또는 이상점(outliers)은 존재하지 않는다. 최고점은 94점, 최저점은 50점 그리고 중앙값은 74임을 확인할 수 있으며, 학생 개개인이 자신의 점수가 전체 분포에서 어디에 위치하는지도 확인이 가능하다. 학생들은 학급 전체의 분포와 개인의 점수이외에 예상 학점에 더 관심을 가질 수 있다. 학점이 5점 단위로 부여된다는 사실에 기초하여 줄기의 크기를 5로 가정하여 새로운 줄기-잎 그림을 생성해 보면 다음과 같다.

2. 줄기 크기 = 5

- 줄기의 크기를 10에서 5로 1/2 줄이는 경우는 [표 4.2]에서와 같이 $\{0, 1, 2, 3, 4\}$는 해당 줄기에 * 그리고 $\{5, 6, 7, 8, 9\}$는 해당 줄기에 □을 표기한다.

```
단위: 1

   2  2   5* | 02
      0   5. |
   4  2   6* | 33
   9  5   6. | 55578
 (7)  7   7* | 1223444
  14  5   7. | 66889
   9  6   8* | 002344
   3  1   8. | 7
   2  1   9* | 14

   30(v)
```

줄기의 크기를 10에서 5로 1/2줄인 줄기-잎 그림을 보면 대부분의 학생이 60점 이상의 점수를 받았고, 2명의 학생이 50점대 초반임을 확인할 수 있다. 또한 70점대 초반과 80점대 초반에 학생들의 점수가 밀집되어 있음을 확인할 수 있다.

[그림 4.2]은 동일한 데이터를 이용한 히스토그램(histogram)이다[Pearson (1895)][4]. 이는 분포의 구조를 대략적으로 확인할 때 유용한 그림이지만, 줄기-잎 그림 처럼 관심 대상이 되는 구체적인 값을 확인할 수 없다는 단점을 갖는다. 줄기-잎 그림은 히스토그램과 같이 대략적 분포의 구조를 확인할 수 있지만, 줄기 값의 변경이 제한된다는 단점을 갖는다.

[4]Pearson, K. (1895). "Contributions to the Mathematical Theory of Evolution. II. Skew Variation in Homogeneous Material". Philosophical Transactions of the Royal Society A: Mathematical, Physical and Engineering Sciences. 186: 343–414.

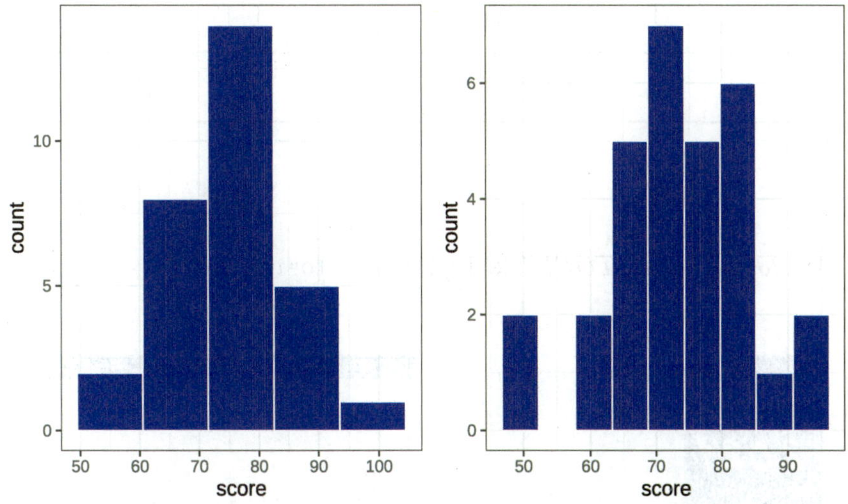

그림 4.2: 30명의 점수의 히스토그램(bins = 5, 9)

4.1 Learning by Doing R

줄기-잎 그림은 aplpack:: 패키지(package)가 제공하는 함수(function)들을 이용하여 생성할 수 있다[Wolf (2021)][5]. aplpack::이 제공하는 다양한 함수들 중에서 줄기-잎 그림에 유용한 함수와 이의 중요 인수(arguments)는 다음과 같다.

stem.leaf()와 stem.leaf.backback()

인수	설명	예
data	벡터 지정, backback의 경우 2개 지정	data = toeic$total
unit	잎의 단위, 10의 거듭제곱으로 정의	unit = 0.1
m	줄기의 구분 - 1, 2, 5 -로 지정	m = 5
trim.outliers	이상값 제거 여부	trim.outliers = TRUE
na.rm	결측값 제거 여부	na.rm = TRUE

[5]Another PLotting PACKage for R(H.P. Wolf, 2021)<https://cran.r-project.org/web/packages/aplpack/index.html>

인수	설명	예
`depths`	도수 표시 여부	`depths = FALSE`

실습 1. *2021*년 전세계 *TOEIC* 응시자들의 점수 `toeic.2021`

Country	Listening		Reading		Total	
	Mean	(SD)*	Mean	(SD)*	Mean	(SD)*
ALBANIA	282	(97)	234	(99)	516	(190)
ALGERIA	369	(99)	315	(106)	684	(200)
BELGIUM	398	(88)	362	(95)	760	(176)
BRAZIL	350	(103)	312	(108)	662	(204)
BURKINA FASO	319	(94)	277	(92)	596	(179)
CAMEROON	337	(101)	290	(98)	627	(191)
CHILE	418	(88)	389	(101)	807	(184)
CHINA, PEOPLE'S REPUBLIC	286	(103)	262	(106)	547	(201)
COLOMBIA	361	(106)	326	(108)	687	(207)
CONGO REPUBLIC	313	(110)	258	(105)	571	(209)
COSTA RICA	413	(82)	353	(98)	765	(174)
COTE D'IVOIRE (IVORY COAST)	323	(103)	281	(103)	604	(199)
EGYPT	392	(88)	323	(95)	715	(174)
EL SALVADOR	317	(102)	256	(109)	573	(205)
FRANCE	390	(91)	348	(103)	738	(189)
GABON	310	(99)	256	(96)	567	(188)
GERMANY	440	(70)	386	(97)	826	(161)
GREECE	347	(74)	267	(77)	613	(141)
HONG KONG	309	(109)	239	(117)	548	(220)
INDIA	415	(78)	344	(99)	759	(170)
INDONESIA	276	(109)	204	(104)	480	(206)
ITALY	414	(81)	380	(91)	794	(165)
JAPAN	315	(89)	259	(98)	574	(180)
JORDAN	401	(84)	343	(98)	745	(175)
KOREA (ROK)	376	(82)	304	(103)	679	(176)
KUWAIT	368	(102)	277	(121)	645	(218)
LEBANON	420	(76)	380	(86)	800	(156)
MADAGASCAR	371	(98)	322	(107)	692	(200)
MALAYSIA	373	(91)	308	(113)	681	(197)
MEXICO	298	(133)	251	(133)	550	(262)
MONGOLIA	311	(99)	231	(104)	542	(195)
MOROCCO	403	(83)	346	(94)	749	(170)
NICARAGUA	376	(115)	327	(120)	703	(229)
PANAMA	324	(92)	242	(106)	566	(193)
PERU	377	(87)	350	(92)	727	(172)
PHILIPPINES	428	(59)	365	(83)	793	(135)
POLAND	355	(111)	304	(119)	659	(223)
REUNION	299	(114)	248	(119)	546	(227)
SENEGAL	334	(106)	284	(104)	617	(204)
SPAIN	387	(86)	352	(95)	739	(175)
TAIWAN	305	(102)	260	(109)	565	(204)
THAILAND	293	(111)	218	(109)	511	(213)
TUNISIA	381	(92)	332	(96)	712	(180)
VIETNAM	286	(99)	245	(103)	531	(195)
WEST BANK	345	(104)	276	(112)	621	(210)

*SD = Standard Deviation

다음은 2021년 전세계 TOEIC 응시자들의 점수 - Listening, Reading, Total - 를 국가별로 구분하여 정리한 데이터이다[6]. 참고로 TOEIC 점수는 다음과 같이 등급을 구분한다.

점수	단계 설명
905 - 990	International Professional Prficiency
	어떤 상황에서도 효과적으로 의사 소통할 수 있는 수준
785 - 900	Working Proficiency Plus

[6]TOEIC은 전 세계 160개국 이상 국가, 14000여 개의 기관 및 업체에서 채용, 승진 해외 파견 등에 활용하는 글로벌 시험으로 Test of English for International Communication의 약자이다. 이는 Listening(듣기)과 Reading(독해)로 구분하여 실시하며, 전체 응시자의 점수를 10~990점의 범위로 표준화하여 제공한다. <https://www.ets.org/toeic/test-takers/scores.html>, TOEIC® Scores and Conversion Table <www.ets.org>

점수	단계 설명
	항상은 아니지만 수용 가능하고 효과적인 언어로 대부분의 작업 요구 사항을 충족시킬 수 있는 수준
605 - 780	Limited Working Proficiency 대부분의 사회적 요구와 제한된 작업 요구 사항을 충족시킬 수 있는 수준
405 - 600	Elementary Proficiency Plus 예측 가능한 대면 대화를 시작하고 유지할 수 있으나 사회적 요구를 제한적으로 충족시킬 수 있는 수준
255 - 400	Elementary Proficiency 친숙한 주제에 대하여 간단한 대면 대화 정도만을 유지할 수 있는 수준
10 - 250	Basic Proficiency 즉각적인 생존 욕구 정도를 만족시키는 수준

데이터 분석 목적에 따라 주어진 데이터로 부터 다음과 같은 정보에 관심이 있을 수 있다.

- 전세계 국가에서 응시하는 응시자들의 국가별 TOEIC 평균 총점의 분포는 어떠한가?
- 어떤 국가(들)가 가장 높은 또는 낮은 총점을 달성하고 있는가?
- 고려된 국가 중에서 대한민국의 응시자들은 어느 정도 수준을 달성하고 있는가?
- 실제로 Listening과 Reading중에서 어느 과목의 높은가(또는 낮은가)?
- Listening과 Reading의 점수 차는 국가별로 상이한가?
- 국가별 공식 언어의 종류에 따라 점수의 차이가 존재하는가? 등

이와 같은 정보를 탐색하기 위해서는 주어진 데이터외에 관련된 추가 데이터 수집을 필요로 할 수 있다.

데이터 불러오기

```
toeic <- read_csv(paste0(data_path, "toeic.2021.csv"))
```

데이터 구조 확인

```
str(toeic)                                    # 데이터 변수와 유형 확인

# spc_tbl_ [45 x 4] (S3: spec_tbl_df/tbl_df/tbl/data.frame)
#  $ country  : chr [1:45] "ALBANIA" "ALGERIA" "BELGIUM" "BRAZIL" ...
#  $ listening: num [1:45] 282 369 398 350 319 337 418 286 361 313 ...
#  $ reading  : num [1:45] 234 315 362 312 277 290 389 262 326 258 ...
#  $ total    : num [1:45] 516 684 760 662 596 627 807 547 687 571 ...
#  - attr(*, "spec")=
#   .. cols(
#   ..   country = col_character(),
#   ..   listening = col_double(),
#   ..   reading = col_double(),
#   ..   total = col_double()
#   .. )
#  - attr(*, "problems")=<externalptr>
```

```
sum(is.na(toeic))                             # 결측값 개수 확인

# [1] 0
```

```
head(toeic)                                   # 변수별 처음 6개의 케이스 값 확인

# # A tibble: 6 x 4
#   country      listening reading total
#   <chr>            <dbl>   <dbl> <dbl>
# 1 ALBANIA            282     234   516
# 2 ALGERIA            369     315   684
# 3 BELGIUM            398     362   760
# 4 BRAZIL             350     312   662
# 5 BURKINA FASO       319     277   596
# 6 CAMEROON           337     290   627
```

총점에 대한 줄기-잎 그림

- 10의 자리를 줄기로 하는 경우, 줄기의 수가 너무 많을 수 있다.
- 이 경우, 줄기-잎 그림의 단위(units)은 1이 된다.

```
stem.leaf(toeic$total, unit = 1, m = 1)

# 1 | 2: represents 12
#  leaf unit: 1
#            n: 45
```

```
#    1    48 | 0
#         49 |
#         50 |
#    3    51 | 16
#         52 |
#    4    53 | 1
#    8    54 | 2678
#    9    55 | 0
#   12    56 | 567
#   15    57 | 134
#         58 |
#   16    59 | 6
#   17    60 | 4
#   19    61 | 37
#   21    62 | 17
#         63 |
#   22    64 | 5
#   (1)   65 | 9
#   22    66 | 2
#   21    67 | 9
#   20    68 | 147
#   17    69 | 2
#   16    70 | 3
#   15    71 | 25
#   13    72 | 7
#   12    73 | 89
#   10    74 | 59
#    8    75 | 9
#    7    76 | 05
#         77 |
#         78 |
#    5    79 | 34
#    3    80 | 07
#         81 |
#    1    82 | 6
```

현재의 줄기-잎 그림은 빈도가 0인 줄기가 다수 발생하여, 줄기의 크기가 적절하지 않다고 판단된다. 하지만 이를 통하여 총점(total)의 최저점은 480 그리고 최고점은 826임을 확인할 수 있다. 해당 국가를 확인해 보면 다음과 같다.

```
toeic  %>% dplyr::filter(total == 826)                # 총점이 가장 높은 국가
```

```
# # A tibble: 1 x 4
#   country listening reading total
#   <chr>         <dbl>   <dbl> <dbl>
# 1 GERMANY         440     386   826
```

```
toeic  %>% dplyr::filter(total == 480)                # 총점이 가장 낮은 국가
```

```
# # A tibble: 1 x 4
#   country   listening reading total
#   <chr>           <dbl>   <dbl> <dbl>
# 1 INDONESIA       276     204   480
```

2021년 대한민국의 응시자들은 어느 정도의 평균 총점을 받았을까?

```
toeic  %>% dplyr::filter(country == "KOREA (ROK)")
```

```
# # A tibble: 1 x 4
#   country     listening reading total
#   <chr>           <dbl>   <dbl> <dbl>
# 1 KOREA (ROK)       376     304   679
```

```
median(toeic$total)                        # 중앙값 계산
```

```
# [1] 659
```

대한 민국은 평균 총점 679점으로 중앙값이 속한 줄기 내에 포함되어 있으며, 실제 중앙값 659점보다는 약 20점이 높다.

줄기 크기의 변경 I

- 100의 자리를 줄기로 하는 경우, 10의 자리가 잎이 되고 1의 자리는 사용하지 않는다.
- 줄기와 잎의 구분: $4 \times 100 + 8 \times 10$, $8 \times 100 + 6 \times 10$, ... 등
- 이때, 줄기-잎 그림의 단위(units)은 10이 된다.

```
stem.leaf(toeic$total, unit = 10, m = 1)
```

```
# 1 | 2: represents 120
#  leaf unit: 10
#             n: 45
```

```
#      1     4 | 8
#     16     5 | 113444456667779
#    (13)    6 | 0112245678889
#     16     7 | 0112334456699
#      3     8 | 002
```

생성된 줄기-잎 그림을 보면, 500~700점 대에서 집중도가 높다.

줄기 크기의 변경 II

- 현재의 줄기의 수가 적어 집중도가 높은 구간이 발생하므로, 줄기의 크기를 1/2로 줄여서 재작성한다.

```
stem.leaf(toeic$total, unit = 10, m = 2)
```

```
# 1 | 2: represents 120
#  leaf unit: 10
#             n: 45
#    1     4. | 8
#    8     5* | 1134444
#   16     5. | 56667779
#   22     6* | 011224
#   (7)    6. | 5678889
#   16     7* | 01123344
#    8     7. | 56699
#    3     8* | 002
```

생성된 줄기-잎 그림을 보면, 중앙값을 중심으로 낮은 점수들이 더 많이 분포되어 있으며 500점 대에 집중도 높은 편이다.

줄기 크기의 변경 III

- 집중도가 높은 구간을 확인하기 위하여 줄기의 크기를 1/5로 줄여서 재작성한다.

```
stem.leaf(toeic$total, unit = 10, m = 5)
```

```
# 1 | 2: represents 120
#  leaf unit: 10
#             n: 45
#    1     4. | 8
#    3     5* | 11
#    4      t | 3
```

```
#    9     f | 44445
#   15     s | 666777
#   16    5. | 9
#   19    6* | 011
#   21     t | 22
#   (2)    f | 45
#   22     s | 67
#   20    6. | 8889
#   16    7* | 011
#   13     t | 233
#   10     f | 445
#    7     s | 66
#    5    7. | 99
#    3    8* | 00
#    1     t | 2
```

점수는 540~570(5f~5s) 대에서 집중도가 높으며, 680~750(6.~7f) 대 역시 집중도가 높다. 점수가 높은 국가와 낮은 국가를 고찰해 보면, 800점을 넘는 국가는 3 개국 - GERMANY, CHILE, LEBANON - 이며 각각 독일어(Germanian), 스페인어(Spanish) 그리고 아랍어(Arabic)을 공식 언어로 사용하고 있다. 총점이 530 보다 작은 국가는 3 개국 - ALBANIA, INDONESIA, THAILAND - 이며, 각각 알바니아어(Albanian), 인도네시아어(Indonesian), 타이어(Thai)를 공식 언어로 사용하고 있다. 자국어를 사용하는 국가의 점수가 낮은 것인지 여부를 전체 국가에 대하여 탐색해 볼 필요가 있다.

```
toeic  %>% dplyr::filter(total >= 800)                    # 총점이 800점 이상인 국가들
```

```
# # A tibble: 3 x 4
#   country listening reading total
#   <chr>       <dbl>   <dbl> <dbl>
# 1 CHILE         418     389   807
# 2 GERMANY       440     386   826
# 3 LEBANON       420     380   800
```

```
toeic  %>% dplyr::filter(total <= 530)                    # 총점이 530점 이상인 국가들
```

```
# # A tibble: 3 x 4
#   country   listening reading total
#   <chr>         <dbl>   <dbl> <dbl>
# 1 ALBANIA         282     234   516
# 2 INDONESIA       276     204   480
```

```
# 3 THAILAND         293      218    511
```

비교를 위한 줄기-잎 그림

- Reading과 Listening의 국가 별 점수는 비슷한 분포를 갖는지를 확인하기 위하여 다음의 back-to-back 줄기-잎 그림을 고려해 보자. 이전 줄기-잎 그림과 동일하게 줄기의 크기는 100, 잎의 크기는 10을 가정하고, 줄기의 크기를 1/5로 지정하였다.

```
stem.leaf.backback(toeic$reading, toeic$listening, unit = 10, m = 5)
```

```
# ____________________________________
#   1 | 2: represents 120, leaf unit: 10
#     toeic$reading      toeic$listening
# ____________________________________
#    2          10| 2* |
#    5         333|  t |
#   13    55555444|  f |
#   19      777666|  s |7          1
#   22         988| 2. |888999     7
#   (5)      11000| 3* |00111111   15
#   18       32222|  t |2233       19
#   13     5554444|  f |4455       (4)
#    6          66|  s |66677777   22
#    4        8888| 3. |88999      14
#                 | 4* |001111      9
#                 |  t |22          3
#                 |  f |4           1
#                 |  s |
#                 | 4. |
#                 | 5* |
# ____________________________________
# n:            45       45
# ____________________________________
```

listening의 점수(495 만점)가 reading의 점수(495 만점)보다 높은 것으로 나타났고, 2 과목 모두 중앙값을 포함한 줄기(또는 그보다 작은 줄기)를 기준으로 구분 - 점수가 높은 집단과 점수가 낮은 집단 - 됨을 확인할 수 있다.

필요한 경우, (1) 사용 언어 별 (2) 지역 별 (3) 해당 국가의 영어권과의 교류 정도를 고려하여 그 원인을 탐색해볼 수 있다.

최근 다양한 그래픽 소프트웨어의 발전으로 이러한 데이터를 보다 효과적으로 시각화(Visualization)할 수 있는 다양한 방법이 개발되었다. 이에 관해서는 [제 3 부]에서 구체적인 방법을 설명하기로 한다. [그림 4.3]은 ggplot()을 이용하여 국가별 총점과 과목별 평균 점수를 나타낸 것이다. 거의 모든 국가에서 Listening 보다는 Reading 점수가 낮음을 확인할 수 있다. 대한민국은 오렌지색 가로 점선으로 표시하였다. 시각화된 데이터에서는 [표 4.5]와 [표 5.6]와 같이 몇 가지 추가적인 정보를 확인할 수 있다.

- 총점 평균이 높은 국가들은 INDIA를 제외하고 listening과 reading의 점수 차가 상대적으로 적다.

표 4.5: 총점 상위 10개국의 Listening과 Reading간의 점수 차이

country	listening	reading	total	difference
GERMANY	440	386	826	54
CHILE	418	389	807	29
LEBANON	420	380	800	40
ITALY	414	380	794	34
PHILIPPINES	428	365	793	63
COSTA RICA	413	353	765	60
BELGIUM	398	362	760	36
INDIA	415	344	759	71
MOROCCO	403	346	749	57
JORDAN	401	343	745	58

- 대한민국의 경우에는 listening은 평균(또는 중앙값) 보다 높은 점수를 달성했지만, reading 과목에서는 평균(또는 중앙값)과 비슷한 점수를 보이고 있다. 또한 2 과목간의 차이는 다른 국가와 비교할 때 상대적으로 크다.

표 4.6: Listening과 Reading의 점수 차이가 큰 10개국

country	listening	reading	total	difference

KUWAIT	368	277	645	91
PANAMA	324	242	566	82
GREECE	347	267	613	80
MONGOLIA	311	231	542	80
THAILAND	293	218	511	75
INDONESIA	276	204	480	72
KOREA (ROK)	376	304	679	72
INDIA	415	344	759	71
HONG KONG	309	239	548	70
EGYPT	392	323	715	69

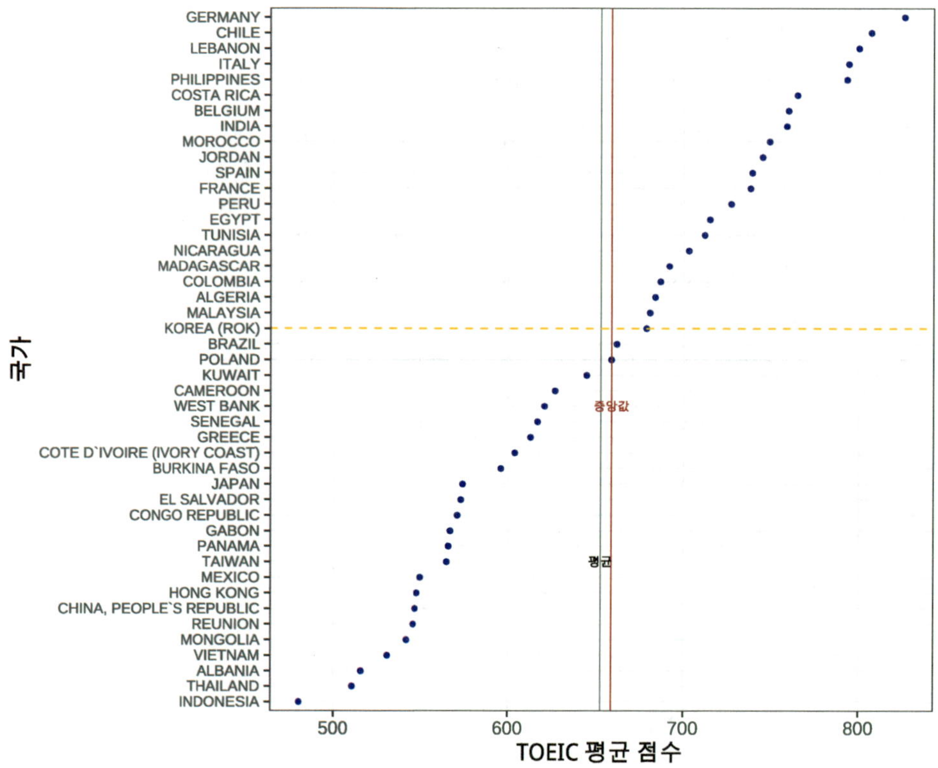
GERMANY
CHILE
LEBANON
ITALY
PHILIPPINES
COSTA RICA
BELGIUM
INDIA
MOROCCO
JORDAN
SPAIN
FRANCE
PERU
EGYPT
TUNISIA
NICARAGUA
MADAGASCAR
COLOMBIA
ALGERIA
MALAYSIA
KOREA (ROK)
BRAZIL
POLAND
KUWAIT
CAMEROON
WEST BANK
SENEGAL
GREECE
COTE D`IVOIRE (IVORY COAST)
BURKINA FASO
JAPAN
EL SALVADOR
CONGO REPUBLIC
GABON
PANAMA
TAIWAN
MEXICO
HONG KONG
CHINA, PEOPLE`S REPUBLIC
REUNION
MONGOLIA
VIETNAM
ALBANIA
THAILAND
INDONESIA
국가
중앙값
평균
500
600
700
800
TOEIC 평균 점수

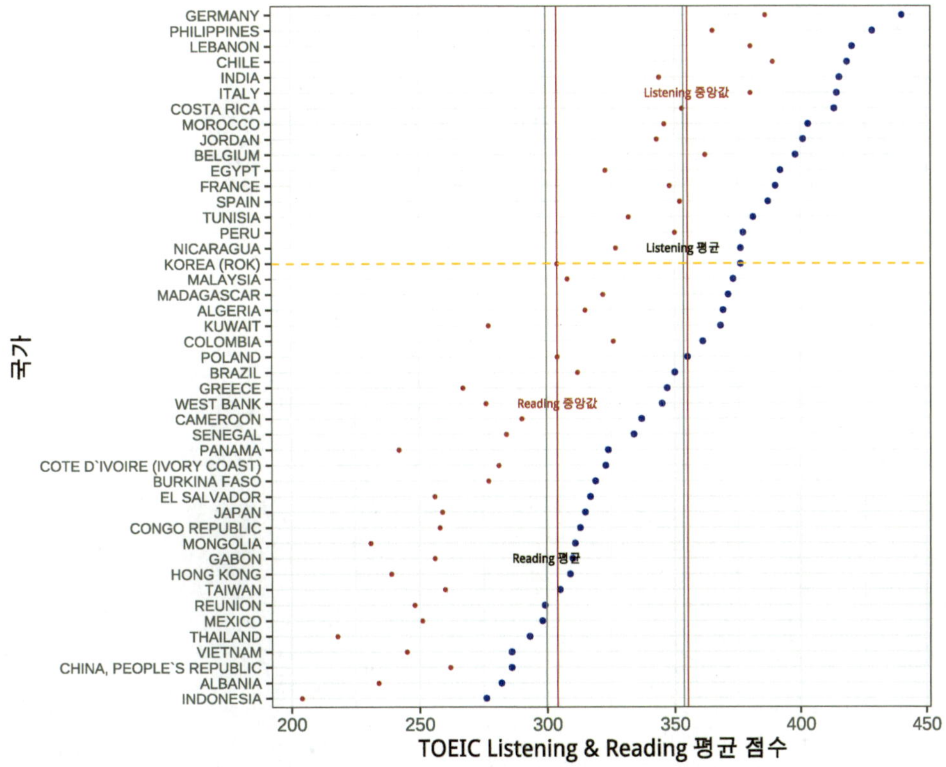

그림 4.3: 2021년 국가별 TOEIC 점수 비교

5 문자 값 요약 Letter Value Summaries

집단을 요약하는 것은 단지 평균 또는 중앙값과 같은 하나의 숫자보다 더 나아질 필요가 있다. Summarizing a "batch" needs to be better than just one number such as mean or median., Tukey(1993)[1]

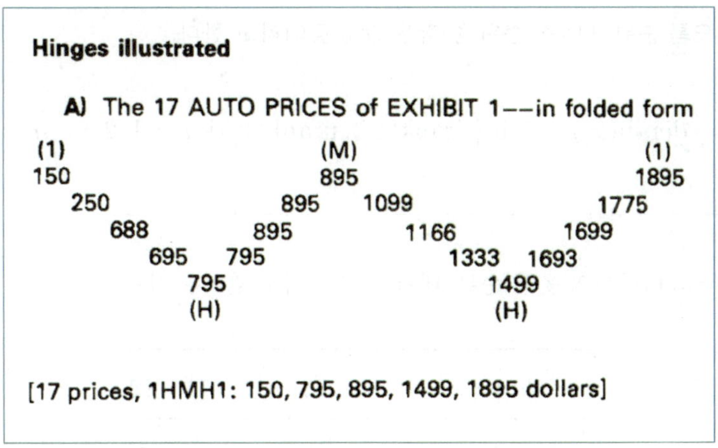
Hinges illustrated

A) The 17 AUTO PRICES of EXHIBIT 1--in folded form

```
(1)                    (M)                    (1)
150                    895                   1895
   250             895     1099          1775
      688       895           1166    1699
         695 795                 1333 1693
          795                      1499
          (H)                      (H)
```

[17 prices, 1HMH1: 150, 795, 895, 1499, 1895 dollars]

[Tukey, 1977, p.34] Hinge = Fourth = Quartile

데이터로 부터 올바른 정보를 도출하기 위해서는 그림을 통하여 대략적인 분포 구조와 이상점 여부 등을 확인함과 동시에 차원 축소(dimension reduction)의 관점에서 의미 있는 숫자(들)로 요약할 수 있어야 한다. 하지만 특정 집단의 정보를 하나의 값 - 평균, 중앙값 등 - 만으로 요약하는 것은 중요한 정보를 누락할 가능성을 높인다. 문자 값(letter values)은 이러한 단점을 보완할

[1] J. Tukey(1993), Exploratory Data Analysis: Past, Present, and Future. No. 302. Department of Statistics, Princeton University

목적으로 개발된 수치 요약 방법으로 데이터의 중심 성향(central tendency), 산포(spread), 대칭(symmetry) 여부 그리고 추가적인 고찰을 필요로 하는 데이터 식별 등으로 확장 적용할 수 있다. 먼저 다음의 $n = 5$ 데이터를 작은값에서 큰값으로 재배열해 보자.

[원 데이터] 55, 41, 98, 78, 62 → (재배열) → [순서화된 데이터] 41, 55, 62, 78, 98

이렇게 작은 값에서 큰값으로 나열된 값들의 집합에서 k^{th} 순위를 갖는 값을 k^{th} 순서 통계량(order statistics)이라고 한다[2]. 순서화된 데이터를 이용하여 2 종류의 순위 - 내림 순위(downward rank; drank)와 올림 순위(upward rank; urank) - 를 정의할 수 있다. 이를 이용하여 개별 데이터 $x_i, i = 1, 2, \dots, n$의 깊이(depth)를 정의할 수 있다.

깊이(depth)

데이터의 오름 순위와 내림 순위 중 작은 값을 깊이라고 한다.

$$\text{depth}(x_i) = \min\{\text{drank}(x_i), \text{urank}(x_i)\}, i = 1, 2, \dots, n$$

앞서 고려된 $n = 5$ 데이터의 올림 순위, 내림 순위 그리고 깊이는 다음과 같다.

데이터	41	55	62	78	98
올림 순위 urank	1	2	3	4	5
내림 순위 drank	5	4	3	2	1
깊이 depth	1	2	3	2	1

여기서, 올림 순위에서 가장 작은 값을 LO 그리고 가장 큰 값을 HI로 표기하고, 만일 $n > 1$ 개의 데이터를 고려한다면 다음의 관계가 항상 성립한다[3].

$$\text{drank} + \text{urank} = \text{n} + 1$$

[2] 일반적으로 순서 통계량은 $x_{(1)}, x_{(2)}, \dots, x_{(n)}$ 으로 표기한다.

[3] LO와 HI는 각각 $x_{(1)}, x_{(n)}$ 또는 x_{min}, x_{max} 로 표기하는 것이 일반적이다. 여기서는 이를 혼용하여 사용한다.

문자 값(letter value)은 중앙값(median; M)을 기초로 개별 데이터의 깊이를 이용한 분위수(quantile)를 [표 5.2]와 같이 정의한다[4]. 여기서 한쪽 꼬리 확률은 연속 분포를 가정하고 계산한 것이다. 중앙값을 제외한 나머지 문자값들은 모두 하한(Lower)과 상한(Upper)을 가지며, 이들의 평균을 해당 문자값의 중앙(mid)이라고 하고 이들의 차이를 해당 문자값의 산포(spread)라고 한다. 이러한 문자값들은 은 데이터의 값(value)이 아니라 순위와 깊이에 따라 정의되므로, 중앙값과 같이 저항성(resistance)을 갖는다.

표 5.2: 문자 값과 이들의 mid(중앙)와 spread(산포)

문자 값	이름	깊이 depth	중앙 mid	산포 spread	한쪽 꼬리 확률
M	중앙값	([n]+1) / 2	*	*	$1/2 = 0.5$
F(H)	4분위수	$([\text{depth}(M)]+1)/2$	$(F_L+F_U)/2$	F_U-F_L	$1/4 = 0.25$
E	8 분위수	$([\text{depth}(F)]+1)/2$	$(E_L+E_U)/2$	E_U-E_L	$1/8 = 0.125$
D	16 분위수	$([\text{depth}(E)]+1)/2$	$(D_L+D_U)/2$	D_U-D_L	$1/16 = 0.0625$
C	32 분위수	$([\text{depth}(D)]+1)/2$	$(C_L+C_U)/2$	C_U-C_L	$1/32 = 0.03125$
B	64 분위수	$([\text{depth}(C)]+1)/2$	$(B_L+B_U)/2$	B_U-B_L	$1/64 = 0.015625$
A	128 분위수	$([\text{depth}(B)]+1)/2$	$(A_L+A_U)/2$	A_U-A_L	$1/128 = 0.007813$
Z	258 분위수	$([\text{depth}(A)]+1)/2$	$(Z_L+Z_U)/2$	Z_U-Z_L	$1/256 = 0.003906$
Y	512 분위수	$([\text{depth}(Z)]+1)/2$	$(Y_L+Y_U)/2$	Y_U-Y_L	$1/512 = 0.001953$
X	1024 분위수	$([\text{depth}(Y)]+1)/2$	$(X_L+X_U)/2$	X_U-X_L	$1/1024 = 0.000098$

예를 들어, $n = 30$ 이라면, depth(M) = 15.5가 되고, 이는 올림 순위의 15번째 그리고 16번째 값의 평균으로 정의된다. 4 분위수 F의 경우에는 depth(F) = ([15.5] + 1)/2 = 8으로 올림 순위와 내림 순위의 8번째 값으로 각각 L(Lower)와 U(Upper)인 2개의 값을 갖게 된다.

데이터의 수가 충분히 큰 경우에는 정의된 모든 문자 값을 활용할 수 있다. [그림 5.1]은 여러 가지 분포 형태에 대한 mid와 spread의 관계를 보여준다. 만일 data(a)와 같이 각 분위수의 mid 값이 거의 동일하다면 데이터의 구조가 좌우 대칭(symmetric)이라는 증거가 된다. data(b)와 같이 mid와 spread간의 관계가 양(+)의 기울기에 가깞다면, 분포는 양(+)의 왜도(skewness)를 갖고 data(c)와 같이 음(-)의 기울기에 가깝다면 분포는 음(-)의 왜도를 갖는다. 단, 이러한 진단은 단봉(unimodal) 구조에만 적용 가능하다.

[4] [·]은 해당 값의 정수 부분만 선택한다. 예를 들면, $[15.5] = 15$와 같다.

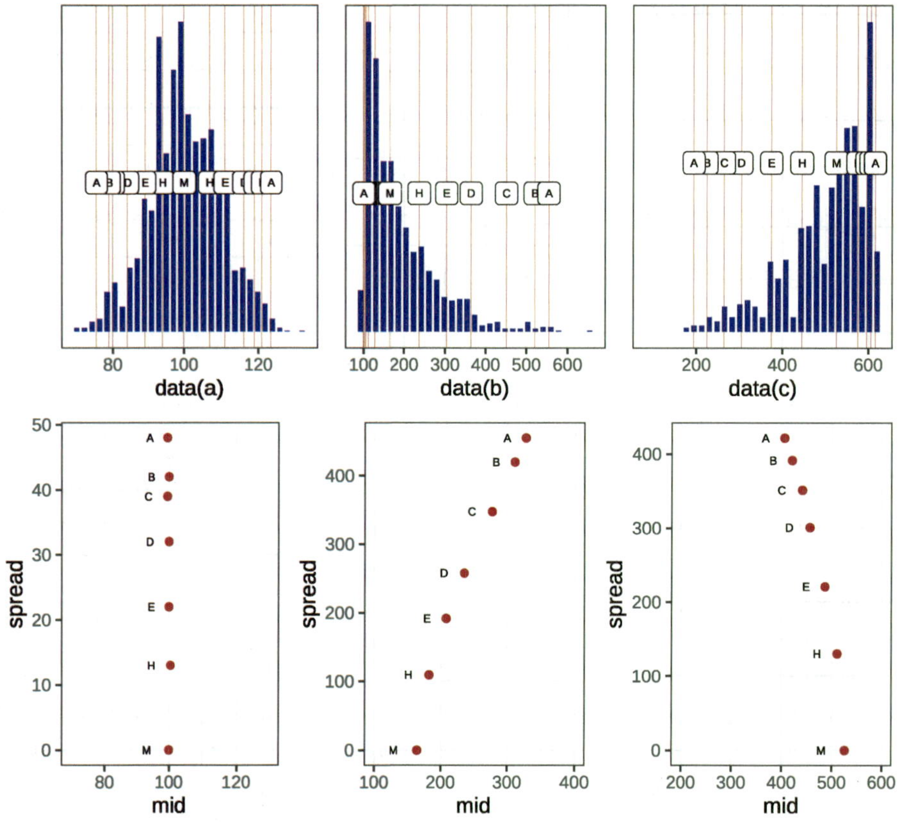

그림 5.1: 분포의 형태에 따른 문자값과 (mid, spread)간의 관계

5.1 문자 값의 응용

문자값을 활용한 가장 간단한 요약 방법은 5-숫자 요약(5-number summary)이다. 이는 데이터의 전체적인 구조에 대한 대략적인 정보를 확인할 수 있고, 상자 그림(box plot)의 기초가 된다.

> **5-숫자 요약**
>
> $$\{\, \mathrm{LO},\ \mathrm{F_L},\ \mathrm{M},\ \mathrm{F_U},\ \mathrm{HI} \,\} \quad \text{또는} \quad \{\, x_{\min},\ Q_1,\ \mathrm{M},\ Q_3,\ x_{\max} \,\}$$

[그림 5.2]은 Tukey 교수가 제안한 5-숫자 요약을 표현하는 기준 형식이다. 네모 상자에 일정한 형식을 이용하여 정보를 쉽게 구별할 수 있도록 배치하였다. 예시를 보면 2021년 직업별 평균 연봉 데이터는 총 621개의 직업에 대하여 조사 되었으며, 중앙값은 3137만원이다. 그리고 중앙의 50% 직업의 연봉은 약 2400만원에서 3900만원 사이 이며 최소 연봉은 1036만원 그리고 최대 연봉은 13057만원임을 확인할 수 있다. 만일 더 많은 문자값을 반영하고자 한다면, 사각형에서 선이 없는 아래 쪽으로 확장해 가면서 적용할 수 있다.

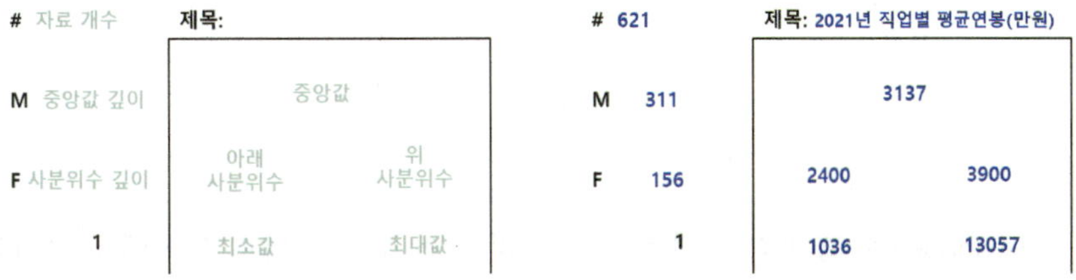

(a) 5-숫자 요약표, Tukey(1977) p. 33 (b) 5-숫자 요약표(예시)

그림 5.2: 5-숫자 요약 방법

앞서 강조한 것과 같이 데이터의 **중심 성향**을 판단하는데 사용되는 일반적인 통계량은 평균($\bar{x}$)이지만, 탐색적 단계에서는 다음의 이유로 중앙값(M)을 선호한다.

- 중앙값은 상/하위 50%에 해당하는 값으로 평균보다 해석이 직관적이다.
- 중앙값은 극단값의 영향을 덜 받는다.

실제로 **평균**은 주어진 모든 데이터를 이용하여 계산되지만, **중앙값**은 순위(rank)를 기초로 1개(또는 2개)의 값만을 사용한다는 단점이 있다. 이를 보완하기 위하여 **중앙값**과 2개의 **사분위수**를 반영한 삼평균(tri-mean; TM)을 사용할 수 있다[5]. 이는 순위에 기초하므로 일부 극단값들에 대한 저항성을 갖는다.

> 삼평균(tri-mean)
>
> $$TM = \frac{F_L + 2M + F_U}{4} = \frac{1}{2}\left(M + \frac{F_L + F_U}{2}\right)$$

[5] 이를 Tukey's tri-mean이라고 하고, F_L과 F_U는 각각 Q_1과 Q_3로도 표기한다.

표준편차(standard deviation; s)는 가장 널리 사용되는 산포를 나타내는 값이다. 하지만 이는 평균과 같이 일부 극단값들의 영향을 크게 받는다. 이러한 이유로 탐색적 단계에서는 표준 편차와 범위(range, R) 보다는 저항성을 갖는 사분위수-범위(fourth-spread)를 선호한다[6]. 이는 전체 데이터 중심 부분 50%의 데이터를 포함하는 범위를 말한다.

사분위수 범위(fourth-spread)

$$spr(F) \equiv d_F = F_U - F_L$$

분포의 형태(shape)는 탐색적 단계 뿐만 아니라 거의 모든 데이터 분석에서 고려해야할 중요한 정보이다. 단봉(unimodal) 구조의 가정하에서 분포의 형태에 대한 요약 값으로 왜도와 첨도를 사용한다. 왜도(skewness)는 데이터가 좌우 대칭의 형태로 부터 양(+) 또는 음(-)으로 치우친 정도를 나타내는 값이고, 첨도(kurtosis)는 데이터의 꼬리 부분의 비중을 나타내는 값으로 일반적으로 정규분포(normal distribution)를 기준으로 양(+)과 음(-)을 판단한다. 탐색적 단계에서는 문자 값을 응용하여 왜도와 첨도를 정의한다[7].

왜도(skewness)

$$S = \frac{(F_U - M) - (M - F_L)}{(F_U - M) + (M - F_L)}, \quad -1 < S < 1$$

- $S \approx 0$, 데이터의 분포는 좌우 대칭의 형태이다.
- $S > 0$, 데이터의 분포는 오른쪽 긴꼬리 형태이고, 1에 가까울수록 그 정도가 심하다.
- $S < 0$, 데이터의 분포는 왼쪽 긴꼬리 형태, -1에 가까울수록 그 정도가 심하다.

[6] 대부분의 데이터 분석에서 이를 Inter-Quartile Range라고 부르고, IQR로 표기한다.

[7] 일반적으로 적률 함수 $m_k = E(X-\mu)^k, \quad k = 2, 3, ...$ 를 이용하여, 왜도는 $S = \frac{m_3}{m_2^{3/2}}$ 그리고 첨도는 $K = \frac{m_4}{m_2^2} - 3$를 사용한다. 이들은 모두 극단값의 영향을 많이 받는다.

첨도(kurtosis)

$$K_{E/F} = \frac{E_U - E_L}{F_U - F_L} - 1.704 = \frac{spr(E)}{spr(F)} - 1.704$$

또는

$$K_{D/F} = \frac{D_U - D_L}{F_U - F_L} - 2.274 = \frac{spr(D)}{spr(F)} - 2.274$$

- $K \approx 0$, 데이터의 분포는 정규분포와 유사한 꼬리 부분의 비중을 갖는다.
- $K > 0$, 데이터의 분포는 정규분포보다 꼬리 부분의 비중이 높고, 값이 클수록 그 정도가 심하다.
- $K < 0$, 데이터의 분포는 정규분포보다 꼬리 부분의 비중이 낮고, 값이 작을수록 그 정도가 심하다.

이상점(outliers)이란 집단 또는 패턴을 벗어난 소수의 데이터 값을 말한다. 이는 잘못 측정되거나 다른 집단으로 부터 혼합된 데이터일 가능성이 높으므로 탐색적 단계에서 이를 선별하여 검토할 수 있어야 한다. 만일 이러한 검토 없이 분석 방법을 적용한다면, 중심 성향과 산포의 척도의 값이 대표성을 갖지 않으며 전체적인 경향성 또한 왜곡될 수 있다. 이러한 이상점을 체계적으로 선별하기 위한 한계값으로 Tukey's 펜스(FENCES)를 사용한다. [8].

펜스(FENCES)

$$FENCE_L = F_L - \text{STEP} = F_L - [k \times (F_U - F_L)]$$

$$FENCE_U = F_U + \text{STEP} = F_U + [k \times (F_U - F_L)]$$

여기서

[8]정의된 펜스를 inner fences라고 하고, $2 \times STEP$을 적용한 펜스를 outer fences라고 한다.

$$\text{STEP} = k \times d_F = k \times (F_U - F_L),\ k = 1.5,\ 2.0,\ 2.5,\ 3.0,\ 3.5$$

일반적으로 $k = 1.5$를 적용하여 이상점을 구별하고, $k = 3.0$인 경우에는 극단 이상점(far outliers)으로 진단한다. 지정된 FENCES를 벗어난 이상점들은 데이터의 적절성 여부를 확인하고, 필요하다면 제거/수정/보완을 해야 한다. 만일 이러한 대책을 적용할 수 없다면, 반드시 강건성을 갖는 분석 방법을 적용해야 한다.

5.2 정규 분포와 문자값

정규분포(normal distribution)은 단일 연속형 변수의 분포로 가장 널리 사용되는 분포이다. 여기서는 평균 μ와 표준 편차 σ를 갖는 정규 분포(normal distribution)를 기준으로 문자값과 이를 응용한 다양한 요약값들을 비교해 보기로 한다. [그림 5.3]은 중앙의 50% 확률을 갖는 표준 정규 확률 변수 Z의 범위이다.

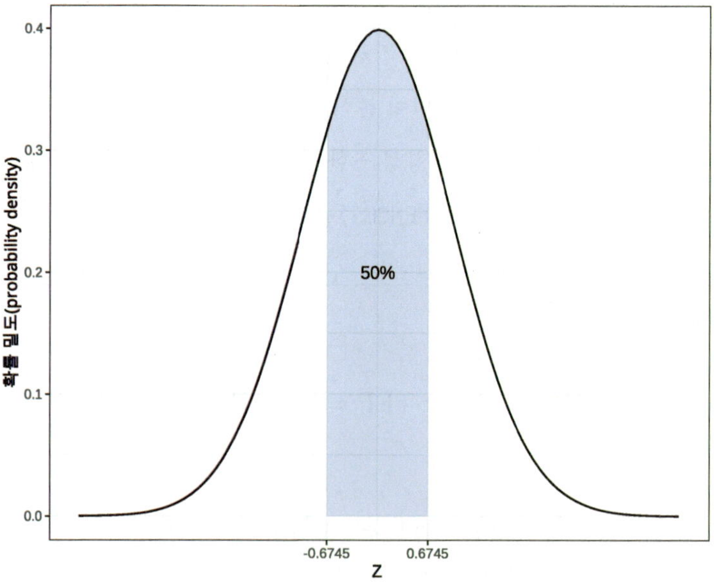

그림 5.3: 표준 정규 분포의 중앙 50% 확률값을 갖는 범위

따라서 정규 분포일때의 사분위수 범위 d_F는 다음과 같다.

$$d_F = F_U - F_L = \mu + 0.6745\sigma - (\mu - 0.6745\sigma) = 1.349\sigma$$

이를 이용하여 사분위수 범위를 이용한 가 표준편차 (pseudo-sigma) $\tilde{\sigma}_F$를 정의할 수 있다. 이는 사분위수 범위로 정의되므로 일반 표준편차와 달리 저항성을 갖는다.

$$\tilde{\sigma}_F = d_F/1.349$$

[표 5.3]은 가표준편차를 8분위수(E), 16분위수(D) 등을 이용하여 확장 적용한 것이다.

표 5.3: 분위수를 이용한 가표준편차(peudosigma)의 확장

분위수	정규분포의 분위수 범위	가표준 편차
8분위수(E)	$(\mu + 1.15\sigma) - (\mu - 1.15\sigma) = 2.30\sigma$	$\tilde{\sigma}_E = spread(E)/2.30$
16분위수(D)	$(\mu + 1.535\sigma) - (\mu - 1.535\sigma) = 3.07\sigma$	$\tilde{\sigma}_D = spread(D)/3.07$
32분위수(C)	$(\mu + 1.863\sigma) - (\mu - 1.863\sigma) = 3.73\sigma$	$\tilde{\sigma}_C = spread(D)/3.73$

만일 서로 다른 분위수들로 부터 정의된 가표준편차들이 다음과 같이 비슷한 값을 갖는다면, 고려하고 있는 데이터의 분포가 좌우 대칭(symmetric)이라는 증거가 된다.

$$\tilde{\sigma}_F \approx \tilde{\sigma}_E \approx \tilde{\sigma}_D \approx \tilde{\sigma}_C$$

정규분포를 가정하고 데이터의 이상점 진단을 위하여 $k = 1.5$하에서 FENSES를 정의하면 다음과 같다.

$$\begin{aligned} F_L - STEP &= \mu - 0.6745\sigma - 1.5(1.349)\sigma \\ &= \mu - 2.6980\sigma \\ F_U + STEP &= \mu + 0.6745\sigma + 1.5(1.349)\sigma \\ &= \mu + 2.6980\sigma \end{aligned}$$

따라서, 이론적으로 정규분포 하에서의 Tukey's fences를 벗어날 확률은 0.007 이다. 하지만 표본의 크기와 표본 변이에 따라 이상점의 비중은 달라진다. 일반적으로 표본의 크기가 큰 경우에는 k값을 크게 가정하고 이상점을 진단하는 것이 효과적이다.

5.3 Learning by Doing R

5-숫자 요약과 문자 값은 stats::, tukeyedar:: 그리고 개별 작성한 함수를 활용 할 수 있다. 문자값의 응용에서의 왜도와 첨도는 로직(logic)이 간단하므로 직접 함수를 작성하여 사용한다.

fivenum()

인수	설명	예
x	벡터 지정	x = toeic$total
na.rm	결측값(NA)와 NaN 제거 여부	na.rm = TRUE

eda_lsum()

인수	설명	예
x	벡터 지정	x = toeic$total
l	계산할 문자값의 수(max = 9)	l= 7
all	Upper, Lower, mid 생성 여부	all = TRUE

실습 2. *2021*년 국내 *621*개 직업의 평균 연봉 occupation

다음은 2021년 국내 621개 직업의 평균 연봉(단위:만원)과 해당 직업 종사자들이 생각하는 미래의 일자리 증가에 대한 전망(%)을 조사한 것이다[9].

데이터 불러오기

```
job21 <- read.csv(paste0(data_path, "occupation.csv"))
```

데이터의 구조 확인

변수와 케이스의 수 그리고 변수의 유형을 확인하고, 결측값(missing values; NA)의 존재 여부를 확인한다.

```
str(job21)
```

```
# 'data.frame': 621 obs. of  3 variables:
#  $ job     : chr  "119구조대원" "CRM전문가" "ERP전문가" "GIS전문가" ...
#  $ annual  : int  3316 3710 3739 3534 1795 4303 2935 2857 2072 2445 ...
#  $ positive: num  0.78 0.67 0.59 0.58 0.14 0.69 0.59 0.41 0.37 0.08 ...
```

[9]한국고용정보원 <http://www.work.go.kr/>, KOSIS 국가 통계포털 <https://kosis.kr/>

```
sum(is.na(job21))
```

```
# [1] 0
```

데이터는 직업명을 기록한 job, 평균 연봉을 기록한 annual 그리고 직업에 대한 긍정 전망 비율인 positive의 변수들과 621개의 케이스로 구성되어 있으며 결측값은 존재하지 않는다. annual을 이용하여 줄기-잎 그림을 그려보면 다음과 같다.

데이터의 대략적 분포 구조 확인

```
stem.leaf(job21$annual)
```

```
# 1 | 2: represents 1200
#  leaf unit: 100
#             n: 621
#    11    1* | 00011111111
#    19     t | 23333333
#    34     f | 444444455555555
#    50     s | 6666667777777777
#    72    1. | 8888888899999999999999
#   105    2* | 000000000000000000111111111111111
#   155     t | 22222222222222222223333333333333333333333333333333
#   201     f | 4444444444444444444444555555555555555555555555
#   239     s | 66666666666666666666777777777777777777
#   281    2. | 888888888888888888888888888899999999999999
#   (46)   3* | 0000000000000000000011111111111111111111111111
#   294     t | 222222222222222222222223333333333333333333333
#   249     f | 4444444444444444444444445555555555555555555555555
#   200     s | 6666666666667777777777777777777
#   169    3. | 8888888888889999999999999999
#   141    4* | 00000000111111
#   127     t | 222222222333333333333
#   106     f | 444444444444455555555
#    85     s | 6666667777777
#    72    4. | 88889999999999
#    58    5* | 0011111
#    51     t | 2222223333
#    41     f | 45
#    39     s | 667
#    36    5. | 8899
#    32    6* | 00111
```

```
#    27      t | 2222233
#    20      f | 45
#            s |
#    18     6. | 899
#    15     7* | 011
# HI: 7267 7358 7359 7370 7438 7486 7740 8276 8500 10100 12203 13057
```

중앙값은 약 3,000(만원) 정도이며, 1,000~5,000(만원)의 구간에서 대략적으로 좌우 대칭 구조를 갖고 값들이 집중되어 있다. 평균 연봉이 높은 직업이 다수 존재한다. 여기서 HI란 줄기-잎 그림에서 표현하지 못한 큰 값들을 의미한다. 좀 더 정확한 분위수를 확인하기 위하여 5-숫자 요약을 계산해 보면 다음과 같다.

5-숫자 요약과 최대/최소값 확인

```
fivenum(job21$annual)
```

```
# [1]  1036  2400  3137  3900 13057
```

```
max(job21$annual)/min(job21$annual)
```

```
# [1] 12.60328
```

중앙값은 3,137(만원)이며, 최소 연봉은 1,036(만원) 그리고 최대 연봉은 13,057(만원)으로 약 12배의 차이를 보인다. 설문조사원이 최소 평균 연봉을 받고 있으며, 도선사가 최대 연봉을 받고 있음을 확인할 수 있다.

```
job21  %>%
  dplyr::filter(annual == max(annual) | annual == min(annual))
```

```
#           job annual positive
# 1      도선사 13057     0.60
# 2 설문조사원  1036     0.53
```

전체 직업 중 2400(만원) ~ 3900(만원)의 범위에 중앙의 50%에 해당하는 평균 연봉이 분포하고 있으며, 상위 25%에 해당하는 연봉의 범위는 3,900(만원)~13,057(만원) 범위으로 단일 집단으로 판단하기 어렵다. 이를 세분화하기 위하여 문자값을 확장하여 적용하면 다음과 같다.

문자값 계산

```
eda_lsum(job21$annual, l = 9)
```

```
#   letter depth  lower    mid   upper spread
# 1      M 311.0 3137.0 3137.0  3137.0      0
# 2      H 156.0 2400.0 3150.0  3900.0   1500
# 3      E  78.5 2039.0 3376.5  4714.0   2675
# 4      D  39.5 1688.0 3642.5  5597.0   3909
# 5      C  20.0 1409.0 3938.0  6467.0   5058
# 6      B  10.5 1195.5 4277.0  7358.5   6163
# 7      A   5.5 1144.0 4576.0  8008.0   6864
# 8      Z   3.0 1084.0 5592.0 10100.0   9016
# 9      Y   2.0 1054.0 6628.5 12203.0  11149
```

$n = 621$ 이므로 각 문자값의 한쪽 비중을 백분율로 표현하면 다음과 같다.

```
ls <- eda_lsum(job21$annual, l = 9)

ls %>%
 mutate(percent = round((depth/(621+1))*100, 2)) %>%
  relocate(percent, .after = depth)
```

```
#   letter depth percent  lower    mid   upper spread
# 1      M 311.0   50.00 3137.0 3137.0  3137.0      0
# 2      H 156.0   25.08 2400.0 3150.0  3900.0   1500
# 3      E  78.5   12.62 2039.0 3376.5  4714.0   2675
# 4      D  39.5    6.35 1688.0 3642.5  5597.0   3909
# 5      C  20.0    3.22 1409.0 3938.0  6467.0   5058
# 6      B  10.5    1.69 1195.5 4277.0  7358.5   6163
# 7      A   5.5    0.88 1144.0 4576.0  8008.0   6864
# 8      Z   3.0    0.48 1084.0 5592.0 10100.0   9016
# 9      Y   2.0    0.32 1054.0 6628.5 12203.0  11149
```

계산된 백분율(percent)을 보면, 평균 연봉이 1,054(만원) 이하 또는 12,203(만원) 이상은 고려된 전체 직업 중에서 약 0.32 %임을 확인할 수 있다.

문자값의 응용: 함수 생성

다음의 함수 tsk()는 단일 벡터로 부터 **삼평균**과 문자값에 기초한 왜도(S)와 첨도(K)를 구하는 함수이다.

```
tsk <- function(x) {
  q <- quantile(x, probs = c(0.25, 0.75), na.rm = TRUE)
  e <- quantile(x, probs = c(0.125, 0.875), na.rm = TRUE)
  d <- quantile(x, probs = c(0.0625, 0.9375), na.rm = TRUE)
  m <- median(x)
  tri <- 0.5*(m + (q[1] + q[2])/2)
  s <- ((q[2] - m) - (m - q[1]))/((q[2] - m) + (m - q[1]))
  ke <-(e[2] - e[1])/(q[2] - q [1]) - 1.740
  kd <-(d[2] - d[1])/(q[2] - q [1]) - 2.274
  out <- round(cbind(tri, s, ke, kd), 3)
  row.names(out) <- NULL
  out
}
```

이를 이용하여 주어진 데이터의 왜도와 첨도를 구해보면 다음과 같다.

```
tsk(job21$annual)
```

```
#         tri     s    ke   kd
# [1,] 3143.5 0.017 0.043 0.32
```

삼평균은 3,143(만원)으로 중앙값인 3,137(만원)과 큰 차이가 없다. 왜도 $S = 0.017$로 오른쪽으로 긴 꼬리를 갖고 있는 것으로 판단된다. 계산된 2 개의 첨도는 $K = 0.043, 0.32$으로 꼬리의 비중이 정규분포와 비교할 때 큰 것을 알수 있다. 이러한 분포의 형태는 문자값 요약에서의 mid와 spread간의 관계를 통하여 확인할 수 있다. [그림 5.4]를 보면, 각 문자값의 mid가 증가할수록 spread 역시 증가하는 것을 볼 수 있다. 이는 [그림 5.1]에서 확인했듯이 양의 왜도를 갖는 분포 형태임을 알 수 있다.

```
ls  %>%
 ggplot(aes(x = mid, y = spread, label = letter)) +
 geom_point(color = lre) +
 geom_text(size = 2, hjust = 3, nudge_x = 0.05) +
 theme_bw()
```

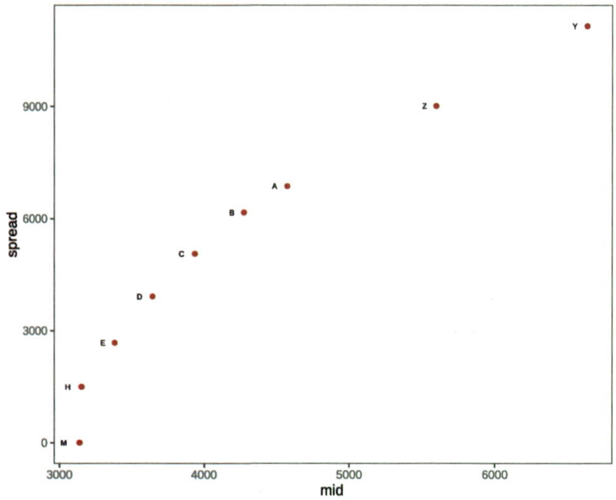

그림 5.4: 직업별 연봉 데이터의 개별 문자값에 대한 mid와 spread간의 관계

마지막으로 이상점 판별을 위한 한계값 설정에 대하여 알아보자. 다음의 함수 fence는 단일 벡터에 대하여 주어진 $k > 0$값에 따라 Tukey's FENSE를 벗어나는 값들을 식별해 준다.

```
fence <- function(x, k = 1.5) {
  quar <- quantile(x, probs = c(0.25, 0.75), na.rm = TRUE)
  iqr <- diff(quar)
  fence_l <- as.numeric(quar[1] - k * iqr)
  fence_u <- as.numeric(quar[2] + k * iqr)
  out_l <- x[(x <= fence_l)]
  out_u <- x[(x >= fence_u)]
  print(paste("k = ", k, ", fence_l = ", fence_l, ", fence_u = ", fence_u))
  out <- rbind(out_l, out_u)
  row.names(out) <- NULL
  out
}
```

이를 이용하여 annual 변수의 이상점을 선별해 보면 다음과 같다.

```
fence(job21$annual)

# [1] "k =  1.5 , fence_l =  150 , fence_u =  6150"
#      [,1] [,2] [,3] [,4] [,5]  [,6] [,7] [,8]  [,9] [,10] [,11] [,12] [,13]
# [1,] 7740 6596 6154 8500 7370 12203 7438 7486 13057 10100  6269  6467  7146
#      [,14] [,15] [,16] [,17] [,18] [,19] [,20] [,21] [,22] [,23] [,24] [,25]
# [1,]  7358  6913  6204  6288  6378  6907  6862  7100  7359  7039  6239  6309
```

```
#       [,26] [,27] [,28]
# [1,]  7267  8276  6298
```

$k = 1.5$를 가정했을때 펜스의 하한은 150(만원) 그리고 상한은 6150(만원)으로 결정되었다. 연봉이 150(만원)보다 작은 직업은 없으므로, 연봉이 6150만원을 넘는 28개 직업들이 검토 대상이 된다. 이를 확인해 보면 다음과 같다.

```
outliers <- job21[job21$annual >= 6150, ]
outliers  %>%
 arrange(desc(annual))
```

```
#                                  job annual positive
# 1                             도선사 13057     0.60
# 2                       기업고위임원 12203     0.63
# 3                             변호사 10100     0.59
# 4                           국회의원  8500     0.33
# 5                       항공기조종사  8276     0.79
# 6                         감정평가사  7740     0.43
# 7                대학교 총장 및 학장  7486     0.23
# 8                           내과의사  7438     0.70
# 9                     금융관련관리자  7370     0.29
# 10                    토목감리기술자  7359     0.67
# 11 시장 및 여론조사 사업운영관리자  7358     0.75
# 12                            한의사  7267     0.77
# 13                            세무사  7146     0.47
# 14                          치과의사  7100     0.42
# 15                      프로농구선수  7039     0.52
# 16                          안과의사  6913     0.56
# 17                      인문계열교수  6907     0.18
# 18                      자연계열교수  6862     0.50
# 19                      공학계열교수  6596     0.52
# 20                      산부인과의사  6467     0.16
# 21                      의약계열교수  6378     0.59
# 22                        피부과의사  6309     0.37
# 23                            회계사  6298     0.36
# 24                          외환딜러  6288     0.69
# 25                      사회계열교수  6269     0.40
# 26                      프로축구선수  6239     0.66
# 27                    예체능계열교수  6204     0.19
# 28                      교육계열교수  6154     0.22
```

함수의 통합

R은 함수 내에서 다른 함수를 호출할 수 있다. 따라서, 개별 작성된 함수들은 하나의 함수로 통합하여 그 결과를 확인할 수 있다. 다음은 문자값의 응용에서 설명된 다양한 요약값들의 통합 함수이다.

```
letter_ext <- function(x, k = 1.5) {
 tsks <- tsk(x)
 fen <- fence(x, k)
 ext <- list(tsks, fen)
 ext
}
letter_ext(job21$annual)
```

```
# [1] "k =  1.5 , fence_l =  150 , fence_u =  6150"
# [[1]]
#          tri     s    ke   kd
# [1,] 3143.5 0.017 0.043 0.32
#
# [[2]]
#      [,1] [,2] [,3] [,4] [,5]  [,6] [,7] [,8]  [,9] [,10] [,11] [,12] [,13]
# [1,] 7740 6596 6154 8500 7370 12203 7438 7486 13057 10100  6269  6467  7146
#      [,14] [,15] [,16] [,17] [,18] [,19] [,20] [,21] [,22] [,23] [,24] [,25]
# [1,]  7358  6913  6204  6288  6378  6907  6862  7100  7359  7039  6239  6309
#      [,26] [,27] [,28]
# [1,]  7267  8276  6298
```

만일 개인이 자신이 원하는 평균 연봉하에서 직업을 선택하고자 한다면 해당 직업들을 선별한 후 검토할 수 있다. 예를 들어, 평균 연봉 3000(만원)~3100(만원)을 고려한다면 해당 직업은 다음과 같다.

```
job21  %>%
 filter(annual >= 3000 & annual <= 3100)
```

표 5.6: 평균 연봉 3000-3100(만원)을 갖는 직업군

job	annual	positive
건축구조기술자	3033	0.11
건축자재영업원	3010	0.48
검찰수사관	3097	0.41

경호원	3018	0.88
데이터베이스관리자	3038	0.60
무역사무원	3058	0.39
선장 및 항해사	3077	0.06
소품원	3010	0.27
시멘트석회 및 콘크리트 제조관련 조작원	3015	0.09
식음료품감정사	3081	0.37
연극연출가	3019	0.62
운송 및 선적사무원	3068	0.17
웹방송전문가	3050	0.63
웹엔지니어	3060	0.57
웹프로듀서(웹기획자)	3060	0.41
의약영업원	3012	0.41
제조관련 도장기조작원(금속분무 제외)	3002	0.26
촬영기사	3018	0.45
출판물기획원	3011	0.19
해군부사관	3010	0.23

해당 데이터로 부터 원하는 평균 연봉의 직업을 결정하였다면, 추가로 해당 직업을 얻기 위하여 어떤 준비 과정이 필요한지를 추가로 탐색해볼 필요가 있다. 또한 미래 전망 역시 고려해야 한다. [그림 5.5]은 각 직업의 평균 연봉과 해당 직업에 종사하는 사람들을 대상으로 설문 조사된 미래 전망과의 관계이다. 먼저 전체 직업의 평균 연봉과 미래 전망을 확인한 후에 그림에서 구별되지 않는 평균 연봉의 범위를 3000(만원)~4000(만원) 만을 선별하여 다시 그림에 표기하였다.

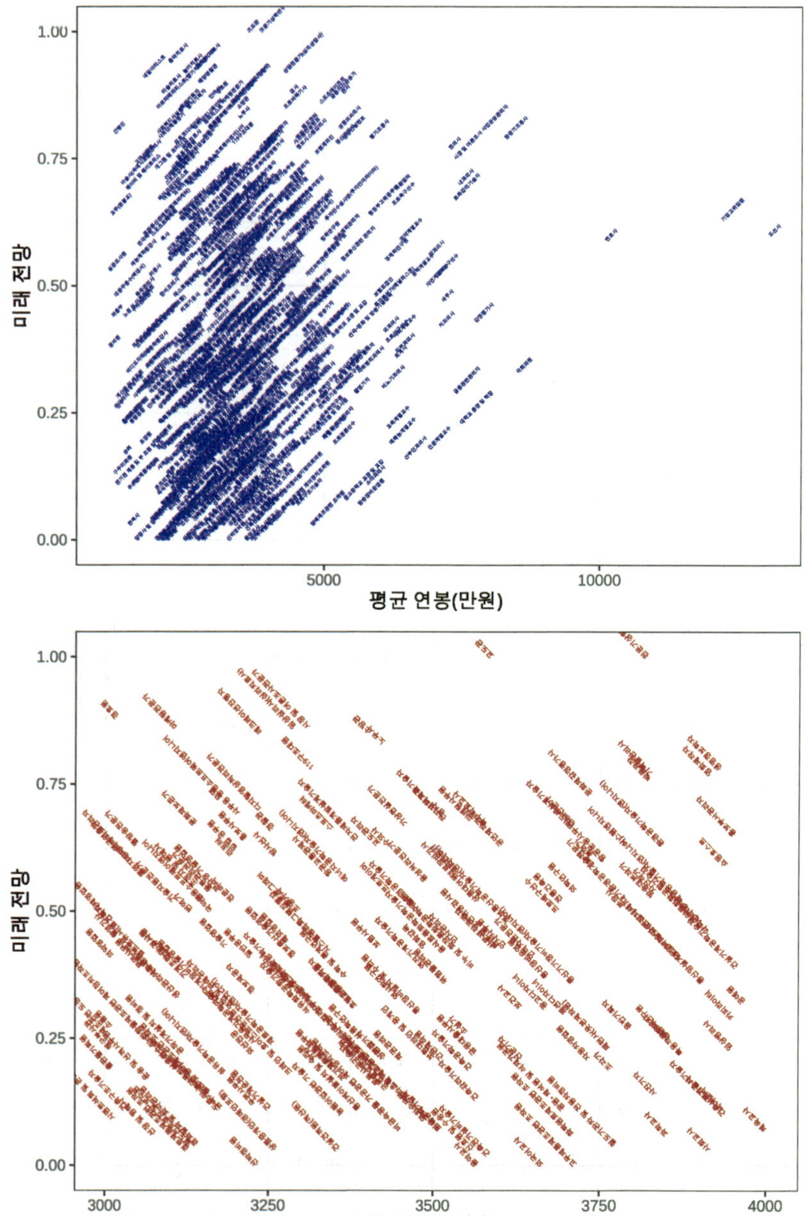

그림 5.5: 직업별 평균 연봉과 미래 전망

6 박스 그림과 그 응용 Box Plots & Their Applications

잊고 있었던 질문을 떠올리게 하는 데 그림보다 더 좋은 것은 없다(심지어 정신적으로도). There is nothing better than a picture for making you think of questions you had forgotten to ask (even mentally), Tukey(1985)

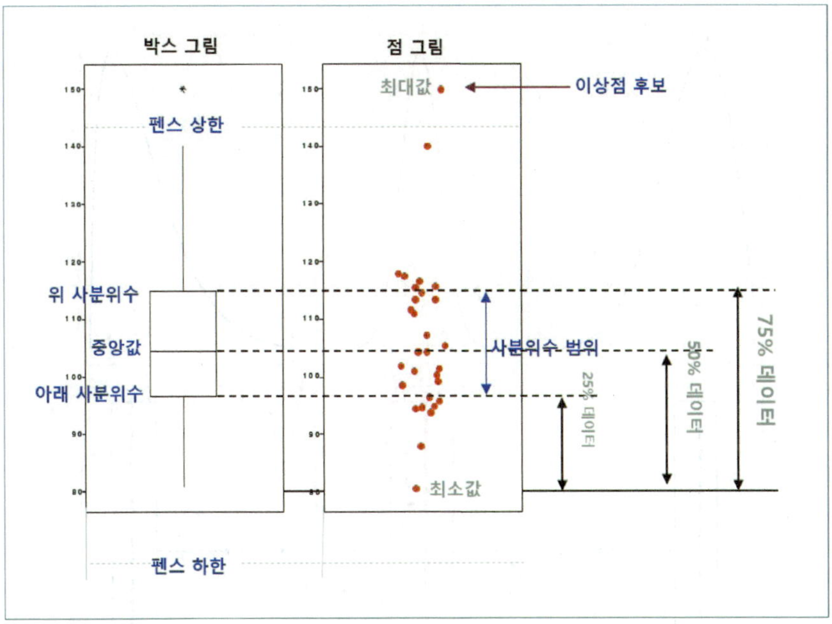

박스 그림(box plot) 또는 박스-수염 그림(box-whisker plot)은 제 3 장에서 논의된 문자값과 그 응용에서 고려되었던 요약값들을 체계적으로 반영한 그림으로 개별 집단의 특징 고찰뿐만 아니라 여러 집단을 상호 비교할 때 유용하게 사용된다. 기본적인 박스 그림은 다음과 같은 순서로 도시한다.

박스 그림 box plot

1. 중앙값과 사분위수를 계산한다.
2. 사분위수 상한과 하한을 박스(box)로 감싸고 중앙값의 위치에 선을 넣는다.
3. $k = 1.5$를 가정하고 펜스(fence)의 상한과 하한을 계산한다.
4. 펜스의 상한과 하한 내의 마지막 관찰값까지를 박스의 중앙에서 선으로 연결한다.
5. 펜스의 상한과 하한을 벗어나는 값들은 다른 기호로 그 값을 표시(*)한다.

[그림 6.1]과 같이 박스 그림은 데이터 구조에 대한 직관적인 이해를 돕고 분포의 형태에 대한 정보를 대략적으로 확인할 수 있다. 이때 각 사분위수로 부터 동일하게 펜스를 정의하므로 양(+) 또는 음(-)의 왜도를 갖는 경우에는 대부분 이상점들이 진단된다. 또한 데이터의 수가 많다면 좌우 대칭 형태를 갖는 정규 분포에서도 이상점이 진단될 수 있다[1].

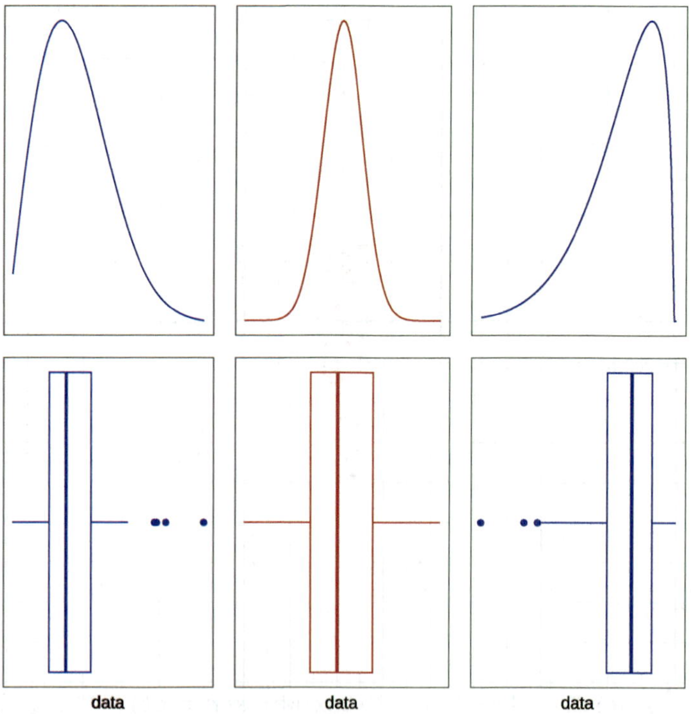

그림 6.1: 분포의 형태에 따른 박스 그림과 이상점

[1] 이는 제 3장에서 논의된 것과 같이 정규 분포인 경우에도 $k = 1.5$를 가정한 펜스의 범위를 벗어날 확률은 약 0.007이기 때문이다.

박스 그림은 도시하기가 쉽고 데이터의 구조에 대하여 직관적인 정보를 제공하지만 다음과 같은 단점을 갖는다.

- 고려된 데이터의 수(n)를 확인할 수 없다.
- 서로 다른 집단이 혼합(Mix)된 다봉 구조(multi-modal)를 진단하지 못한다.

이러한 단점을 보완하기 위하여 [그림 6.2]에서와 같이 박스-그림에 점 그림(dot plot)을 중복하여 그리거나 다봉 구조를 표현할 수 있는 바이올린(violin) 그림을 사용한다. 여기서 바이올린(violin) 그림이란 커널 밀도 추정값(kernel density estimator)에 의한 평활화(smoothing)를 적용한 그림으로 데이터의 밀집된 구간을 구별해 준다.

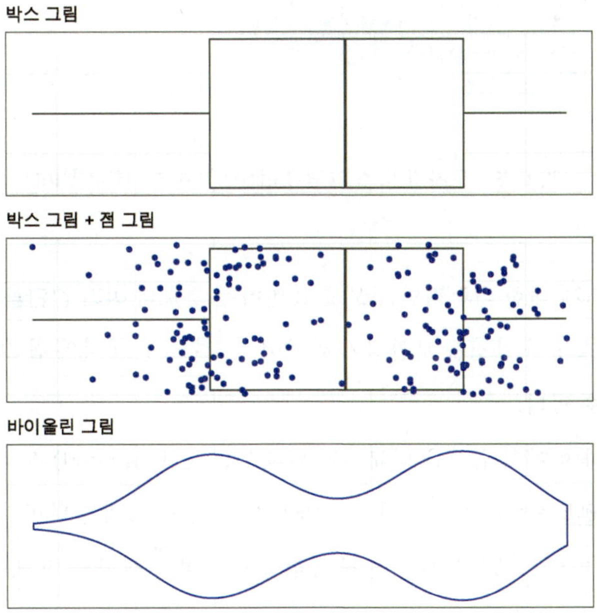

그림 6.2: 박스 그림의 단점 보완 방법: 점 그림 추가와 바이올린 그림

데이터의 크기가 큰 경우에는 박스 그림에서 적용했던 기본 정보 - 중앙값, 사분위수, 펜스 - 를 전체 문자 값들로 확장할 수 있다. 이를 문자값 박스 그림(letter values Box Plot; lvplot)이라고 하고 그 형태는 [그림 6.3]와 같다.

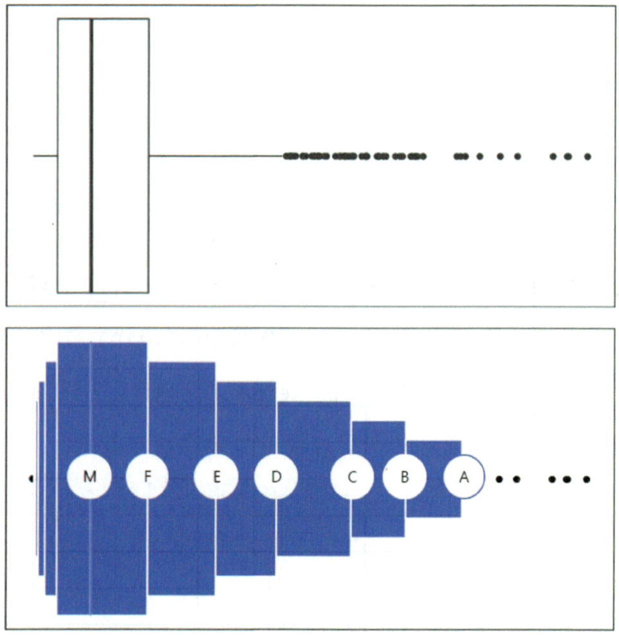

그림 6.3: 문자값 박스 그림(Letter Values Box Plot)

박스 그림은 단일 집단에 대한 대략적인 정보를 표현하는 것보다 여러 집단을 비교할 때 유용하게 사용된다. 또한 앞서 설명한 단점을 보완하기 위하여 [그림 6.4]에서와 점 그림 그리고 바이올린 그림을 함께 사용할 수 있다.

박스 그림을 이용하여 여러 집단을 비교하기 위해서는 산포(spread)가 비슷해야 한다. [그림 6.4]를 보면, 30대~50대는 박스의 크기가 비슷하지만, 20대와 60대는 나머지 연령대와는 박스의 크기가 서로 다르다. 따라서, 30대~50대는 중앙값을 이용하여 집단을 비교할 수 있지만, 나머지 연령대는 중앙값만으로 집단을 비교하는 것은 바람직하지 않다.

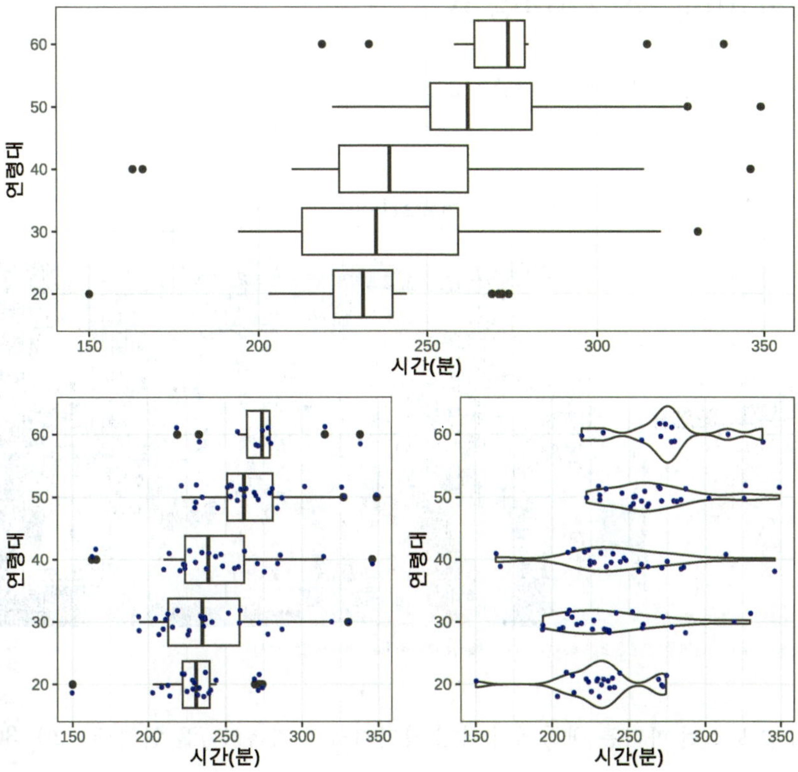

그림 6.4: 박스 그림을 이용한 여러 집단의 비교와 응용

6.1 Learning by Doing R

박스 그림과 이를 응용한 그림은 ggplot2::를 이용하여 그릴 수 있다.

실습 3. *2001*년 보스턴 마라톤 대회 marathon

2001 Winner: (Men) 대한민국 이봉주(2:09:43) (Women) Kenya Catherine Nderaba(2:23:53)

다음은 2001년 보스턴 마라톤 대회에서 여성 참가자들의 기록(분)을 연령대 - 20, 30, 40, 50, 60 -별로 조사한 데이터이다[2].

데이터 불러오기

```
marathon <- read.csv(paste0(data_path, "marathon.csv"))
```

데이터의 구조 확인

변수와 케이스의 수 그리고 변수의 유형을 확인하고, 결측값(missing values; NA)의 존재 여부를 확인한다.

```
str(marathon)
```

```
# 'data.frame': 108 obs. of  2 variables:
#  $ age : int  20 20 20 20 20 20 20 20 20 20 ...
#  $ time: int  244 213 274 240 225 269 214 223 271 237 ...
```

[2] 보스턴 마라톤은 1897년에 시작되었고, 미국 동부 매사추세츠주 보스턴의 여러 도시와 마을에서 주최하는 연례 마라톤 경주이다. 2001년에는 대한민국의 이봉주 선수가 우승하였다. 2013년 4월 15일 대회에서는 폭탄 테러로 3명의 사망하고 약 246명이 부상을 당했다. <www.bostonmarathon.org>

```
sum(is.na(marathon))
```

```
# [1] 0
```

기본 박스 그림

```
ggplot(marathon, aes(x = time)) +
  geom_boxplot() +
  labs(x = "시간(분)") +
  theme_bw()
```

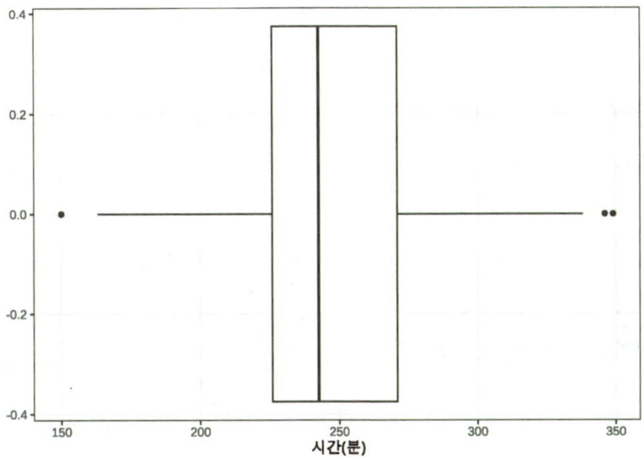

상자 내의 중앙값 위치를 볼 때, 기록이 짧은 참가자들이 더 밀집되어 있으며, 기록이 아주 좋은 참가자(박스 그림의 왼쪽 이상점)와 기록이 저조한 일부 참가자(박스 그림의 오른쪽 이상점)를 확인할 수 있다.

기본 박스 그림과 점 그림

- `jitter()`란 점들이 중복되지 않도록 좌표를 약간 흔들어 표기하는 방법을 말한다. 단, `jitter()`를 사용하기 위해서는 반드시 `y`를 지정해야 한다. 여기서는 `y = 1`을 지정하여 형식을 맞추었다.

```
ggplot(marathon, aes(x=time, y =1)) +
  geom_boxplot() +
  geom_jitter() +
  labs(x = "시간(분)") +
  theme_bw()
```

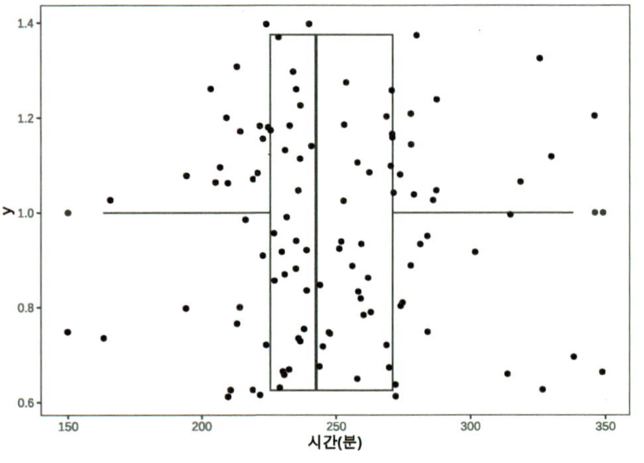

점 그림을 볼 때, 집단내 특정한 군집은 존재하지 않는 것으로 보이며, 기록이 짧은 참가자들이 더 밀집되어 있음을 확인할 수 있다.

바이올린 그림

```
ggplot(marathon, aes(x=time, y =1)) +
  geom_violin() +
  geom_jitter() +
  xlab("시간(분)") +
  theme_bw()
```

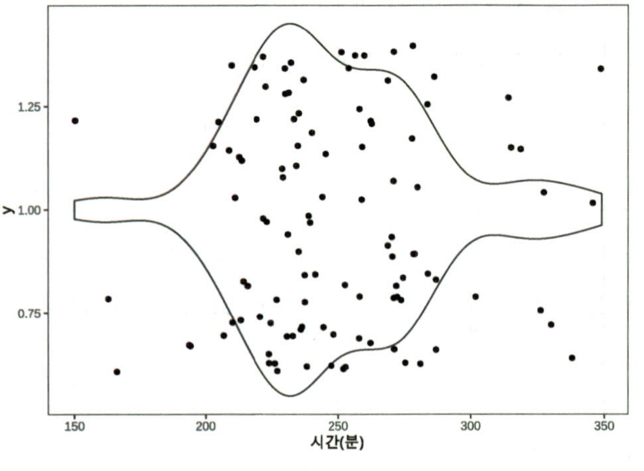

명확하게 구별되는 군집은 발견되지 않으며, 중심부의 데이터를 보면 중앙값의 앞쪽으로 더 많은 값들이 밀집되어 있다. 이는 박스 그림의 사분위수 박스와 중앙값을 나타내는 선의 간격을 통하여 확인할 수 있었다.

문자값 박스 그림(lvplot)

- lvplot을 위해서는 lvplot:: 패키지를 설치해야 한다.
- ggplot에서 geom_lv()를 적용할 때 반드시 y에 원하는 데이터를 지정해야 한다.
- coord_flip()은 기준 축을 전환하는 명령으로, 해석이 용이하도록 수평과 수직형 그림으로 전환할 수 있다.

```
library(lvplot)
ggplot(marathon, aes(x=1, y = time)) +
  geom_lv(aes(fill = ..LV..)) +
  coord_flip() +
  theme_bw()
```

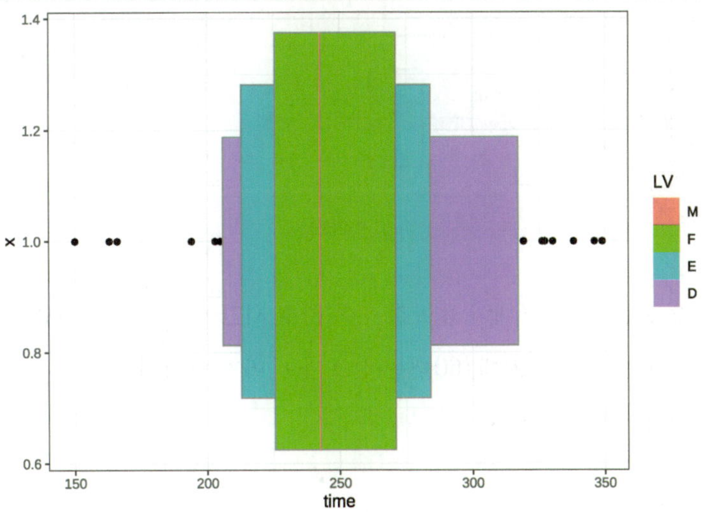

문자값 그림은 박스 그림보다 데이터의 구조를 더 잘 보여준다. 전체 데이터의 15/16(박스는 문자값 D(16분위수) 까지 표기)의 비중에서 중앙값을 기준으로 왼쪽이 오른쪽 보다 더 밀집된 형태를 확인할 수 있다.

연령 별 박스 그림

마라톤 기록은 연령대에 따라 서로 다를 수 있으므로 이를 구분하여 확인해 보도록 하자.

```
ggplot(marathon, aes(x = factor(age), y=time)) +
 geom_boxplot() + coord_flip() +
 labs(x = "연령대", y = "시간(분)") +
 theme_bw()
```

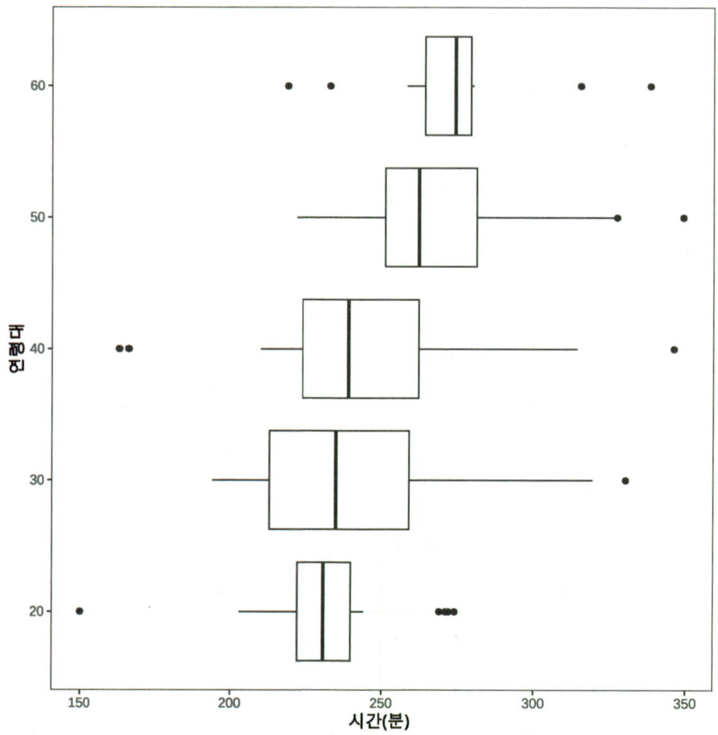

중앙값을 기준으로 볼 때, 연령대가 높아질 수록 완주 시간이 길어지며, IQR을 볼때, 30대/40대/50대는 산포가 비슷하지만, 20대/60대는 산포가 나머지 연령대와 서로 다르다. 20대의 중앙값과 사분위수 범위를 확인해 보자.

```
m20 <- marathon  %>%
          dplyr::filter(age >= 20 & age < 30)

eda_lsum(m20$time, l = 5)

#   letter depth lower    mid upper spread
# 1      M  11.5 231.0 231.00   231    0.0
# 2      H   6.0 222.0 231.00   240   18.0
# 3      E   3.5 211.0 240.50   270   59.0
# 4      D   2.0 203.0 237.50   272   69.0
# 5      C   1.5 176.5 224.75   273   96.5
```

중앙값은 231(분)이며, 사분위수 범위는 18(분)이다. 동일한 방법으로 나머지 연령대에 대한 중앙값과 사분위수 범위를 구해보면 다음과 같다.

연령대	중앙값	사분위수 범위
20대	231	18
30대	235	46
40대	239	38
50대	262	30
60대	274	15

20대와 60대는 사분위수 범위가 넓지 않다. 이는 해당 연령대 참가자들이 대부분 비슷한 기록을 유지하고 있다는 의미로 해석할 수 있다. 또한 30대~50대의 사분위수 범위값이 큰 차이가 아니라고 판단한다면, 해당 연령의 중앙값은 이상점에 대하여 저항성을 갖고 대표성이 있으므로 다음과 같은 결과를 도출할 수 있다.

$$Time_{40} = Time_{30} + 4 \quad \text{그리고} \quad Time_{50} = Time_{40} + 23$$

즉, 40대는 30대의 기록보다 일반적으로 약 4분이 더 길고, 50대는 40대의 기록 보다 약 23분 정도 더 길다고 할 수 있다. 이는 마라톤에서 30대와 40대는 큰 차이가 없지만, 40대와 50대는 무시할 수 없는 차이가 존재함을 의미할 수 있다. 물론 건강 상태와 운동을 하는 시간과 방법에 따라 개인 간의 차이가 있을 수 있다. 다음은 각 연령대 별 우승자들의 기록이다. 40대가 30대보다 그리고 60대가 50대보다 더 좋은 기록을 얻었다.

```
marathon  %>%
      group_by(age)  %>%
      summarize(winner = min(time))
```

```
# # A tibble: 5 x 2
#     age winner
#   <int>  <int>
# 1    20    150
# 2    30    194
# 3    40    163
```

```
# 4     50     222
# 5     60     219
```

연령 별 박스 그림 + 점그림과 바이올린 그림

- ggplot에서 2개 이상의 그림 배열은 `gridExtra::grid.arrange()`를 이용한다. `ncol = 2`는 열의 수가 2개임을 지정한다.

```
g1 <- ggplot(marathon, aes(x=factor(age), y=time)) +
 geom_boxplot() +
  geom_jitter() +
  coord_flip() +
  labs(x = "연령대", y ="시간(분)") +
  theme_bw()

g2 <- ggplot(marathon, aes(x=factor(age), y=time)) +
 geom_violin() +
 geom_jitter() +
 coord_flip() +
 labs(x = "연령대", y ="시간(분)") +
 theme_bw()

gridExtra::grid.arrange(g1, g2, ncol = 2)
```

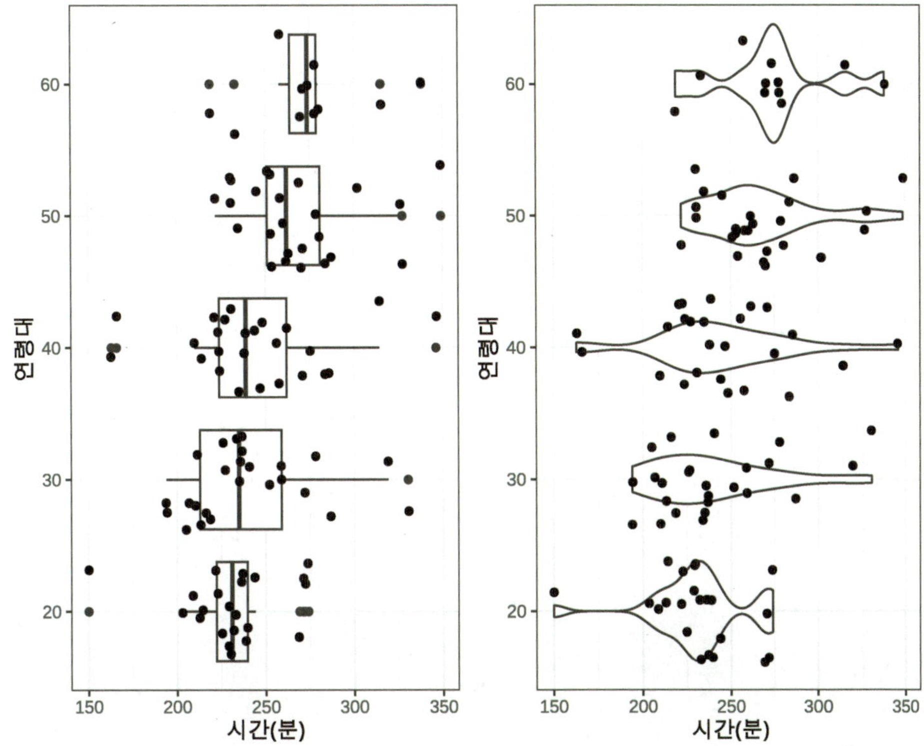
60
50
40
30
20
연령대
150
200
250
300
350
시간(분)

7

데이터 재표현 Re-expression

현상이 주인공이고 숫자는 조연이다. The phenomena are the main actors, numbers are the supporting cast. Tukey(1990)

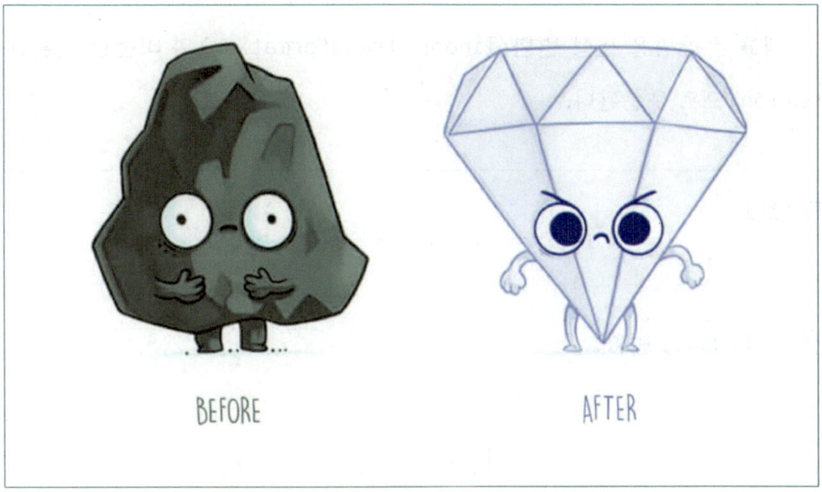

데이터를 측정할 때 사용되는 단위(unit) 또는 척도(scale)는 실무적 용이성에 기초하여 결정된다. 하지만 이렇게 결정된 단위 또는 척도가 데이터의 분석에서도 유용하다는 보장은 없다. 실제로 많은 경우 - 개인들의 수입, 기업들의 예산, 각 지역/도시의 인구 수 등 - 의 해석을 위하여 원시 데이터에 로그(logs) 또는 제곱근(square roots) 등을 적용하여 사용한다. 이러한 데이터 재표현(re-expression)은 데이터를 보다 쉽게 이해하고 해석할 수 있도록 돕는다.

데이터 재표현은 다양한 목적 - 분포의 대칭성, 산포의 안정성, 관계의 선형성 등 -을 위하여 적용된다. [표 7.1]은 데이터 재표현의 적합한 기준을 선택할 때 유용한 방법이다.

표 7.1: 데이터 재표현의 목적과 진단 방법

목적	진단
1. 분포의 대칭화	중앙 요약(mid summaries)
	hinkley's d
	symmetry plot
2. 여러 집단의 산포의 균일화	spread-level plot
3. 2개의 연속형 변수간의 관계의 직선화	three summary plot

데이터의 재표현 방법은 선형 변환(linear transformation)과 비선형 변환(nonlinear transformation)으로 구분된다.

선형 변환

$$L(x) = ax + b, \quad \text{여기서 } a > 0$$

비선형 변환(멱승 변환)

$$P_p(x) = \begin{cases} x^p & \text{만일} \quad p \neq 0, \\ log(x) & \text{만일} \quad p = 0 \end{cases}$$

$$T_p(x) = \begin{cases} \frac{x^p - 1}{p} & \text{만일} \quad p \neq 0, \\ log(x) & \text{만일} \quad p = 0 \end{cases}$$

선형 변환 $L(x)$는 해석의 용이성을 위한 단위 또는 척도를 변환할 때 유용하지만, 분포의 모양 또는 관계의 **형태**를 변경하지는 못한다[1]. 이와 비교하여 **비선형 변환**은 단일 또는 다중 집단의 분포의 **모양(shape)** 또는 2개 이상의 변수들 간의 함수 관계의 **형태(form)**를 변경할 수 있어 다양한 목적으로 활용된다. 비선형 변환의 대표적인 방법으로 멱승 변환(power transformation) - $P_p(x)$, $T_p(x)$ - 을 들 수 있다.

그림 [7.1]은 여러 개의 p값에 대하여 **멱승 변환** $P_p(x)$ 에 대한 예시이다. 이는 직관적으로 이해가 가능하고 역변환이 간단하다는 장점을 갖는다. 만일 $p > 0$이라면, p값에 따라 그래프가 위쪽으로 **오목(concave up)**되는 일관된 형태를 갖지만, $p < 0$인 경우에는 원시 데이터의 값들의 크기와 순서가 역 배열되는 단점을 갖는다.

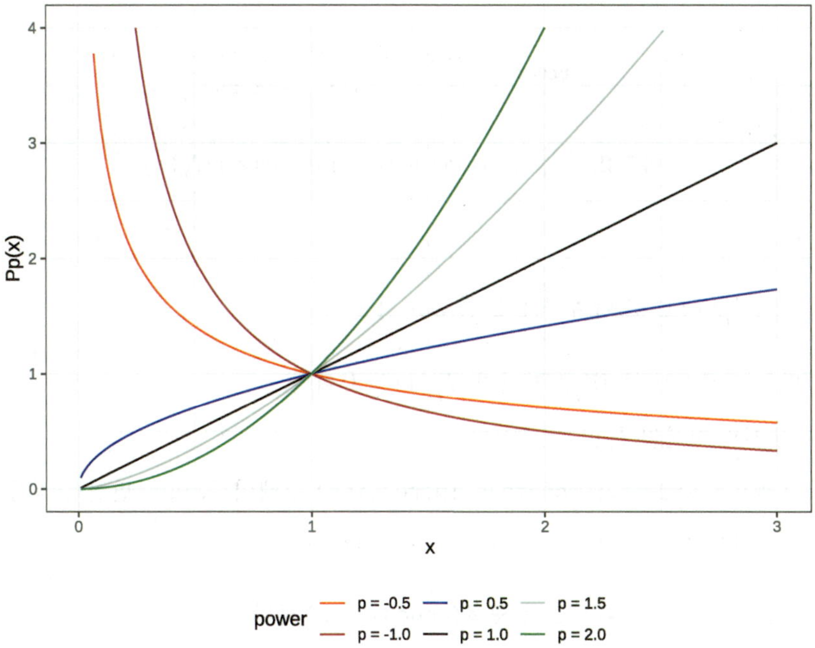

그림 7.1: 멱승 변환(power transformation): $P_p(x)$

그림 [7.2]는 여러 개의 p값에 대하여 **멱승 변환**이 $T_p(x)$의 예시이다. 이는 모든 p값에 대하여 일관된 형태 변화를 유지하고 원시 데이터의 값들의 크기와 순서를 유지한다는 장점을 갖는다.

[1] 이를 사소한 재표현(trivial re-expression)이라고 부른다.

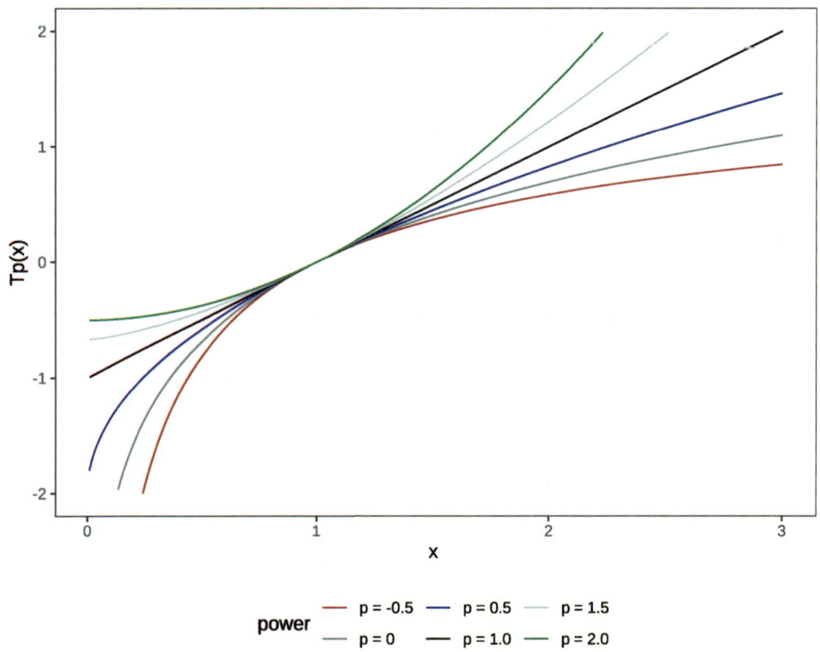

그림 7.2: 멱승 변환(power transformation): $T_p(x)$

그림 [7.2]의 $T_p(x)$는 은 다음과 같은 특징을 갖는다.

- 모든 변환 그래프는 $(1,0)$을 지난다. $T_p(1) = 0$이다.
- `x = 0`에서의 미분값 $T_p'(1)$은 1이다.
- 모든 그래프는 단조 증가(`monotone increasing`) 형태이다. 이는 변환을 적용한 후에도 원시 데이터의 크기 순서가 변하지 않음을 의미한다.
  (1) $p > 1$, 그래프가 위쪽으로 오목(Concave up)하다.
  (2) $p < 1$, 그래프가 아래쪽으로 오목(Concave down)하다.
  (3) $p = 1$, 그래프는 선형이다.
  (4) p가 1에서 멀어질수록 그래래프의 오목면이 증가한다.
- $p = 0$일때의 로그(log) 변환은 실제로 멱승 변환의 특수한 경우이다. 주어진 x값에 대하여 $p \to 0$이면 다음이 성립하기 때문이다.

$$\lim_{p \to 0} T_p(x) = \lim_{p \to 0} \frac{x^p - 1}{p} = \ln(x)$$

원시 데이터에 대한 $T_p(x)$의 영향

- $p > 1$, 그래프가 위쪽으로 오목하므로, 변환 전 큰 값의 범위를 작은 값의 범위보다 더 많이 확장한다.
- $p < 1$, 그래프가 아래쪽으로 오목하므로, 변환 전 작은 값의 범위를 큰 값의 범위보다 더 많이 확장한다.

$T_p(x)$의 이러한 특징을 이용하여 원시 데이터를 목적에 따라 변환할 수 있는 p값을 결정할 수 있다. [그림 7.3]는 데이터 재표현을 적용할 때 적절한 p를 선택하는 기준으로 이를 재표현의 사다리(ladder of re-expression)라고 한다. 최종 변환에 사용할 p의 값은 변환식을 간단히 하고 역변환을 쉽게 찾기 위하여 0.5 단위로 근사하여 사용하는 것을 추천한다.

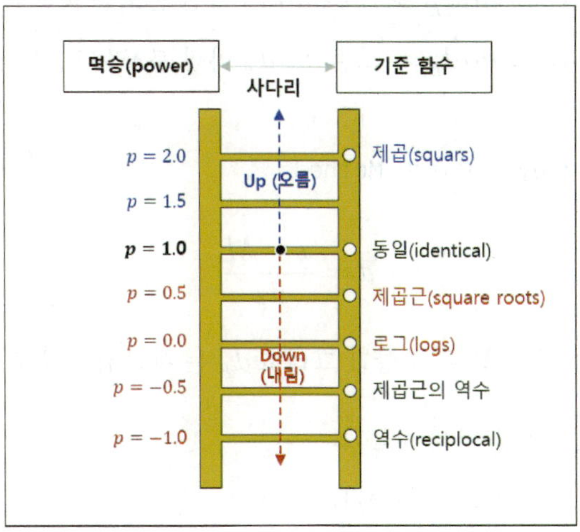

그림 7.3: 재표현의 사다리(ladder of re-expression)

7.1 대칭성의 진단과 교정

7.1.1 중앙(mid) 요약

고려하는 데이터가 대칭성(symmetry)을 갖는다면, 평균 또는 중앙값 등의 단일 대표값을 이용하여 데이터를 효과적으로 요약할 수 있다. 하지만 데이터가 양(+) 또는 음(-)의 왜도를 갖는 경우, 평균과 중앙값의 차이가 크고 일반적으로 산포 척도 역시 왜곡된 값으로 요약된다. 따라서, 데이터를 요약하기 전에 분포의 대칭성 여부를 진단하고, 필요하다면 대칭성을 확보할 수 있는 데이터의 재표현을 고려하는 것이 바람직하다. 다음은 대칭성을 진단하는 방법이다.

대칭성의 진단 I

- 중앙 요약 mid summaries

  문자값의 상한(Upper)과 하한(Lower)의 평균인 중앙(mid)을 비교한다.

  - $median < mid_F < mid_E < ... < mid_A$ 이면 분포는 양(+)의 왜도를 갖는다.
  - $median > mid_F > mid_E > ... > mid_A$ 이면 분포는 음(-)의 왜도를 갖는다.
  - $median \approx mid_F \approx mid_E \approx ... \approx mid_A$ 이면 분포는 좌우 대칭 형태를 갖는다.

- 힌클리의 간편법 Hinkley's Quick Method

$$d = \frac{\bar{x} - M}{d_F}$$

  여기서, $\bar{x}$는 평균 그리고 M은 중앙값 그리고 d_F는 사분위수 범위이다.

  - $d > 0$ 경우, 양(+)의 왜도를 갖는다.
  - $d < 0$ 경우, 음(-)의 왜도를 갖는다.
  - $d \approx 0$ 이면, 집단의 분포는 대략적으로 좌우 대칭의 형태를 갖는다.

p의 결정

- 양(+)의 왜도인 경우, 재표현의 사다리를 아래로 내려가며 변환을 시도한다.
- 음(-)의 왜도인 경우, 재표현의 사다리를 위로 올라가면서 변환을 시도한다.
- p는 가능한 한 `0.5` 씩 증감하며 적용한다.

다음의 서로 다른 분포 형태를 갖는 3 가지 상황을 고려하여 대칭성 진단을 위한 방법을 확인해 보도록 하자. [상황 I]은 분포가 좌우 대칭인 경우이고 [상황 II]와 [상황 III]은 분포가 왜도를 갖는 경우이다.

- [상황 I]: 좌우 대칭의 형태

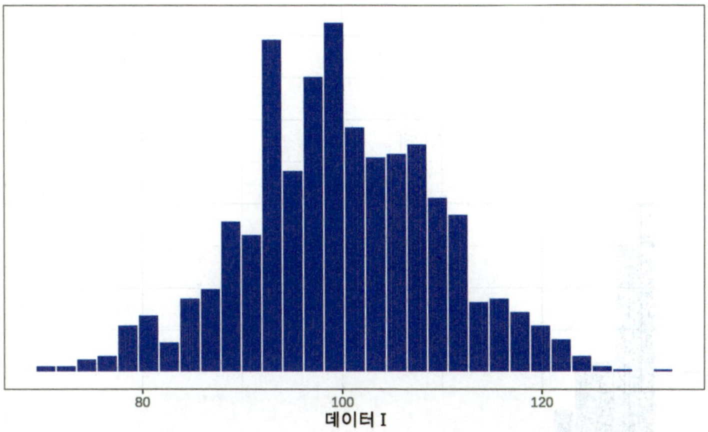

데이터 I의 히스토그램은 좌우 대칭의 형태를 갖는다. 해당 데이터의 각 문자값의 중앙(mid)를 계산해 보면 [표 7.2]와 같다. 각 문자값들의 중앙(mid)의 모든 값들이 99.50~100.50으로 거의 비슷한 값들임을 확인할 수 있다.

표 7.2: [데이터 I]의 중앙(mid) 요약

letter	depth	lower	mid	upper	spread
M	500.5	100.0	100.00	100.0	0.0
H	250.5	94.0	100.50	107.0	13.0
E	125.5	89.0	100.00	111.0	22.0
D	63.0	84.0	100.00	116.0	32.0
C	32.0	80.0	99.50	119.0	39.0
B	16.5	79.0	100.00	121.0	42.0
A	8.5	75.5	99.50	123.5	48.0
Z	4.5	73.5	99.50	125.5	52.0
Y	2.5	72.0	99.75	127.5	55.5

힌클리의 d를 계산해 보면 다음과 같다.

$$d = \frac{99.976 - 100}{13} = -0.00185$$

$d \approx 0$의 값이 분포의 좌우 대칭 형태를 진단함을 확인할 수 있다.

- [상황 II] : 양(+)의 왜도를 갖는 형태

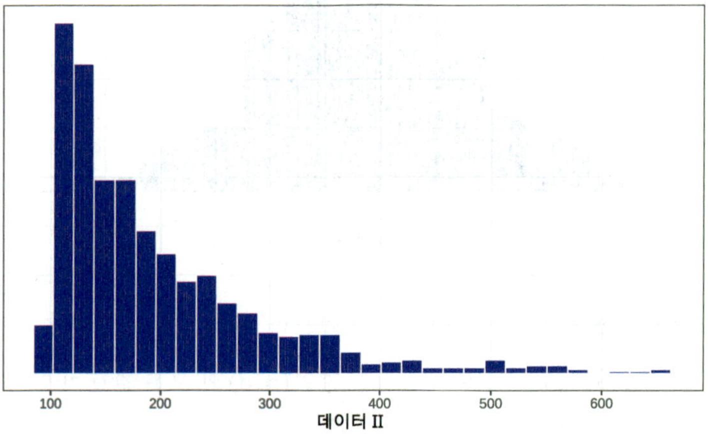

데이터 II의 히스토그램은 양(+)의 왜도를 보이며, [표 7.3]의 중앙(mid) 요약의 결과를 보면, 문자값이 커질수록($M \rightarrow Y$) mid값이 커짐을 확인할 수 있다.

표 7.3: [데이터 II]의 중앙(mid) 요약

letter	depth	lower	mid	upper	spread
M	500.5	165	165.00	165.0	0.0
H	250.5	128	182.75	237.5	109.5
E	125.5	112	208.00	304.0	192.0
D	63.0	106	235.00	364.0	258.0
C	32.0	103	277.00	451.0	348.0
B	16.5	101	311.00	521.0	420.0
A	8.5	100	327.50	555.0	455.0

Z	4.5	100	350.00	600.0	500.0
Y	2.5	100	372.50	645.0	545.0

대칭성 확보를 위하여 재표현의 사다리를 $p = 1$에서 $p = -1$까지 0.5씩 줄여 가며 $T_p(x)$를 적용해 보기로 한다. [표 7.4]는 이러한 p값에 대한 중앙(mid) 요약이다. 이를 이용하여 주어진 데이터 II를 좌우 대칭 형태로 변환할 수 있는 적절한 p값을 결정할 수 있다.

표 7.4: [데이터 II]에 대한 Tp(x) 변환(p = 0.5, 0.0, -1.0)

letter	origin	p = 0.5(square roots)	p = 0(logs)	p = -1
M	165.000	23.690	5.106	-0.994
H	182.750	24.725	5.161	-0.994
E	208.000	26.019	5.218	-0.994
D	235.000	27.374	5.280	-0.994
C	277.000	29.386	5.373	-0.994
B	311.000	30.875	5.435	-0.994
A	327.500	31.558	5.462	-0.994
Z	350.000	32.493	5.501	-0.994
Y	372.500	33.396	5.537	-0.994
hinkley's d	0.288	0.202	0.128	0.001

[표 7.4]의 결과를 보면, 재표현의 사다리를 내려갈수록(p값이 작아질수록) 계산된 문자값들의 중앙(mid) 요약 값들이 비슷해지는 것을 확인할 수 있다. 또한 힌클리의 d값이 점차 0.0에 가까워짐을 확인할 수 있다. d값이 가장 0에 가까운 $p = -1$을 적용한 $T_p(x)$ 변환의 히스토그램은 다음과 같다.

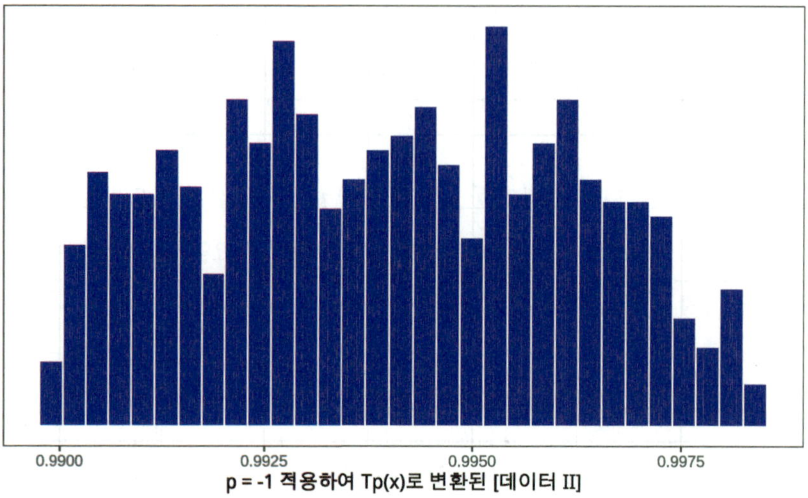

양(+)의 왜도를 갖는 데이터 II의 분포 모양이 대칭 형태로 변환되었음을 확인할 수 있다.

- [상황 III]: 음(-)의 왜도를 갖는 형태

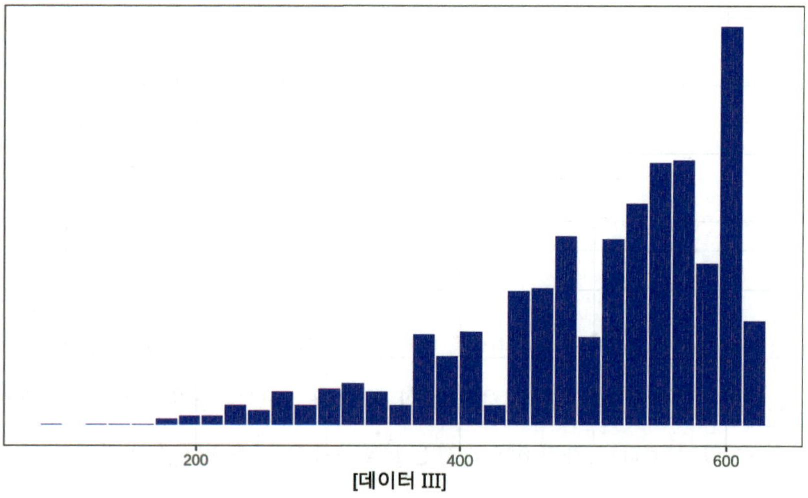

데이터 III의 히스토그램은 음(-)의 왜도를 보이며, [표 7.5]의 중앙(mid) 요약의 결과를 보면, 문자값이 커질수록(M $\rightarrow$ Y), mid값이 작아짐을 확인할 수 있다.

표 7.5: [데이터 III]의 중앙(mid) 요약

letter	depth	lower	mid	upper	spread
M	500.5	525.650	525.650	525.650	0.000
H	250.5	445.336	510.591	575.846	130.510
E	125.5	375.062	485.493	595.925	220.863
D	63.0	304.787	455.376	605.964	301.177
C	32.0	264.630	440.317	616.003	351.373
B	16.5	224.474	420.238	616.003	391.530
A	8.5	194.356	405.180	616.003	421.647
Z	4.5	169.258	392.631	616.003	446.745
Y	2.5	134.121	375.062	616.003	481.883

음(-)의 왜도를 갖는 분포의 대칭성 확보를 위하여 재표현의 사다리를 $p = 1$에서 $p = 2.5$까지 올라가면서 $T_p(x)$를 적용해 보기로 하자. [표 7.6]은 변환된 후의 중앙(mid)들과 개별 변환에서 계산된 힌클리의 d값을 보여 준다. p값이 증가하면서, d값은 0에 가까워지는 것을 확인할 수 있다.

표 7.6: [데이터 III]에 대한 $T_p(x)$ 변환(p = 1.5, 2.0, 2.5)

letter	origin	p = 1.5	p = 2.0(squares)	p = 2.5
M	525.650	8033.744	138153.570	2533973.222
H	510.591	7738.134	132480.380	2428510.729
E	485.493	7269.700	123948.934	2278700.808
D	455.376	6745.213	115021.417	2132141.847
C	440.317	6530.568	112371.805	2111433.854
B	420.238	6216.667	107461.582	2034582.273
A	405.180	5998.795	104308.040	1988917.332
Z	392.631	5829.865	102032.840	1958259.149
Y	375.062	5614.453	99386.764	1925696.415
hinkley's d	-0.196	-0.157	-0.122	-0.091

고려한 값들 중에서 가장 0에 가까운 d를 갖는 p = 2.5를 적용하여 변환된 데이터의 히스토그램은 다음과 같다.

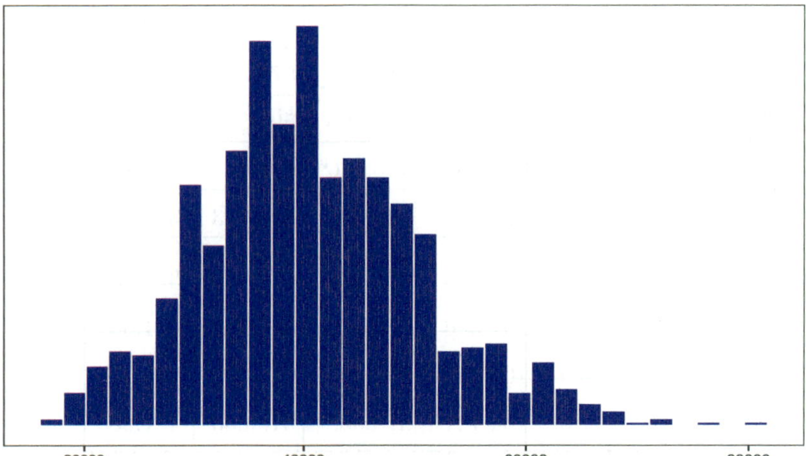

원 데이터인 데이터 III와 비교할 때 음(-)의 왜도는 사라지고 대칭 형태로 변환되었음을 확인할 수 있다.

7.1.2 대칭도 symmetry plot

대칭성의 진단 II

• 대칭도 Symmetry Plot

(1) 데이터를 오름 차순(ascending order) 순서화한다.

(2) (v_i, u_i), $i = 1, \dots, \frac{n}{2}$ 또는 $[\frac{n+1}{2}]$ 도시한다.

- $v_i = median - x_{(i)}$
- $u_i = x_{(n+1-i)} - median$

(3) $u = v$의 기준 직선을 추가한다.

해석 기준

- (v_i, u_i) 점들이 기준 직선에 가깝게 위치하면 데이터는 좌우 대칭 형태를 갖는다.
- 데이터가 양(+)의 왜도를 가지면, 점들은 기준선의 위에 위치한다.
- 데이터가 음(-)의 왜도를 가지면, 점들은 기준선의 아래에 위치한다.
- 원점 $(0,0)$에 가까운 점은 데이터의 중앙값과 가까운 값에 해당하고, 오른쪽에 위치한 점들은 순서화된 데이터의 양쪽 끝에 위치하는 점들에 해당한다. 왜도가 크면 클수록 오른쪽에 타점된 값들은 기준선에서 더욱 멀어진다.

대칭도(symmetry plot)는 분포의 대칭 형태 유무를 대략적으로 확인할 수 있는 그림이다. 이를 통하여 분포의 대칭 여부를 확인하고, 필요하다면 **재표현의 사다리**를 이용하여 대칭 형태를 제공하는 적절한 **멱승 변환**을 적용할 수 있다. 다음은 **정확한 좌우 대칭**을 갖는 데이터이다.

예제 4. (n= 10): 10 20 30 40 50 60 70 80 90 100 [중앙값(M) = 55]

주어진 데이터를 이용하여 오름 차순으로 순서화(order)한 후, (v_i, u_i), $i = 1, 2, \dots, 10$을 계산한 결과는 표[7.7]와 같다. 대칭도는 이 중에서 양(+)의 값을 갖는 순서(order)를 이용하여 도시한다.

표 7.7: 대칭도의 작성

order	data	v	u
1	10	45	45
2	20	35	35
3	30	25	25
4	40	15	15
5	50	5	5
6	60	-5	-5
7	70	-15	-15
8	80	-25	-25
9	90	-35	-35

10	100	-45	-45

각 데이터 값들의 순서를 표기한 대칭도는 그림[7.4]와 같다.

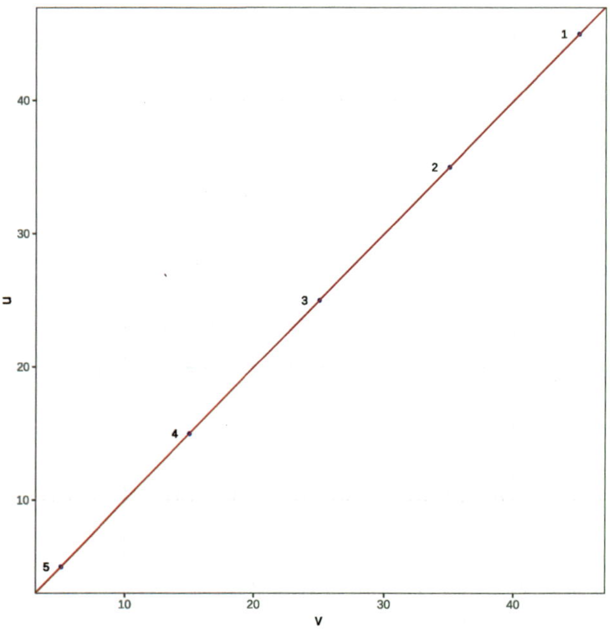

그림 7.4: 정확한 좌우대칭 (가상)데이터의 대칭도와 각 데이터 값의 순서

만일 데이터의 값들이 특정 왜도를 갖는다면, 주어진 기준선의 위 또는 아래에 위치할 것이며, 그 정도가 심할수록 오른쪽 값들이 기준 직선과 더 멀어진다. 이를 통하여 분포의 대칭 여부와 정도를 확인할 수 있다. 그림[7.5]은 다양한 분포 형태에서의 대칭도의 예이다.

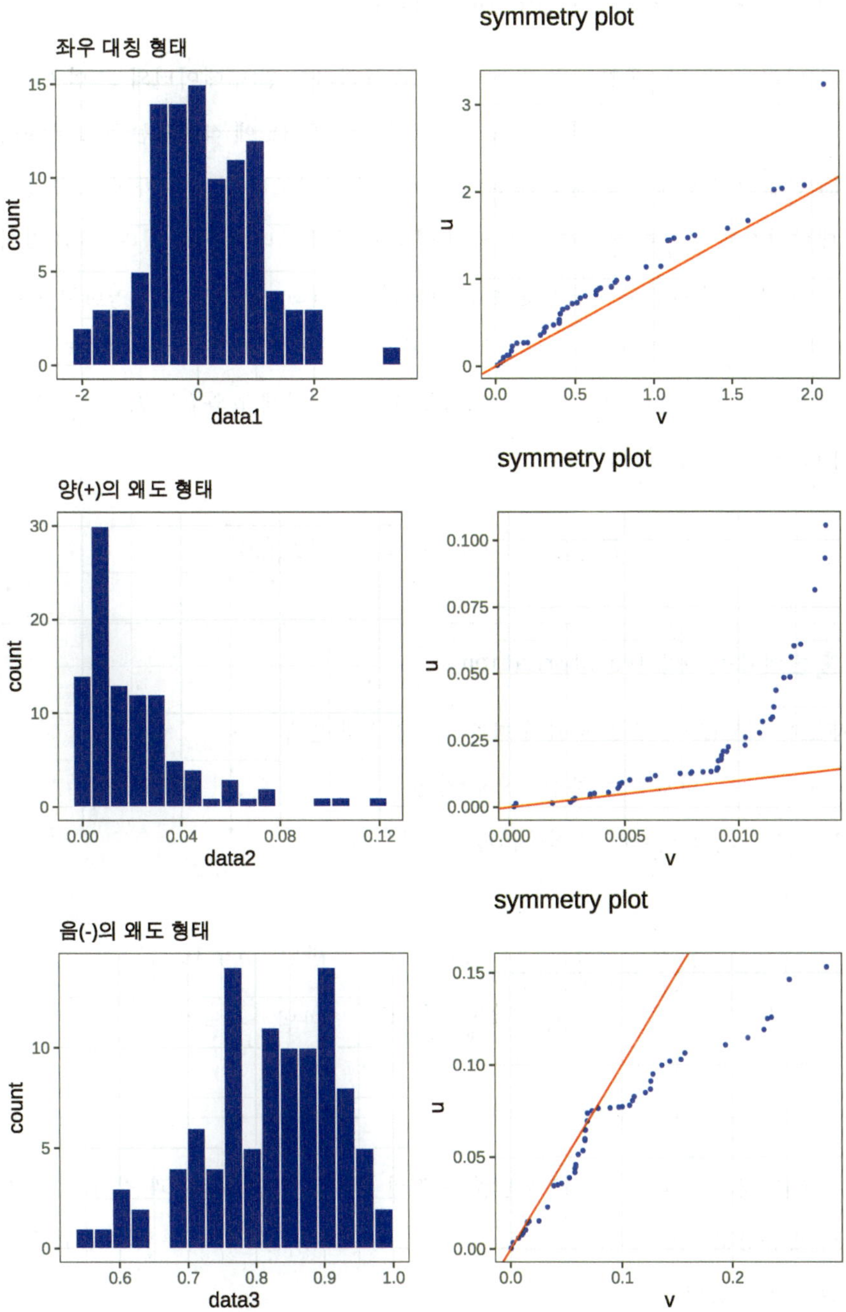

그림 7.5: 다양한 분포 형태와 대칭도(symmetry plot)의 결과

7.1.3 맞춤 변환 Matched Transformation

변환된 데이터가 분포의 대칭성을 달성하였다고 하더라도 원시 데이터와 그 범위가 상이하므로 이를 해석하는 것이 어려울 수 있다. 일반적으로 양(+)의 왜도에 적용되는 로그(logs) 또는 제곱근(root) 변환의 경우에는 그 범위는 원시 데이터의 범위보다 훨씬 작아진다. 만일 재표현된 데이터가 대략적으로 비슷한 척도를 갖게 되면 이의 해석이 보다 용이해 진다. 이와 같이 멱승 변환 후 해석을 쉽게 하기 위한 절차를 맞춤 변환(matched Transformation)이라고 한다.

원시 데이터 x와 멱승 변환에 의하여 재표현된 데이터를 x^* 라고 할 때, 데이터의 형태를 바꾸지 않는 추가적인 선형 변환 $L_{a,b}(x)$를 고려할 수 있다. 이때, a와 b는 $T_p(x)$[또는 $P_p(x)$]와 $L_{a,b}(x)$가 비슷해지도록 결정된다.

$$L_{a,b}(x) = a + bx^* = a + bT_p(x)$$

> **맞춤 변환 Matched Transformation**
>
> 1. 새로운 척도(L)와 동일한 원시 척도 x의 값 1개 선택
>   - x_0는 중앙값 또는 중심값으로 결정
> 2. 멱승 변환 $P_p(x) = x^p$인 경우[$log_{10}()$ 사용시]
>
> $$L(x) = \begin{cases} x_0 + \frac{x^p - x_0^p}{p x_0^{p-1}} & \text{만일} \quad p \neq 0, \\ x_0 + \frac{\log(x) - \log(x_0)}{\log(e)/x_0} & \text{만일} \quad p = 0 \end{cases}$$

앞서 논의된 데이터 II와 데이터 III의 맞춤 변환의 결과는 [그림 7.6]과 같다. 원시 데이터와 변환 데이터의 중앙값이 일치하고(오렌지 색 dashed line), 산포와 사분위수 범위 등의 비교가 용이함을 확인할 수 있다.

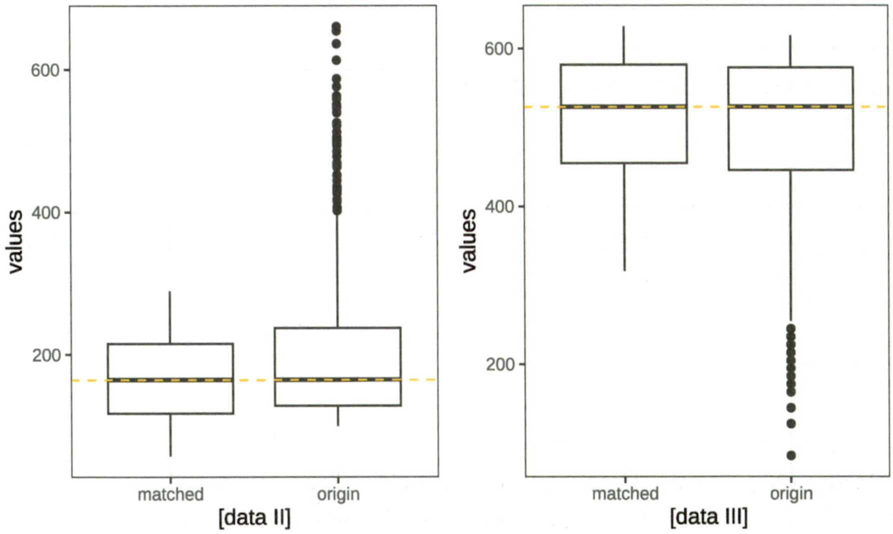

그림 7.6: 원시 데이터(origin)와 맞춤 변환 데이터(matched)

7.1.4 Learning by Doing R

중앙 요약(mid summaries)과 대칭도(symmetry plot)는 `tukeyedar::` 또는 함수를 직접 작성하여 실행할 수 있다.

실습 4. 동물들의 회임 기간 `gestation`

`gestation`은 43 종류의 동물(animal)들의 회임 기간(period, 일)을 조사한 것이다.

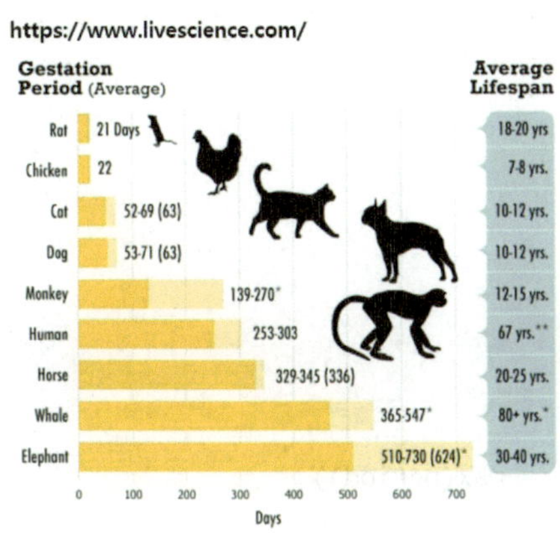

데이터 불러오기

```
gestation <- read.csv(paste0(data_path, "gestation.csv"))
```

데이터의 구조 확인

변수와 케이스의 수 그리고 변수의 유형을 확인하고, 결측값(missing values; NA)의 존재 여부를 확인한다.

```
str(gestation)
```

```
# 'data.frame': 43 obs. of  2 variables:
#  $ animal: chr  "Ass" "Baboon" "Bear_black" "Bear_grizzly" ...
#  $ period: int  365 187 219 225 240 105 285 406 63 230 ...
```

na_count()는 각 변수별로 결측값의 수를 확인하기 위한 함수이다.

```
na_count <- function(df){
 sapply(df, function(y) sum(length(which(is.na(y)))))
}
```

```
na_count(gestation)
```

```
# animal period
#      0      0
```

데이터의 기본 정보 확인

```
fivenum(gestation$period)
```

```
# [1]  13.0  65.5 187.0 284.5 660.0
```

```
mean(gestation$period)
```

```
# [1] 208.093
```

```
gestation  %>%
 dplyr::filter(period == min(period) | period == max(period))
```

```
#             animal period
# 1 Elephant_African    660
# 2          Opossum     13
```

43 종의 평균 회임 일수는 208(일) 그리고 중앙값은 187(일)이며, 최소 회임 일수는 주머니쥐(Opossum)의 13(일) 그리고 최대 회임 일수은 아프리카 코끼리(African Elephant)의 660(일)이다.

분포 형태의 확인

```
aplpack::stem.leaf(gestation$period)
```

```
# 1 | 2: represents 120
#  leaf unit: 10
#             n: 43
#    7    0* | 1123334
#   14    0. | 5666699
#   18    1* | 0001
#   (4)   1. | 5568
#   21    2* | 0123344
#   14    2. | 5588
#   10    3* | 3
#    9    3. | 566
#    6    4* | 0
#    5    4. | 558
# HI: 645 660
```

43 종의 동물의 회임 기간은 양(+)의 왜도를 갖는 것으로 보인다. 추가적으로 박스 그림과 바이올린 그림을 그려보면 다음과 같다.

```
gestation  %>%
 ggplot(aes(x = period, y =1)) +
 geom_boxplot() +
 geom_jitter() +
 labs(x = "회임 기간(일)") +
 theme_bw()
gestation  %>%
 ggplot(aes(x = period, y =1)) +
 geom_violin() +
 geom_jitter() +
```

```
labs(x="회임 기간(일)") +
theme_bw()
```

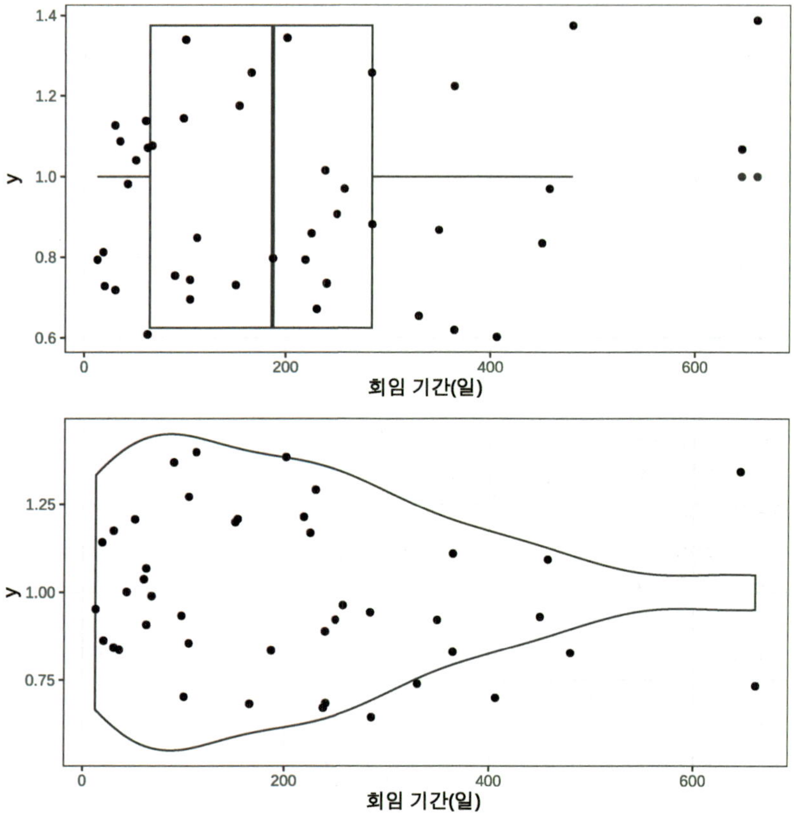

고려한 43 종 중의 50%는 약 190(일) 이하의 회임 기간을 가지고 있고, 극단적으로 600일 이상의 회임 기간을 갖는 일부 종들이 존재한다.

중앙(mid) 요약의 검토

```
tukeyedar::eda_lsum(gestation$period)
```

```
#   letter depth lower    mid upper spread
# 1      M  22.0 187.0 187.00 187.0    0.0
# 2      H  11.5  65.5 175.00 284.5  219.0
# 3      E   6.0  36.0 221.00 406.0  370.0
# 4      D   3.5  26.0 247.25 468.5  442.5
# 5      C   2.0  19.0 332.00 645.0  626.0
```

문자값이 커짐에 따라 mid값이 증가한다. 따라서 분포는 양(+)의 왜도를 갖는 것으로 보이고, 추가적으로 hinkley()를 이용하여 hikley의 d를 계산할 수 있다. $d = 0.096 > 0$ 이므로 양(+)의 왜도를 갖는다.

```
hinkley(gestation$period)
```

```
#          d
# 0.09631517
```

제공된 함수 symmetry_plot()을 이용하여 대칭도를 그려보면 다음과 같다.

```
symmetry_plot(gestation$period)
```

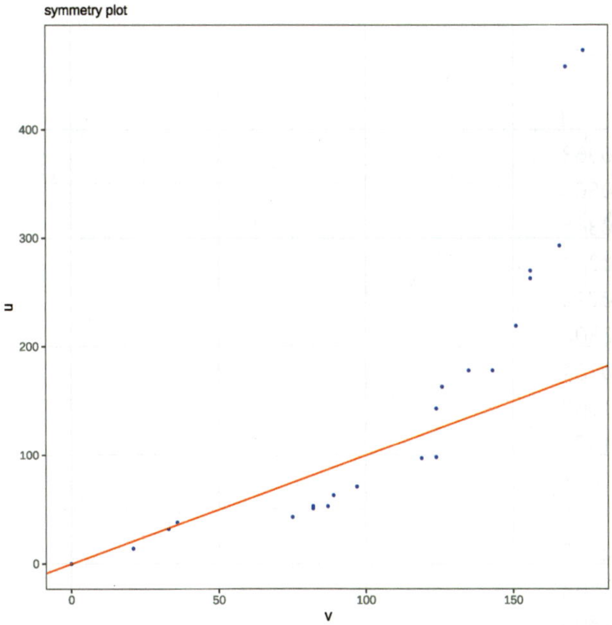

대칭도는 오른쪽 위쪽에 점들이 나타나므로 양(+)의 왜도임을 확인 할 수 있다. 다음의 간단한 함수 find_p()를 이용하여 p를 결정할 수 있다.

find_p()는 멱승 변환의 p의 범위에서 hinkey's d 값을 계산한다.

```
find_p <- function(data, p){
 d <- rep(0, length(p))
 i <- 0
```

```
 for( k in p) {
 i <- i+1
 t <- trans_p(data, k)
 h <- round(hinkley(t), 4)
 d[i] <- h
}
dout <- cbind(p,d)
return(dout)
}
```

양(+)의 왜도의 경우, 재표현의 사다리를 내려가야 하므로, $p = 1$에서 내려가면서 변환을 적용해 본다.

```
p <- seq(1.0, -0.5, -0.1)
find_p(gestation$period, p)
```

```
#          p       d
#  [1,]  1.0  0.0963
#  [2,]  0.9  0.0661
#  [3,]  0.8  0.0365
#  [4,]  0.7  0.0074
#  [5,]  0.6 -0.0214
#  [6,]  0.5 -0.0500
#  [7,]  0.4 -0.0784
#  [8,]  0.3 -0.1069
#  [9,]  0.2 -0.1356
# [10,]  0.1 -0.1647
# [11,]  0.0 -0.1943
# [12,] -0.1 -0.2248
# [13,] -0.2 -0.2562
# [14,] -0.3 -0.2890
# [15,] -0.4 -0.3234
# [16,] -0.5 -0.3597
```

분포의 대칭성을 달성하는 $d \approx 0$을 갖는 값은 $0.6 < p < 0.7$의 범위에 있다. 이 경우, `0.5` 단위로 근사하면 `0.5(root)` 또는 `1.0(무변환)`이 된다. $p = 0.5$인 경우, `d = -0.05`로 음(-)의 왜도로 나타나므로, 이 경우에는 근사하지 않고 $p = 0.7$를 가정하여 변환해 보기로 한다. 변환 전후의 대칭도를 비교해 보면 다음과 같다.

```
gestation$trans <- trans_p(gestation$period, 0.7)
symmetry_plot(gestation$period)
symmetry_plot(gestation$trans)
```

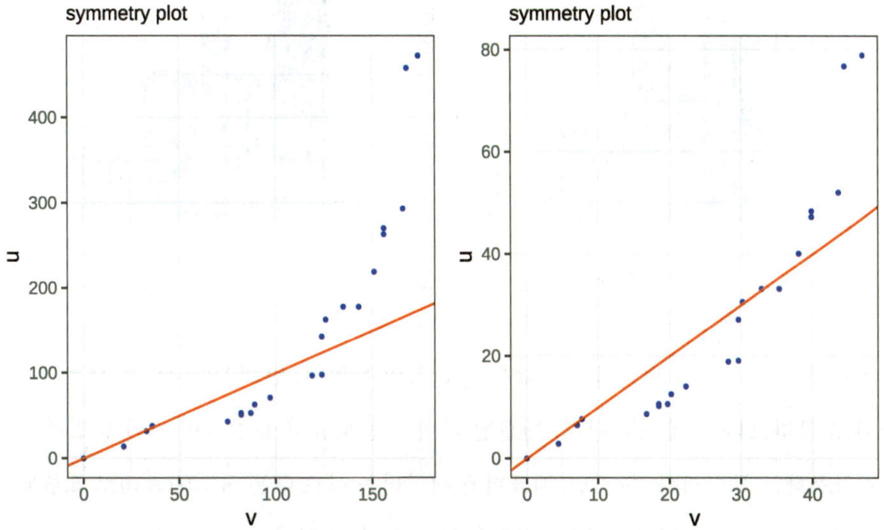

변환 전후의 분포의 대칭도를 확인하기 위하여 변환 전과 후의 히스토그램을 그려보면 다음과 같다. 양(+)의 왜도가 수정 되었음을 확인할 수 있다.

```
gestation  %>%
 ggplot(aes(x = period)) +
 geom_histogram(bins = 9, color ="white", fill = "blue" ) +
 theme_bw()

gestation  %>%
 ggplot(aes(x = trans)) +
 geom_histogram(bins = 9, color ="white", fill = "blue" ) +
 theme_bw()
```

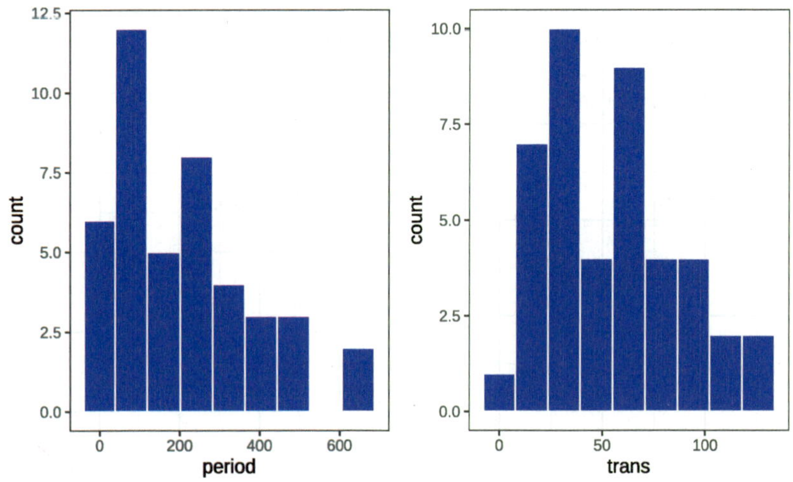

변환되기 전의 회임 기간의 평균과 중앙값은 서로 차이가 있다. 양(+)의 왜도를 갖는 데이터이므로 평균이 중앙값보다 크게 나타난다. 변환된 데이터는 평균과 중앙값이 거의 동일하므로 어떤 대표값을 사용해도 무방하다. 하지만, 재표현된 데이터는 서로 다른 척도(scale)로 표현되어 직접 비교가 어려운 점이 있다. 따라서, **맞춤 변환**을 고려해 볼 수 있다.

match_trans()는 맞춤 변환의 결과를 제공한다.

```
match_trans <- function(d, p){
 x0 <- median(d)
 if(p == 0){
  x0 + (log10(d) - log10(x0)) / (log10(exp(1)) / x0)
 }
 else {
  x0 + (d ^ p - x0 ^ p) / (p * x0 ^ (p - 1))
 }
}
```

제공된 함수 match_tans()을 이용한 **맞춤 변환**의 결과는 다음과 같다.

```
gestation$matched <- match_trans(gestation$period, 0.65)

m.period <- median(gestation$period)

l.gestation <- gestation  %>%
 tidyr::pivot_longer(cols = period:matched,
```

```
                    names_to = "type",
                    values_to = "values"
                    )

l.gestation  %>%
 ggplot(aes(x = type, y = values)) +
  geom_boxplot() +
  geom_hline(yintercept = m.period,
             color = "orange",
             lty = "dashed"
             )+
  labs(x = "type", y = "values") +
 theme_bw()
```

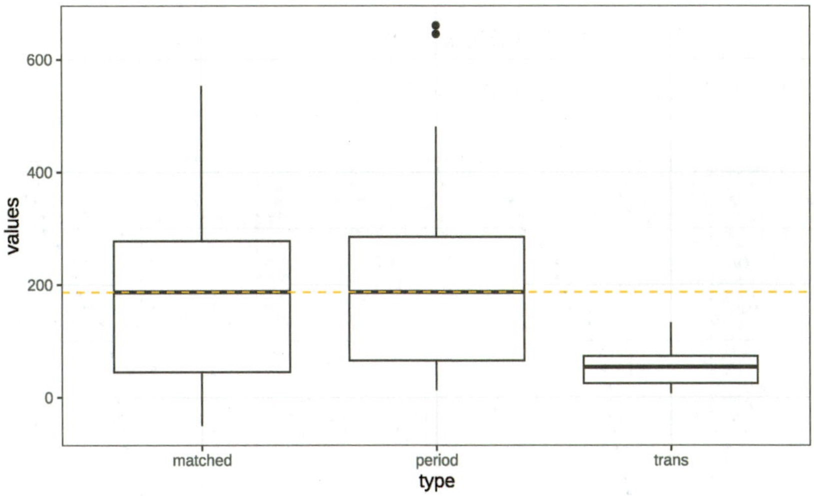

멱승 변환은 양(+)의 왜도를 좌우 대칭으로 변환시킨다. 그리고 맞춤 변환은 원시 중앙값(187일)과 동일한 값으로 선형 변환하여 원시 데이터와 비슷한 값을 갖는다. 원시 데이터, 변환 데이터 그리고 맞춤 변환 데이터의 중요 요약값은 표 [7.8]과 같다.

표 7.8: 원시 데이터, 변환 그리고 맞춤 변환의 중요 요약값

구분	원시 데이터(period)	변환(trans)	맞춤 변환(matched)
분포 형태	양의 왜도	좌우 대칭	좌우 대칭
분포 형태	이상점 존재	이상점 없음	이상점 없음
평균	208.09	44.31	185.36
중앙값	187.00	44.57	187.00

구분	원시 데이터(period)	변환(trans)	맞춤 변환(matched)
표준 편차	165.12	25.26	157.58
사분위수 범위	219.00	37.26	232.46

맞춤 변환된 데이터는 평균과 중앙값이 일치한다. 만일 추가적인 정보 - 각 동물의 신체적/생존 특징, 유사 동물군의 구분 기준, 수명 등 - 가 가능하다면, 이를 기초로 다음의 추가 관심 사항에 대한 탐색 방향을 결정할 수 있다.

- 각 동물들의 어떤 특징이 회임 기간에 영향을 주는가?
- 특정 동물들은 회임 기간으로 그룹화할 수 있는가?
- 회임 기간은 해당 동물의 수명에 영향을 주는가? 등

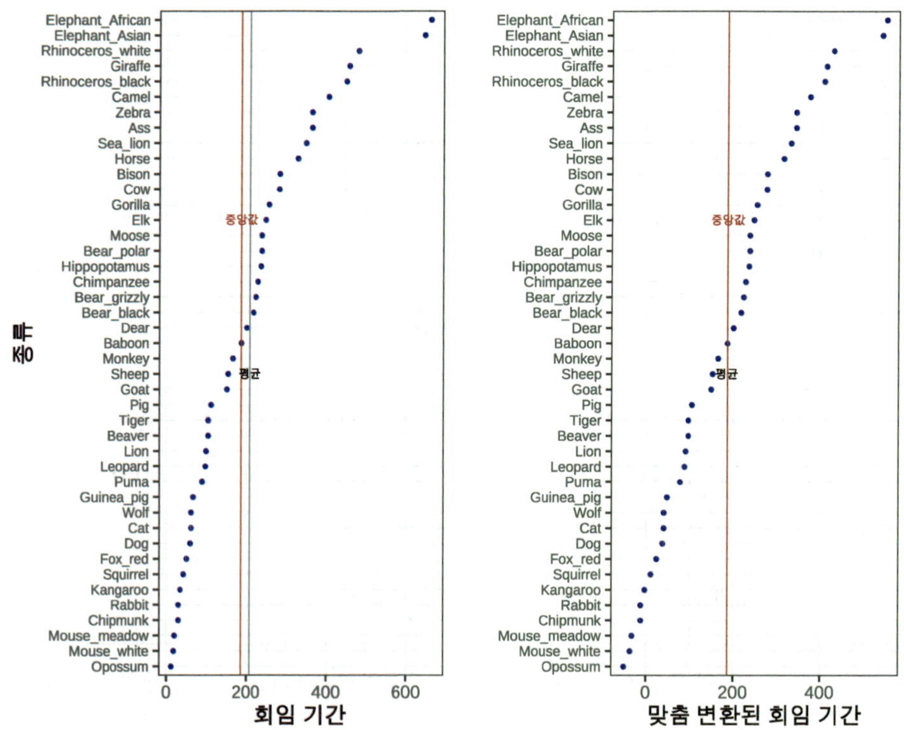

그림 7.7: 변환 전후의 43종의 회임 기간(단위: 일)

7.2 산포 안정화의 진단과 교정

일반적으로 2개 이상의 데이터로 구성된 집단의 특징은 **중심 성향**을 나타내는 대표값 - 평균, 중앙값, 최빈값 등 -으로 요약하고 비교한다. 하지만 대표값으로 요약된 집단 간의 올바른 비교를 위해서는 비교되는 집단간의 산포가 안정적(또는 **등분산**)이라는 전제 조건이 필요하다. 하지만 다음의 경우에는 일반적으로 집단간 산포가 안정적이지 않다.

- 빈도(counts)를 기준으로 집계된 데이터
- 일정 집계 단위 별로 비율(proportion)로 정리된 데이터
- 서로 다른 집계 단위 또는 서로 다른 환경에서 측정된 데이터

모든 데이터에서 산포의 균일성을 달성할 수 있는 것은 아니다. 특히 서로 다른 환경 또는 원인들에 의하여 영향을 받지만 이를 구분하지 않고 데이터를 수집한 경우에는 일반적으로 산포가 크게 나타나고 산포 균일성을 달성하기 어려운 경우가 많다. 산포의 균일성을 진단할 수 있는 간단한 그림으로 산포-수준 그림(spead-level plot)을 들 수 있다. 이를 이용하여 산포의 균일성을 달성할 수 있는 **멱승 변환**(power tranformation)의 p값에 대한 기준을 구할 수 있다.

산포-수준 그림 Spread-Level Plot

$g \geq 2$인 그룹에 대하여 다음을 정의한다.

$$(x_{ij}, y_{ij}),\ i = 1, 2, ..., g,\ j = 1, 2, ..., n_i$$

(1) 각 그룹별 중앙값 $m(i)$와 사분위수 범위 $d_F(i)$를 계산한다.

(2) $(\log(m(i)), \log(d_F(i))),\ i = 1, 2, ...\ g$의 산점도를 도시한다.

(3) 각 점들의 패턴을 확인하고 직선의 경향을 갖는다면, 기울기 b를 계산한다.

(4) $p = 1 - b$의 멱승 변환을 적용한다.

(5) 추가 변환이 필요하지 않을때까지 1 ~ 4단계를 반복한다.

변환의 효과

- 각 그룹별 원시 데이터의 중앙값 변동 계수(cv_i^m)가 모두 크다면, 멱승 변환의 효과가 크다.

$$cv_i^m = \frac{d_F(i)}{m(i)},\ i = 1, 2, \ldots g$$

- 각 그룹 별로 재표현된 중앙값 변동 계수(cv_i^m)가 작을때, 산포 균일 달성도가 높다.

[그림 7.8]은 서로 다른 10개 집단의 박스 그림이다. 중앙값이 작은 경우에는 산포가 작고, 중앙값이 큰 경우에는 산포가 크게 나타난다. 이는 빈도(counts)로 집계된 데이터에서 나타나는 대표적인 형태이며, 이러한 경우, 평균 또는 중앙값 만으로 집단을 비교하는 것은 바람직하지 않다.

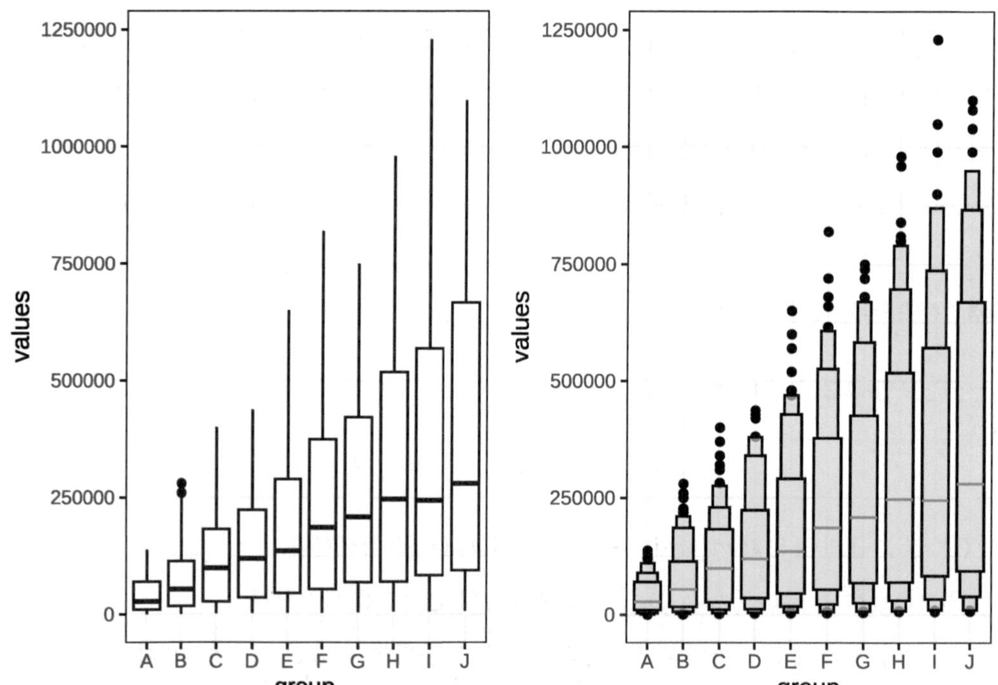

그림 7.8: 10개 집단의 박스 그림과 문자값 그림

원 데이터의 중앙값(m), 사분위수 범위(d_F) 그리고 중앙값 변동 계수(cv^m)은 [표 7.9]와 같다. 각 그룹의 cv^m 은 약 1.5~2.2이며, $(log(m), log(d_F))$는 거의 비슷한 값을 가지며, 그룹

A로 부터 그룹 J로 변화할 때 그 값이 커짐을 확인할 수 있다. 이는 중앙값과 사분위수 범위가 일정한 관계가 있음을 나타낸다.

표 7.9: 원시 데이터의 중앙값, 사분위수 범위 그리고 중앙값 변동 계수

group	m	d_F	cvm	$log(m)$	$log(d_F)$
A	27500	59500	2.16	4.439	4.775
B	53950	95775	1.78	4.732	4.981
C	99000	155150	1.57	4.996	5.191
D	119400	188000	1.57	5.077	5.274
E	135900	243700	1.79	5.133	5.387
F	186250	320400	1.72	5.270	5.506
G	208850	352875	1.69	5.320	5.548
H	247400	447975	1.81	5.393	5.651
I	244900	485325	1.98	5.389	5.686
J	280100	573150	2.05	5.447	5.758

각 집단의 $(log(m), log(d_F))$을 이용하여 산포-수준 그림을 그려보면 다음과 같다. 이는 밀접한 선형 관계를 보이며, 선형 관계의 기울기(b)는 `1.05`로 각 집단의 $(log(m), log(d_F))$가 거의 동일한 값을 갖는다.

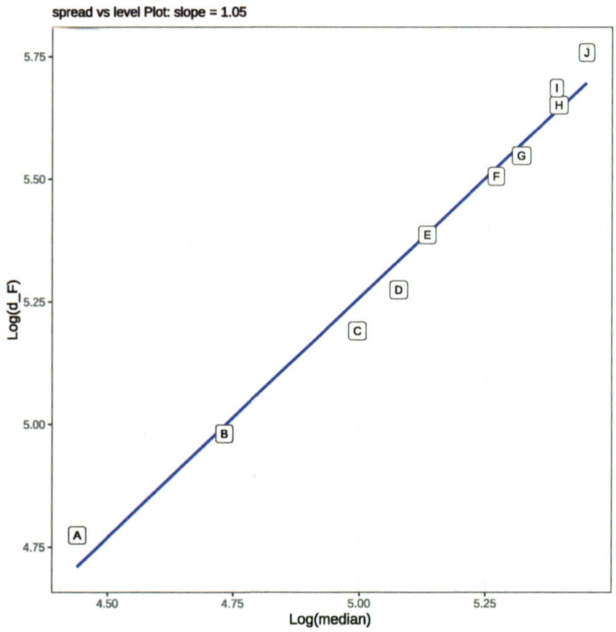

`b = 1.05`이므로 멱승 변환의 $p = 1 - b \approx 0$를 적용하여 변환의 유용성을 확인해 볼 필요가 있다. 멱승 변환에서 $p = 0$의 변환 함수는 $\log()$ 이므로 이를 각 집단의 관찰값에 적용한다.

$$new.value = \log(value)$$

변환된 `new.value`를 이용하여 중앙값(m), 사분위수 범위(d_F) 그리고 중앙값 변동 계수(cdm)을 계산해 보면 [표 7.10]과 같다. 각 그룹의 cdm은 약 `0.15~0.19`로 작아졌으며, $(log(m), log(d_F))$는 그룹 A로 부터 그룹 J로 변화할 때 그 값이 거의 동일하므로 특별한 관계가 존재하지 않음을 확인할 수 있다.

표 7.10: 원시 데이터의 중앙값, 사분위수 범위 그리고 중앙값 변동 계수

group	m	d_F	cvm	$log(m)$	$log(d_F)$
A	10.222	1.898	0.19	1.010	0.278
B	10.896	1.866	0.17	1.037	0.271
C	11.503	1.903	0.17	1.061	0.279
D	11.690	1.828	0.16	1.068	0.262
E	11.820	1.842	0.16	1.073	0.265

F	12.135	1.936	0.16	1.084	0.287
G	12.249	1.812	0.15	1.088	0.258
H	12.418	1.996	0.16	1.094	0.300
I	12.409	1.914	0.15	1.094	0.282
J	12.541	1.959	0.16	1.098	0.292

추가 변환 여부를 확인하기 위하여 변환된 값을 이용하여 **산포-수준 그림**을 그려보면 다음과 같다.$(log(m), log(d_F))$의 값들이 밀접한 선형 관계를 갖는다고 할 수 없으며, 선형 관계를 가정한 기울기(b)가 `0.26`으로 근사적으로 `0`에 가깝다. 따라서 추가 변환 $p = 1 - 0.26 \approx 1$이므로 추가 변환이 필요하지 않음을 확인할 수 있다.

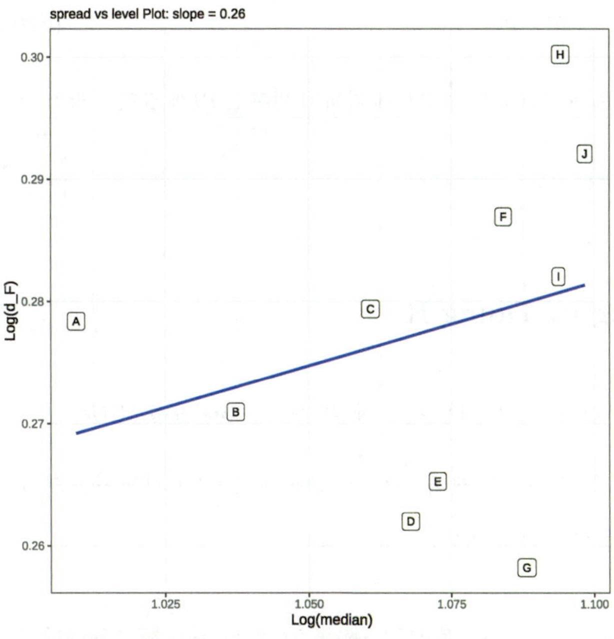

변환된 값 `new.value = log(value)`를 이용하여 **박스 그림**을 그려보면 [그림 7.9]와 같다. 각 집단의 산포가 거의 동일하게 변환되었음을 확인할 수 있다.

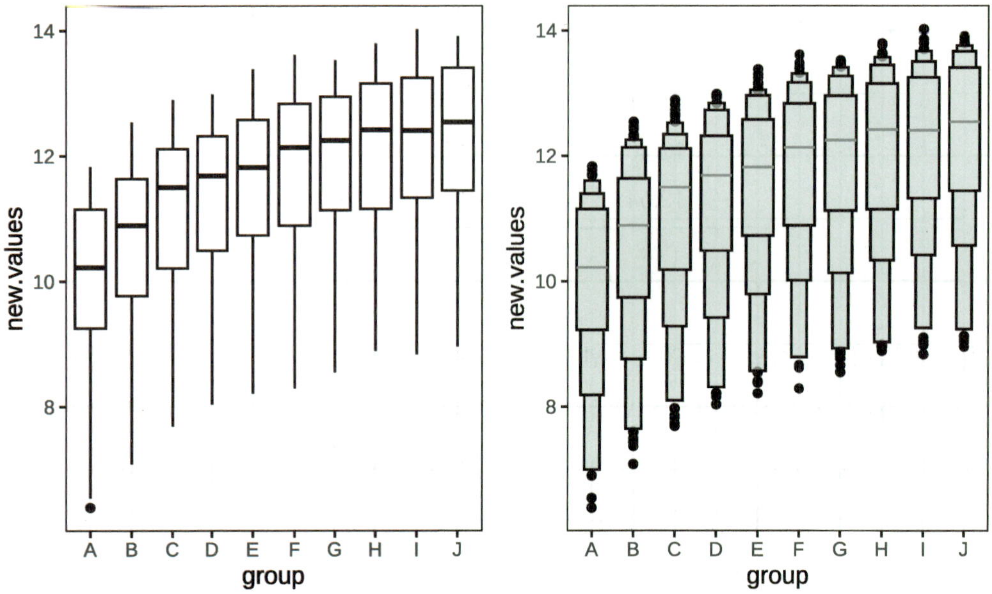

그림 7.9: 산포-수준 그림과 멱승 변환에 의하여 변환된 10개 집단의 박스 그림과 문자값 그림

7.2.1 Learning by Doing R

실습 5. 소프트웨어 개발 기업의 년차 별 연봉 ***salary.group***

`salary` 데이터는 특정 소프트웨어 개발 기업에 재직 중인 재직자들의 5년 단위 연차(`group`) 별 연봉(`annual`, \$)을 조사한 것이다.

[origin] Principles Of Software Engineering Management, Tom Gilb , 1988, p.45

데이터 불러오기

```
salary <- read.csv(paste0(data_path, "salary.group.csv"))
```

데이터의 구조 확인

변수와 케이스의 수 그리고 변수의 유형을 확인하고, 결측값(missing values; NA)의 존재 여부를 확인한다.

```
str(salary)
```

```
# 'data.frame': 100 obs. of  2 variables:
#  $ group : chr  "(0, 5]Y" "(0, 5]Y" "(0, 5]Y" "(0, 5]Y" ...
#  $ annual: int  41504 32619 44322 40038 46147 38447 38163 42104 25597 39599 ...
```

na_count()는 각 변수별로 결측값의 수를 확인하기 위한 함수이다.

```
na_count(salary)
```

```
#  group annual
#      0      0
```

데이터의 기본 정보 확인

```
fivenum(salary$annual)
```

```
# [1]  25597.0  59835.5  98560.5 167542.5 312549.0
```

최소 연봉은 25,597달러(약 3,327만원)이고 최고 연봉은 312,549달러(약 40, 631만원)이다. 연차를 확인해 보면 각각 5년 미만과 20~25년차 직원이다.

```
salary  %>%
 dplyr::filter(annual == min(annual) | annual == max(annual))
```

```
#       group annual
# 1   (0, 5]Y  25597
# 2 (20, 25]Y 312549
```

연차와 연봉간의 관계 확인

```
salary %>%
  ggplot(aes(group, annual)) +
  geom_boxplot() +
  theme_bw()
```

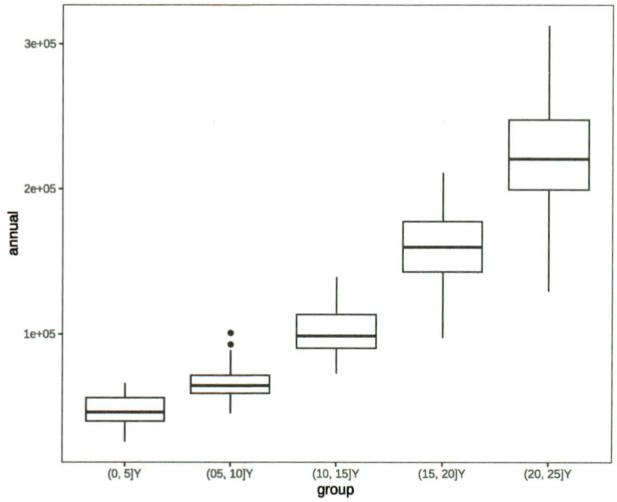

년차가 높을수록 산포가 커지는 경향을 갖는다. 산포 안정화를 위하여 먼저 spread_level_plot 을 그려보면 다음과 같다.

```
spread_level_plot(salary, annual, group)
```

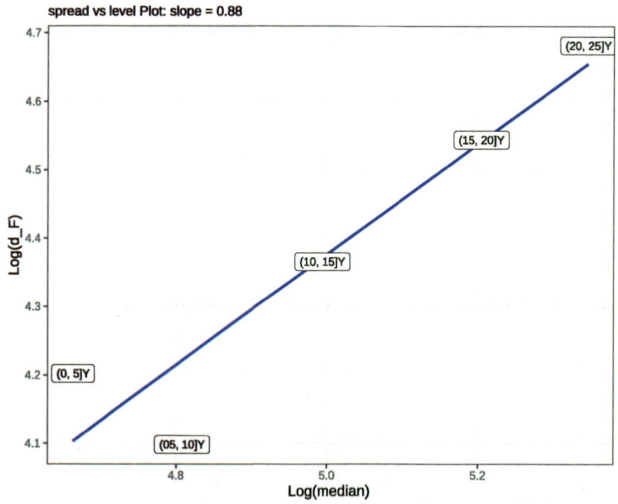

기울기가 $b = 0.88$ 이므로 멱승 변환 $p = 1 - b = 0.12 \approx 0.0$을 적용하여 변환의 유용성을 확인해 볼 필요가 있다. 멱승 변환에서 $p = 0$의 변환 함수는 $\log()$ 이므로 이를 각 집단의 관찰값에 적용한다.

```
salary <- salary  %>%
 mutate(new.annual = log(annual))

salary %>%
  ggplot(aes(fct_reorder(group, new.annual), new.annual)) +
 geom_boxplot() +
 labs(x = "경력", y = "log(연봉)")+
 theme_bw()
```

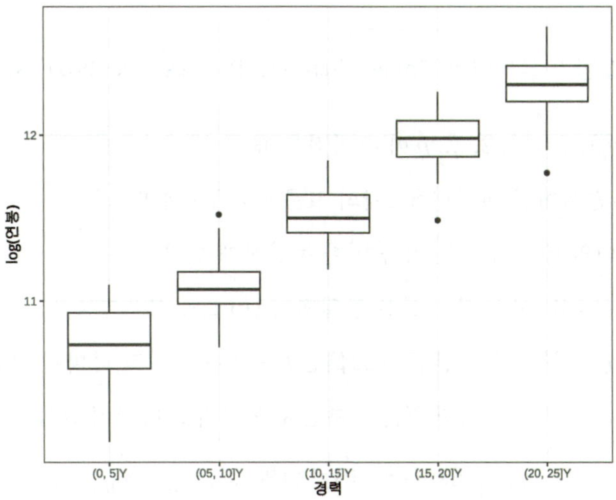

각 집단의 산포가 거의 균등하게 안정화되었으므로, 대표값 - 평균 또는 중앙값 - 을 이용하여 집단을 비교해 볼 수 있다.

7.3 관계의 선형성 진단과 교정

2 개의 변수 (x, y)의 관계를 고찰할 때 비선형 관계를 간단한 선형 관계로 변환할 수 있다면, 분석과 해석에서 다음의 장점을 갖는다.

- 관계식의 추정이 간단하다.
- 절편과 기울기로 관계를 간단히 요약할 수 있다.
- 척도가 동일한 데이터의 경우, 기울기를 이용하여 관계를 비교할 수 있다.

다음은 관계의 선형성 진단에 용이한 3-요약점(3-summary points)과 이를 이용하여 관계의 선형성을 진단하는 절반 기울기의 비(half-slope ratio)를 계산하는 방법이다.

3-요약점과 절반 기울기의 비 Three Summary Points and half-slope ratio

데이터는 (x_i, y_i), $i = 1, 2, ..., n$이 주어졌을 때

1. x 기준으로 순서화된 데이터를 3개의 그룹으로 구분한다.
   - 그룹 내의 데이터 수는 가능한 한 동일하게 한다.
     - $n = 3k$이면 각 그룹은 동일한 수(k)로 구성
     - $n = 3k + 1$ 이면 중간 그룹은 $k + 1$개 그리고 나머지 그룹은 k로 구성
     - $n = 3k + 2$ 이면 중간 그룹은 k개 그리고 나머지 그룹은 $k = 1$로 구성
2. 데이터의 각 그룹(Left, Center, Right)의 (x_{median}, y_{median})으로 3개의 기준점을 선택한다.
   - (x_L, y_L), (x_c, y_c), (x_R, y_R)
3. 중심(Center)를 기준으로 왼쪽(Left)과 오른쪽(Right)을 연결한 2개의 선의 기울기(slope)를 계산하고 이를 이용하여 절반 기울기의 비(half-slope ratio), b_H를 계산한다.

$$b_H = \frac{b_R}{b_L}$$

여기서 $b_L = \frac{y_L - y_C}{x_L - x_C}$ 그리고 $b_R = \frac{y_C - y_R}{x_C - x_R}$이며, 반드시 동일한 부호(+ 또는 -)를 가져야 한다.

---

b_H의 해석

- $b_H > 1$, 이면, $y = f(x)$는 아래로 오목한(concave down) 형태이다.
- $b_H < 1$, 이면, $y = f(x)$는 위로 오목한(concave up) 형태이다.
- $b_H \approx 1$, 이면, $y = f(x)$는 직선(straight line)의 가까운 형태이다.

3-요약점과 절반 기울기의 비(b_H)를 이용하면, [그림 7.10]와 같이 $y = f(x)$의 곡률(curvature)을 대략적으로 확인할 수 있다.

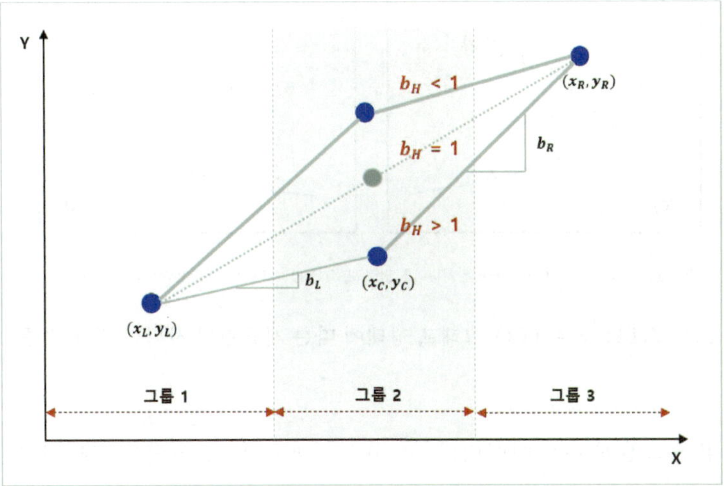

그림 7.10: 그래프의 형태와 3-요약 점을 이용한 bH값과 곡률간의 관계

계산된 b_H 값에 의하여 직선이 아니라고 판단되면, [그림 7.11]과 재표현의 사다리를 이용하여 선형 관계를 만족시키는 개별 x와 y의 멱승 변환을 고려할 수 있다. 이때, 곡률의 방향을 개별 x와 y에 따라 결정한 후, 방향이 큰 경우에는 재표현의 사다리를 올라가며 적용해 보고, 방향이 작은 경우에는 재표현의 사다리를 내려가며 적용해 가면서 멱승 변환을 시도한다. 이때, 변환된 데이터의 b_H가 근사적으로 1.0에 가깝다면 최종적으로 변환된 데이터가 선형성을 만족하는지를 확인한다.

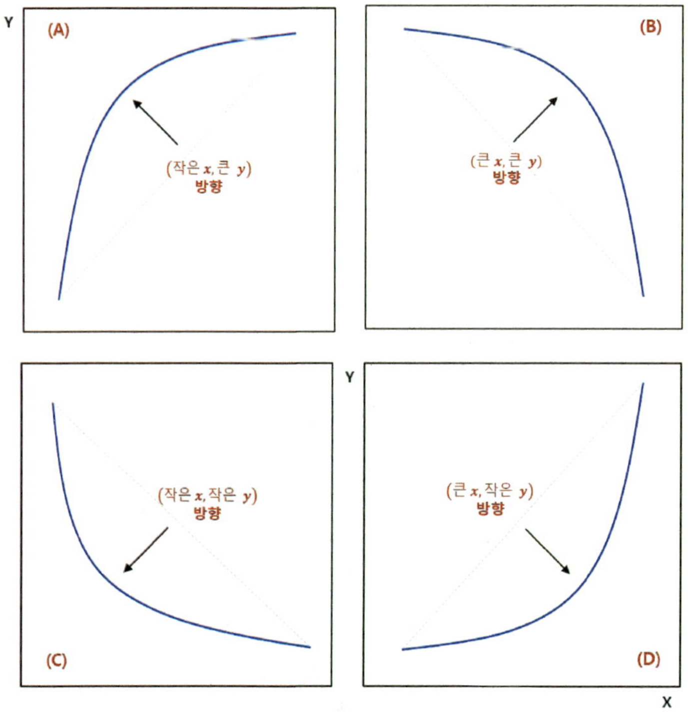

그림 **7.11:** y = f(x) 그래프 형태에 따른 재표현의 사다리 적용 기준

[그림 7.12]은 $n = 9$개 가상 데이터의 (x_i, y_i), $i = 1, 2, \ldots, n$의 산점도이다. 두 변수 (x, y)의 관계는 직선이 아닌 곡선의 형태임을 확인할 수 있다.

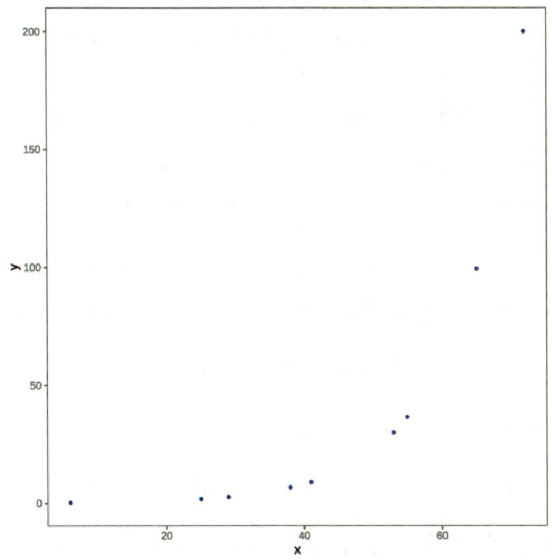

그림 7.12: 9개의 가상 데이터의 산점도

이를 이용하여 (1) x 의 순서화 (2) 3-요약 점 계산 (3) 절반 기울기 비 (b_H)를 계산해 보면 [표 7.11]과 같다. 여기서, b_L 과 b_R 은 (x, y) 의 3-요약 점을 이용하여 다음과 같이 계산한다.

$$b_L = \frac{1.8 - 9.0}{25 - 41} = 0.45 \quad \text{그리고} \quad b_R = \frac{9.0 - 99.3}{41 - 65} = 3.76$$

표 7.11: 3-요약점의 계산과 절반 기울기의 비 (b_H) 계산

순서	x	y	구분	요약점(x)	요약점(y)	b_H
1	6	0.3	1	*	*	
2	25	1.8	1	25	1.8	
3	29	2.7	1	*	*	0.45
4	38	6.7	2	*	*	
5	41	9.0	2	41	9.0	8.36
6	53	29.9	2	*	*	
7	55	36.5	3	*	*	3.76

순서	x	y	구분	요약점(x)	요약점(y)	b_H
8	65	99.3	3	65	99.3	
9	72	200.1	3	*	*	

계산된 b_H는 8.36이며, 그래프의 형태가 (작은 x, 큰 y) 방향이므로 멱승 변환에서 x의 p는 작은 값으로 그리고 y의 p는 큰 방향을 적용해 가며 직선화(streighhtening) 여부를 관찰해야 한다. 즉, 이는 [그림 7.11]의 (D)에 해당하므로, p_x는 1보다 크거나 같게 그리고 p_y는 1보다 작거나 같게 시도를 해볼 필요가 있다. [표 7.12]은 $p_x = \{1.0, 1.5, 2.0\}$ 그리고 $p_y = \{1.0, 0.5, 0.0\}$을 시도한 결과이다. $b_h \approx 1$ 인 변환은 $(p_x, p_y) = (1.0, 0.0)$ 임을 확인할 수 있다.

표 7.12: p_x와 p_y에 따른 절반 기울기의 비

p_x	p_y	b_H
1.0	1.0	8.361
1.0	0.5	2.800
1.0	0.0	0.995
1.5	1.0	6.595
1.5	0.5	2.209
1.5	0.0	0.784
2.0	1.0	5.206
2.0	0.5	1.743
2.0	0.0	0.619

이를 적용한 변환된 (x^*, y^*)의 산점도는 [그림 7.13]과 같다. 직선화(streightening)가 된 것을 확인할 수 있다. 따라서 만일 추정된 직선의 절편과 기울기를 각각 a와 b이라고 한다면, 이는 다음과 같은 식으로 표현할 수 있고, 원시 데이터의 관계로도 쉽게 전환할 수 있다.

$$\log(y) = a + bx \quad \rightarrow \quad y = \exp[a + bx]$$

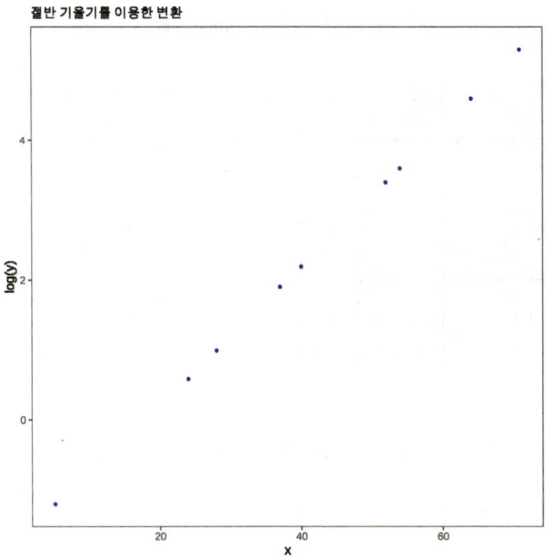

그림 7.13: 3-요약점과 절반 기울기 비에 의하여 변환된 산점도

7.3.1 Learning by Doing R

직선화(straightening)를 위한 3-요약 점 그림은 tukeyedar:: 또는 함수를 직접 작성하여 실행할 수 있다.

```
tukeyedar::eda_3pt(data, x, y)
```

실습 6. A사의 광고 규모와 판매액 데이터 onmarket

[사진] 뉴욕 타임스 스퀘어 전광판의 한국 세계 유산 소개 광고, LG전자

광고(廣告, Advertising)는 명시적인 광고주가 광고를 접하는 수용자의 태도를 변화시키려고 매체를 통하여 일방적으로 의사전달을 하는 행위이며, 20세기의 사회를 상징하는 현상 가운데 하나이다.

그 기원은 대단히 오래된 것이지만, 1655년에 『마아큐리아우스 포리티쿠스』라고 하는 뉴스 북에 신간서의 광고로서 에드버타이즈먼트(advertisement)라는 말이 처음 쓰였고, 이때부터 이 말이 널리 쓰이게 되었다.

1969년 미국 일리노이대학의 S.W.던 교수는 《Advertising, Its Role In Modern Marketing》에서 "광고란 광고 메시지 속에 어떤 형태로든 밝혀져 있는 기업이나 비영리기관 또는 개인이 여러 매체에 유료로 내는 비대개인적 커뮤니케이션이다"라고 정의하였다. <Wikipedia, 2021>

onmarket는 84개의 개별 제품에 대한 광고(또는 판촉 비용) 규모(advert)와 판매액(sales(단위:100만원))을 조사한 것이다.

데이터 불러오기

```
market <- read.csv(paste0(data_path,"onmarket.csv"), header = TRUE)
```

데이터 구조 확인

```
str(market)

# 'data.frame': 84 obs. of  2 variables:
#  $ sales : num  8.1 8.54 8.95 9.38 10.99 ...
#  $ advert: num  0.986 1.558 0.938 1.42 1.778 ...

na_count(market)

#  sales advert
#      0      0
```

변수들의 관계 확인

```
market  %>%
 ggplot(aes(advert, sales)) +
 geom_point(color = "blue", size = 0.7, alpha = 0.5) +
 xlab("advert") +
 ylab("sales") +
 labs(caption = "단위: 100만원") +
 theme_bw()
```

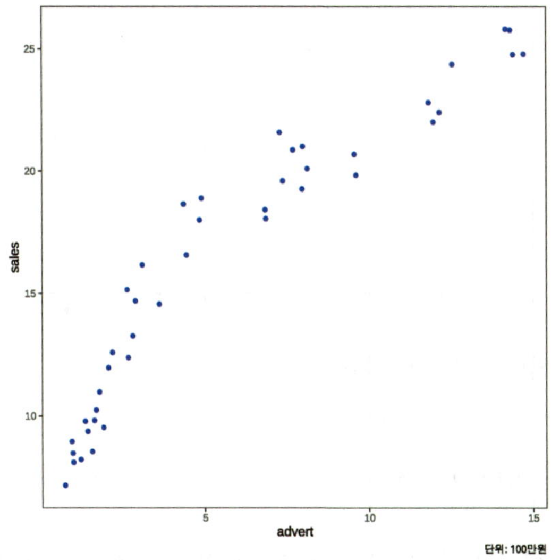

3-요약 그림을 통한 직선화 진단

```
eda_3pt(market, advert, sales)
```

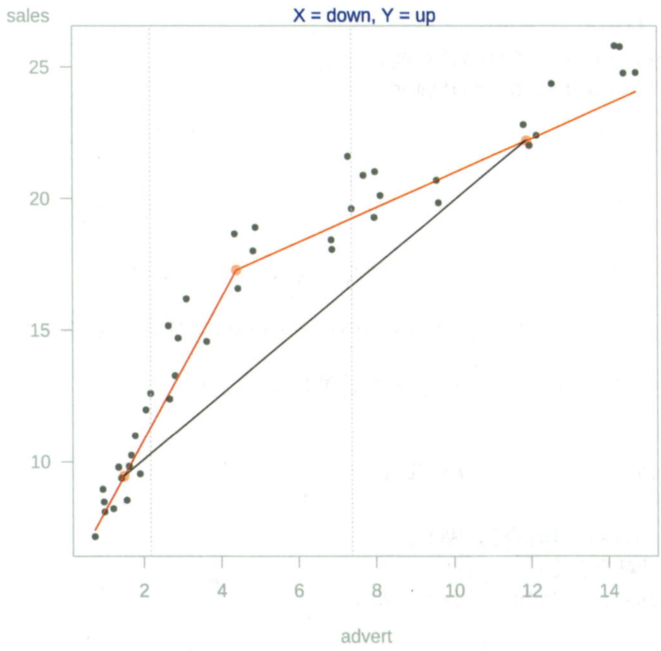


```
# $slope1
```

```
# [1] 2.694827
#
# $slope2
# [1] 0.6573638
#
# $hsrtio
# [1] 0.2439355
#
# $xmed
# [1]  1.489031  4.399213 11.871844
#
# $ymed
# [1]  9.455441 17.297878 22.210115
```

b_H는 약 0.24로 곡률이 있으므로, 데이터 재표현을 고려할 필요가 있다. 진단된 그래프의 형태가 (작은 x, 큰 y) 이므로 x의 멱승 변환 p_x는 작은 값으로그리고 y의 멱승 변환 p_y는 큰 방향을 적용해가며 직선화(streighhtening) 여부를 관찰해야한다. 적절한 멱승 변환 p를 찾는데 사용하기 위하여 market.3p를 정의한다. 이는 3 등분된 데이터 - Left, Center, Right - 의 (x, y)의 중앙값이다.

```
market.3p <- data.frame(
x = eda_3pt(market, advert, sales)$xmed,
y = eda_3pt(market, advert, sales)$ymed
)
```

직선화를 위한 (p_x, p_y)의 결정

멱승 변환의 p값을 효율적으로 찾기 위하여 다음의 함수를 이용한다.

- trans_p()는 멱승 변환을 적용하여 변환된 데이터를 계산하는 함수이다.
- straigthen()은 절반 기울기의 비를 계산하는 함수이다.

```
trans_p <- function(x, p=0.0, Pp=FALSE){
 if(p == 0.0) {
  l <- ifelse(!is.na(x), log(x), NA)
 } else if( Pp == FALSE) {
  l <- ifelse(!is.na(x), (x^p - 1)/p , NA)
 } else {
  l <- ifelse(!is.na(x), x^p , NA)
 }
```

```
 return(l)
}
#
straighten <- function(sp, px, py, Pp){
   sp$tx <- trans_p(sp[,1], px, Pp = Pp )
   sp$ty <- trans_p(sp[,2], py, Pp = Pp )
   sp$slope[1] <- with(sp, diff(ty[1:2]) / diff(tx[1:2]))
   sp$slope[2] <- with(sp, diff(ty[2:3]) / diff(tx[2:3]))
   bh <- with(sp, slope[2] / slope[1])
   bh
   }
```

```
x <- seq(1, -3, -0.1)              # x의 변환을 위한 p의 범위
y <- seq(1, 2, 0.1)                # y의 변환을 위한 p의 범위
# 초기화
bp <-data.frame(
 matrix(0, nrow = length(x)*length(y), ncol = 3)
 )
colnames(bp) <- c("px", "py", "b_H")
# 반복 계산
k <- 0
for( i in x) {
 for(j in y) {
 k = k + 1
 bp[k, 1] <- i
 bp[k, 2] <- j
 bp[k, 3] <- round(straighten(market.3p, i, j, TRUE), 2)
 }
}

bp  %>%
 dplyr::filter(b_H >= 0.95 & b_H <= 1.05)

#      px  py  b_H
# 1   0.0 1.9 0.97
# 2   0.0 2.0 1.01
# 3  -0.1 1.6 0.96
# 4  -0.1 1.7 1.00
# 5  -0.1 1.8 1.04
# 6  -0.2 1.3 0.95
# 7  -0.2 1.4 0.99
# 8  -0.2 1.5 1.03
# 9  -0.3 1.1 0.97
# 10 -0.3 1.2 1.01
```

```
# 11 -0.3 1.3 1.05
# 12 -0.4 1.0 1.04
```

$(p_x, p_y) = (-0.1, 1.7)$에서 절반 기울기의 비 $b_H = 1.0$을 달성하였지만, 0.5단위 근사를 위하여 $(p_x, p_y) = (0.0, 2.0)$을 적용한다. 이때의 $b_H = 1.01$이다.

결정된 (p_x, p_y)를 이용하여 직선화 달성 여부 확인

```
market$t.advert <- trans_p(market$advert, 0.0, Pp = TRUE)
market$t.sales  <- trans_p(market$sales, 2.0, Pp = TRUE)
```

```
market  %>%
 ggplot(aes(t.advert, t.sales)) +
 geom_point(color = "blue", size = 0.7, alpha = 0.5) +
 xlab("log(advert)") +
 ylab("sales^2") +
 labs(subtitle = "3-요약점 직선화 결과") +
 theme_bw()
```

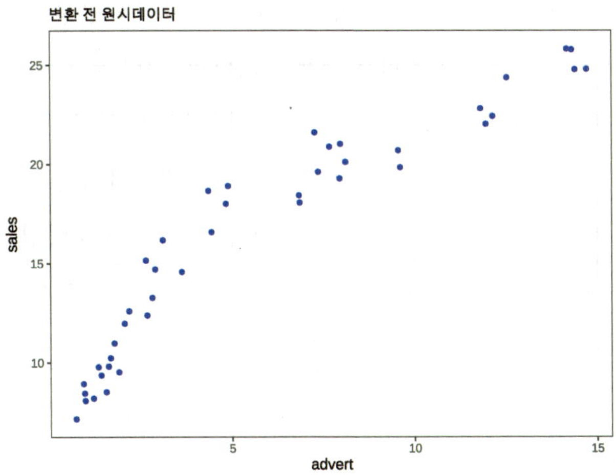

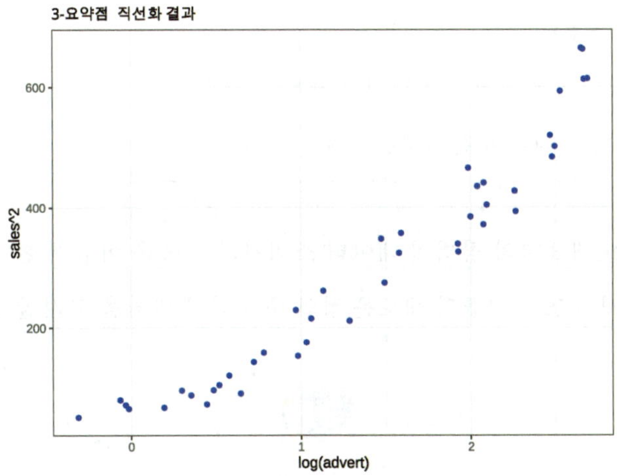

원시 데이터에서의 관계와 비교할 때, 직선에 가까운 관계로 변환되었다.

7.4 데이터 재표현의 효과

지금까지 다음과 같이 데이터 재표현의 방법을 확인해 보았다.

- 분포의 대칭화
- 여러 집단의 분산 안정화
- 2개의 변수의 직선화

특정 목적으로 데이터 재표현을 적용하는 경우, 나머지 상황에도 긍정적인 영향을 주는 경우가 많다. 예를 들어, 여러 집단의 산포 안정화를 달성하고 나면, 개별 분포는 원시 데이터와 비교할 때 보다 대칭에 가깝게 변환되는 경우가 일반적이며, 직선화를 위한 변환은 대부분 관계에서 고려되는 각 변수들의 대칭성을 달성한다. 이러한 데이터 재표현이 항상 가능한 것은 아니다. 일반적으로 원시 데이터의 범위가 작은 경우에는 적절한 변환을 찾기 어렵다. 이는 어떤 함수를 이용해도 작은 범위 내에서의 형태를 바꿀 수 없기 때문이다. 참고로 다음의 조건을 만족한다면 데이터 재표현을 적용하는 경우 효과가 클 수 있다.

데이터 재표현이 효과적인 경우

- (최대값÷최소값)의 값이 큰 경우
- 산포-수준 그림에서 명확한 패턴이 존재하는 경우
- 잔차에서 명확한 패턴이 존재하는 경우

마지막으로 이러한 재표현의 방법이 데이터 소비자와 소통을 어렵게 한다면, 데이터 재표현 보다는 측정 방법의 개선 또는 지표의 새로운 정의 등의 다른 방법을 고려할 필요가 있다.

8 저항선과 강건 회귀 Resistance Line & Robust Regression

인식 가능한 구조를 잔차에서 적합으로 차례로 이동한다면 보다 나은 정보를 얻을 수 있다. Better information can be obtained by successively moving the recognizable structure from the residual to the fit. Tukey(1990)

2개의 변수들 간의 관계가 직선화(straightening)되어 표현될 수 있다면 그렇지 않은 경우보다 쉽게 데이터를 해석할 수 있다. 또한 직선화된 관계를 대표하는 직선식(straight line)을 추정할 수 있다면, 이는 고려한 변수들 간의 관계를 설명하는 효율적인 주 요약(main summary) 정보가 되고 이로 부터의 잔차(residuals)는 정보 탐색 과정에서 중요한 역할을 한다.

변수들 간의 관계식을 추정하는 일반적인 방법은 **선형 회귀 분석**(Linear Regression Analysis)이다. 이는 가장 널리 사용되는 방법이지만 통계적 가정에 민감하고 입력 오류와 이상점의 영향을 많이 받는다는 단점을 갖는다. 따라서 올바른 선형 회귀 분석을 위해서는 다양한 잔차 진단(diagnostics)을 통하여 입력 오류 또는 이상점에 대한 진단과 대책 - 제거 또는 수정 등 -을 적용할 수 있어야 한다. 하지만 일반적으로 소급(retrospective) 또는 관찰(observational) 연구로 부터 수집된 데이터에서는 이상점이 진단된다고 하더라도 정보 부족으로 인하여 적절한 대책을 반영하기 어려운 경우가 있다.

8.1 저항선 Resistance Line

저항선(resistance line)이란 3-요약 점(3-summary points)과 잔차(residuals)를 이용한 반복 적합(iterative fitting)과 교정(adjustments)을 통하여 이상점 들의 영향을 덜 받는 직선식을 추정할 수 있도록 고안된 방법이다.

저항선 Resistance Line

주어진 $(x_i, y_i), i = 1, 2, \ldots, n$에 대하여

1. 데이터의 x의 오름 차순(asending order) 순서화하고 3-요약 점을 계산한다.

$$(x_L, y_L),\ (x_C, y_C),\ (x_R, y_R)$$

2. 3-요약점을 이용하여 직선을 추정한다.

$$\hat{y}^{(0)} = a^{(0)} + b^{(0)}\,(x - x_C)$$

여기서

$$b^{(0)} = \frac{y_R - y_L}{x_R - x_L}$$

$$a^{(0)} = \frac{1}{3}\left(\left[y_L - b^{(0)}\,(x_L - x_C)\right] + y_C + \left[y_R - b^{(0)}\,(x_R - x_C)\right]\right)$$

3. 추정된 직선을 이용하여 잔차를 계산한다.

$$r_i^{(0)} = y_i - \hat{y}_i^{(0)} = y_i - \left[a^{(0)} - b^{(0)}(x - x_C)\right],\ \ i = 1, 2, \ldots, n$$

4. $(x, r^{(0)})$에 절차 (1)과 (2)에 적용하여 잔차 기준 직선식을 추정한다.

$$d^{(0)} = \frac{r_R^{(0)} - r_L^{(0)}}{x_R - x_L}$$

$$c^{(0)} = \frac{1}{3}\left(\left[r_L^{(0)} - b^{(0)}\left(x_L - x_C\right)\right] + r_C^{(0)} + \left[r_R^{(0)} - b^{(0)}\left(x_R - x_C\right)\right]\right)$$

5. 4의 결과를 이용하여 추정된 직선을 교정한다.

$$\hat{y}^{(1)} = a^{(1)} + b^{(1)}\left(x - x_C\right) \quad \text{여기서} \quad b^{(1)} = b^{(0)} + d^{(0)},\ a^{(1)} = a^{(0)} + c^{(0)}$$

6. 2~5 절차를 기울기와 절편이 수렴할 때까지 반복 적용하여 최종 저항선을 결정한다.

$$\hat{y}^{(k)} = a^{(k)} + b^{(k)}\left(x - x_C\right)$$

추정된 저항선

추정된 저항선은 최종 $a^{(k)}, b^{(k)}$ 그리고 x_C를 이용하여 다음과 같이 정의한다.

$$\hat{y}^* = a^* + b^* x$$

여기서

$$b^* = b^{(k)}$$

$$a^* = a^{(k)} - b^{(k)} * x_C$$

실습 7. R내장 데이터 diamonds 중에서 일부 데이터 jset

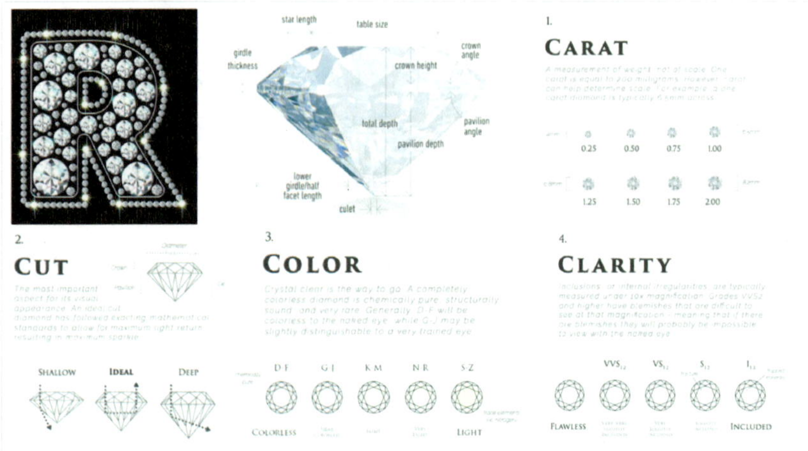

https://www.thediamondcenter.com/

데이터 불러오기

- s.price = $\sqrt{\text{price}}$

```
jset <- read.csv(paste0(data_path, "jset.csv "))
```

데이터 구조 확인

```
na_count(jset)
```

```
#    carat     cut   color clarity   depth   table   price       x       y       z
#        0       0       0       0       0       0       0       0       0       0
# s.price
#        0
```

```
jset  %>%
 ggplot(aes(carat, s.price)) +
 geom_point(color = "blue")+
 theme_bw()
```

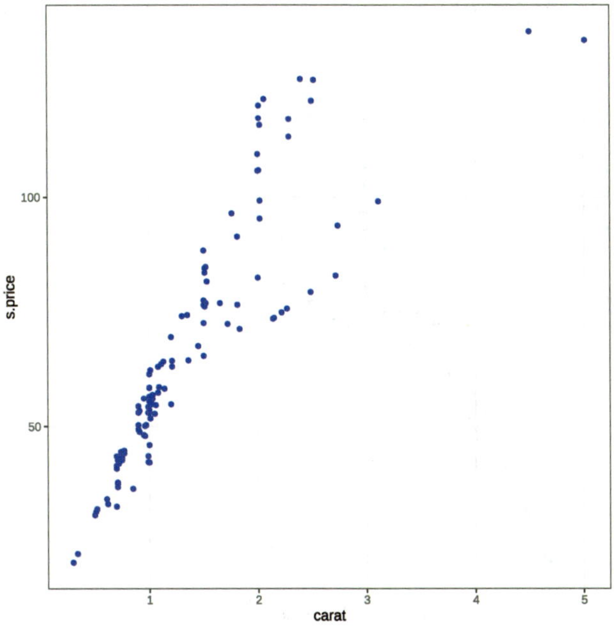

저항선의 적합(1차)

LearnEDAfunctions::rline(formula, data, iter = n)

```
first <- rline(s.price ~ carat, jset, iter = 1)
#
jset  %>%
 ggplot(aes(carat, s.price)) +
 geom_point(color = sbl) +
 geom_abline(intercept = first$a -first$b*first$xC,
             slope = first$b,
             color = "gray"
             ) +
 labs(subtitle = "저항선 적합(1차)의 결과") +
 theme_bw()
```

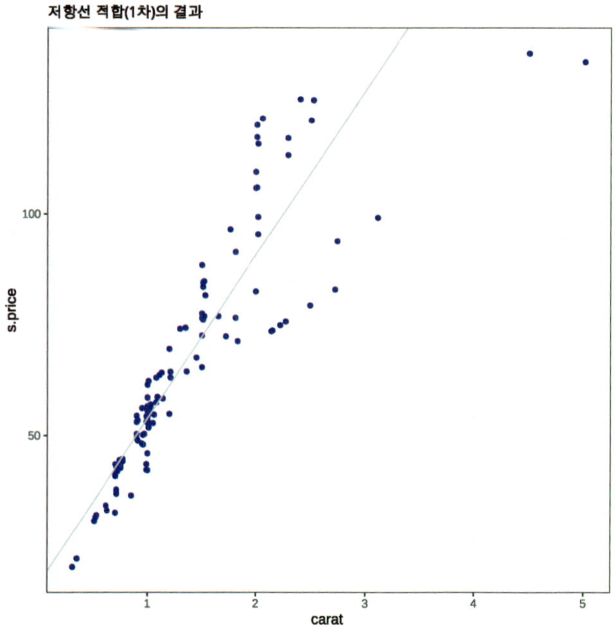

저항선의 반복 적합

저항선을 기울기와 절편이 수렴할 때까지 충분히 반복 적합시켜 본다.

```
# 초기화
out <- data.frame(Iteration=NULL, Slope=NULL, Intercept=NULL)
iter.limit <- 10
# 반복
for(iterations in 1:iter.limit){
  rfit <- rline(s.price  ~ carat, jset, iter = iterations)
  out <- rbind(out,
               data.frame(Iteration = iterations,
                          Slope = rfit$b,
                          Intercept = rfit$a)
               )
}
# 결과
out
```

```
#    Iteration    Slope Intercept
# 1          1 36.94209  54.97521
# 2          2 43.29758  55.50847
# 3          3 44.63215  55.66989
# 4          4 44.65560  55.62380
# 5          5 44.65532  55.62367
```

```
# 6          6 44.65532  55.62368
# 7          7 44.65532  55.62368
# 8          8 44.65532  55.62368
# 9          9 44.65532  55.62368
# 10        10 44.65532  55.62368
```

약 6번째 반복 적합 이후에 절편과 기울기는 수렴한다. 따라서 `iter = 6`로 최종 반복 적합 저항선을 추정한다.

```
final <- rline(s.price  ~ carat, jset, iter = 6)
jset$res <- final$residual
#
jset  %>%
 ggplot(aes(carat, s.price)) +
 geom_point(color = "blue") +
 geom_abline(intercept = first$a -first$b*first$xC,
             slope = first$b,
             color = "gray") +
 geom_abline(intercept = final$a -final$b*final$xC,
              slope = final$b,
              color = "red") +
 labs(subtitle = "1차(gray)/최종(red) 저항선 적합 결과") +
 theme_bw()

jset  %>%
 ggplot(aes(carat, res)) +
 geom_point(color = "blue") +
 geom_hline(yintercept = 0,
             color = "red") +
 labs(subtitle = "최종(red) 적합의 잔차", y = "잔차") +
 theme_bw()
```

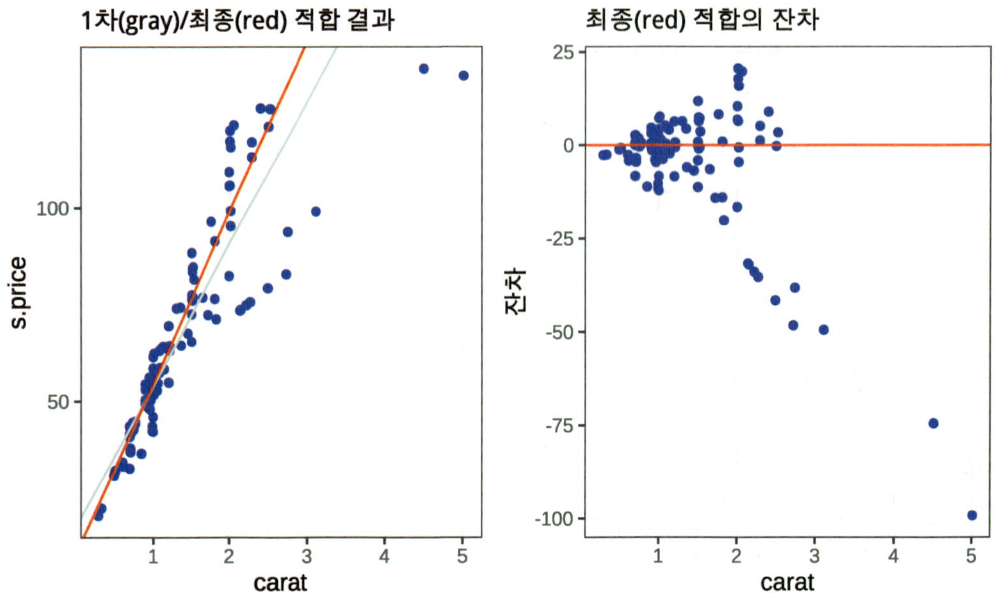

잔차의 탐색

최종 저항선의 잔차에서 작은값에서 이상점이 많아 분포한다.

```
jset  %>%
 dplyr::filter(res <= -25)  %>%
  dplyr::select(clarity, carat, table, s.price)
```

```
#    clarity carat table   s.price
# 1       I1  2.14    57  73.51871
# 2       I1  2.15    57  73.68853
# 3       I1  2.22    56  74.87990
# 4       I1  2.27    55  75.71658
# 5       I1  2.49    58  79.30322
# 6       I1  2.72    56  82.88546
# 7       I1  2.74    61  93.84562
# 8       I1  3.11    57  99.11105
# 9       I1  5.01    59 134.23114
# 10      I1  4.50    58 136.12862
```

최종 저항선 잔차가 -25보다 작은 값들은 모두 clarity = I1급으로 흠집을 포함하고 있는 상품으로 나타났다.

추정된 최종 저항선은 다음과 같다.

$$\sqrt{\widehat{\text{price}}} = 9.63 + 44.66 \times \text{carat}$$

8.2 강건 선형 회귀 Robust Linear Regression

선형 회귀 분석(Linear Regression Analysis)은 최소 제곱법(Least Squares; LS)을 이용하여 미지의 회귀 계수(들)을 추정한다. 이는 가장 널리 적용되는 방법이지만 오차에 대하여 가정되는 확률 분포의 타당성 여부와 이상점(들)의 영향을 많이 받는다는 단점을 갖는다. 이러한 단점을 보완할 수 있는 방법으로 다음의 강건(robust) 선형 회귀 분석이 소개되었다.

- 최소 중앙값 제곱(LMS; Least Median of Squares)[Rousseeuw (1984)][1]
- 최소 절사 제곱(LTS; Least Trimmed Squares)[Rousseeuw and Leroy (1988)][2]
- 후버(Huber)의 M-추정[Huber (2011)][3]

주어진 (x_i, y_i), $i = 1, 2, \ldots, n$에서 선형 회귀 모형은 다음과 같다. 여기서 ϵ은 특정 분포(일반적으로 정규 분포)를 가정한다.

$$y_i = \beta_0 + \beta_1 x_i + \epsilon_i,\ i = 1, 2, \ldots, n, \quad \epsilon \sim iid\, p(\theta)$$

먼저 최소 제곱법에 의한 회귀 계수의 추정 방법은 다음과 같다.

최소 제곱 Least Squares(LS)

다음을 만족하는 $\hat{\beta}_0$, $\hat{\beta}_1$를 추정값으로 정의한다.

$$\min_{\beta_0, \beta_1} \sum_{i=1}^{n} (y_i - \beta_0 - \beta_1 x_i)^2 \quad \rightarrow \quad \min_{\hat{\beta}_0, \hat{\beta}_1} \sum_{i=1}^{n} r_i^2$$

[1]Rousseeuw, P. J. (1984). Least median of squares regression. Journal of the American statistical association, 79(388), 871-880.

[2]Rousseeuw, P. J., & Leroy, A. M. (1988). A robust scale estimator based on the shortest half. Statistica Neerlandica, 42(2), 103-116.

[3]Huber, P. J. (2011). Robust statistics. In International encyclopedia of statistical science (pp. 1248-1251). Springer, Berlin, Heidelberg.

여기서 i 번째 관찰값의 잔차(residuals; r_i)는 다음과 같이 정의한다.

$$r_i = y_i - \hat{\beta}_0 - \hat{\beta}_1 x_i,\ i = 1, 2, \dots, n$$

최소 제곱의 특징

- 수학적 연산에 의하여 회귀 계수를 계산할 수 있다.
- 잔차 제곱의 합을 고려하므로, 잔차(들)가 큰 값들이 회귀 계수(들)의 추정에 더 많은 영향을 준다.

최소 제곱 추정량 $\hat{\beta}_0$와 $\hat{\beta}_1$ 을 구하는 방법은 다음과 같다. 최소화 하고자 하는 함수를 $L(\beta_0, \beta_1)$로 정의하면 다음과 같다.

$$L(\beta_0, \beta_1) = \sum_{i=1}^{n} (y_i - \beta_0 - \beta_1 x_i)^2$$

주어진 손실 함수를 각 회귀 계수에 대하여 편미분을 하고 이를 `0`으로 가정하면 다음과 같다.

$$\left.\frac{\partial L}{\partial \beta_0}\right|_{\hat{\beta}_0, \hat{\beta}_1} = -2 \sum_{i=1}^{n} \left(y_i - \hat{\beta}_0 - \hat{\beta}_1 x_i\right) = 0$$

그리고

$$\left.\frac{\partial L}{\partial \beta_1}\right|_{\hat{\beta}_0, \hat{\beta}_1} = -2 \sum_{i=1}^{n} \left(y_i - \hat{\beta}_0 - \hat{\beta}_1 x_i\right) x_i = 0$$

이를 간단히 하면 (8.1)의 `LS 정규 방정식(least-squares Normal Equation)`을 구할 수 있다.

$$\begin{aligned} n\hat{\beta}_0 + \hat{\beta}_1 \sum_{i=1}^{n} x_i &= \sum_{i=1}^{n} y_i \\ \hat{\beta}_0 \sum_{i=1}^{n} x_i + \hat{\beta}_1 \sum_{i=1}^{n} x_i^2 &= \sum_{i=1}^{n} y_i x_i \end{aligned} \tag{8.1}$$

여기서, $\bar{y} = \frac{1}{n}\sum_{i=1}^{n} y_i$ 그리고 $\bar{x} = \frac{1}{n}\sum_{i=1}^{n} x_i$ 라고 할 때, 정규 방정식의 해인 $\widehat{\beta}_0$, $\widehat{\beta}_1$ 을 구하면 다음과 같다.

$$\widehat{\beta}_0 = \bar{y} - \widehat{\beta}_1\bar{x},$$

$$\widehat{\beta}_1 = \frac{\sum_{i=1}^{n} y_i x_i - \frac{(\sum_{i=1}^{n} y_i)(\sum_{i=1}^{n} x_i)}{n}}{\sum_{i=1}^{n} x_i^2 - \frac{(\sum_{i=1}^{n} x_i)^2}{n}}$$

S_{xx} 와 S_{yy} 를 각각 다음과 같이 정의한다면,

$$S_{xx} = \sum_{i=1}^{n} x_i^2 - \frac{\left(\sum_{i=1}^{n} x_i\right)^2}{n} = \sum_{i=1}^{n} (x_i - \bar{x})^2$$

$$S_{xy} = \sum_{i=1}^{n} y_i x_i - \frac{\left(\sum_{i=1}^{n} y_i\right)\left(\sum_{i=1}^{n} x_i\right)}{n} = \sum_{i=1}^{n} (y_i - \bar{y})(x_i - \bar{x})$$

(8.1) 에서도출된 LS 추정량은 (8.2) 와 같이 표현할 수 있다.

$$\widehat{\beta}_0 = \bar{y} - \widehat{\beta}_1\bar{x} \text{ 그리고 } \widehat{\beta}_1 = \frac{S_{xy}}{S_{xx}} \tag{8.2}$$

□

예제 5. 가상 데이터 simple

다음은 가상 데이터로 단일 이상점 $(x, y) = (0.5, 8.5)$ 을 포함하고 있다.

```
simple <- read.csv(paste0(data_path, "simple.csv"))
str(simple)

# 'data.frame': 13 obs. of  2 variables:
#  $ x: num  0.7 1.1 1.2 1.7 2 2.1 2.1 2.5 1.6 3 ...
#  $ y: num  0.5 0.6 1 1.6 0.9 1.6 1.5 2 2.1 2.5 ...
```

단순 회귀 분석의 적합

- `lm(formula, data)`

```
fit.lin <- lm(y ~ x, simple)
summary(fit.lin)
```

```
#
# Call:
# lm(formula = y ~ x, data = simple)
#
# Residuals:
#      Min       1Q   Median       3Q      Max
# -1.04590 -0.64068  0.05811  0.55771  1.46533
#
# Coefficients:
#             Estimate Std. Error t value Pr(>|t|)
# (Intercept)  1.54870    0.39137   3.957  0.00225 **
# x           -0.00401    0.12310  -0.033  0.97460
# ---
# Signif. codes:  0 '***' 0.001 '**' 0.01 '*' 0.05 '.' 0.1 ' ' 1
#
# Residual standard error: 0.8405 on 11 degrees of freedom
# Multiple R-squared:  9.646e-05,	Adjusted R-squared:  -0.0908
# F-statistic: 0.001061 on 1 and 11 DF,  p-value: 0.9746
```

다항 회귀 분석의 적합

- lm(formula, data)

```
fit.poly <- lm(y ~ x + I(x^2), simple)
summary(fit.poly)
```

```
#
# Call:
# lm(formula = y ~ x + I(x^2), data = simple)
#
# Residuals:
#     Min      1Q  Median      3Q     Max
# -0.7812 -0.2284 -0.0243  0.1659  0.7646
#
# Coefficients:
#             Estimate Std. Error t value Pr(>|t|)
# (Intercept) -0.53106    0.39445  -1.346 0.207921
# x            1.40827    0.24200   5.819 0.000168 ***
# I(x^2)      -0.15107    0.02508  -6.024 0.000128 ***
# ---
```

```
# Signif. codes:  0 '***' 0.001 '**' 0.01 '*' 0.05 '.' 0.1 ' ' 1
#
# Residual standard error: 0.4097 on 10 degrees of freedom
# Multiple R-squared:  0.784,    Adjusted R-squared:  0.7408
# F-statistic: 18.15 on 2 and 10 DF,  p-value: 0.0004703
```

최종 적합된 결과는 [그림 8.1]과 같다. 단순 회귀 적합인 경우에는 이상점의 영향으로 다른 관찰점을 거의 설명하지 못하였고, 2차 다항 회귀 적합의 경우에는 이상점에 의하여 전체 패턴이 결정되는 것을 확인할 수 있다.

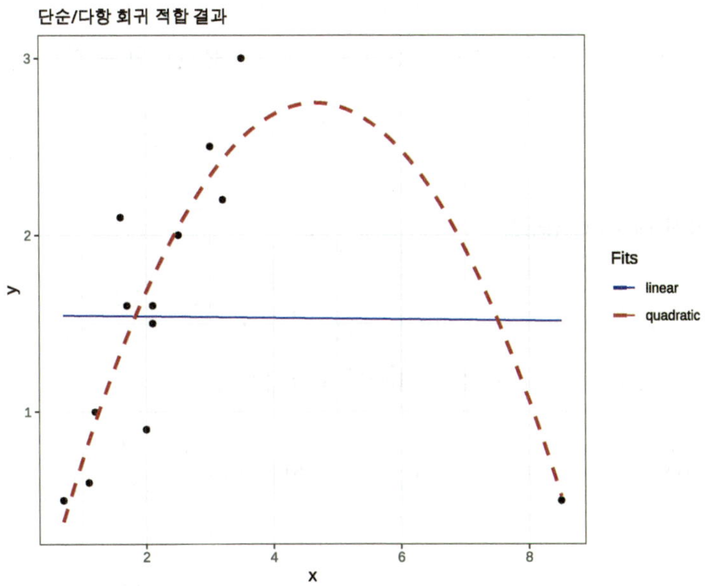

그림 8.1: 단순 회귀와 2차 다항 회귀의 적합 결과

이러한 단점을 보완하기 위하여 평균 대신 중앙값을 적용한 최소 중앙값 제곱(Least Median of Squares; LMS)에 의한 회귀 계수 추정은 다음과 같다.

> **최소 중앙값 제곱 Least Median of Squares(LMS)**
>
> 다음을 만족하는 $\hat{\beta}_0$, $\hat{\beta}_1$를 추정값으로 정의한다.

$$\min_{\hat{\beta}_0, \hat{\beta}_1} \text{median}[r_{(i)}^2]$$

여기서 $r_{(i)}$ 는 순서화된 잔차를 말한다.

$$r_{(1)} \le r_{(2)} \cdots \le r_{(n-1)} \le r_{(n)}$$

최소 중앙값 제곱의 특징

- 회귀 계수를 수학적 연산에 의하여 계산할 수 없다.
- 이상점에 대한 강건성을 갖지만 추정된 회귀계수가 불안정할 수 있다.

예제 6. 가상 데이터 `simple`

LMS의 적합

`MASS::lqs(formula, method = "lms", data)`[4]

```
lms <- MASS::lqs(y ~ x, method = "lms", data = simple)
lms

# Call:
# lqs.formula(formula = y ~ x, data = simple, method = "lms")
#
# Coefficients:
# (Intercept)            x
#     -0.2536       0.8929
#
# Scale estimates 0.1746 0.2178
```

[4] `method = "lms"`는 중앙값을 최소화 하고, `method = "lqs"`는 $[(n+p+1)2]$ 번째 값을 최소화한다. 여기서 p 는 설명 변수의 수를 말한다. p 가 n과 비교하여 큰 경우는 `"lqs"`가 더 나은 결과를 제공한다.

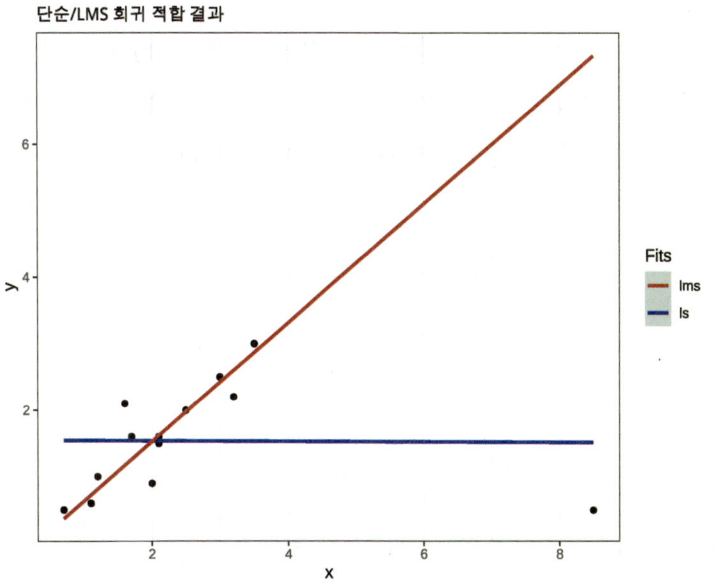

최소 제곱(ls)에 의한 추정과 달리 최소 중앙값 제곱(lms)는 이상점의 영향을 받지 않는 것을 확인할 수 있다.

잔차가 큰 관찰값을 절사(trimmed)하고 전체 데이터 중의 일부만을 이용하여 회귀선을 적합하는 방법을 최소 절사 제곱(Least Trimmed Squares; LTS)라고 하고 이는 다음의 목적 함수를 최소화한다.

- 최소 절사 제곱 Least Trimmed Squares(LTS)

$$\min_{\hat{\beta}_0, \hat{\beta}_1} \sum_{i=1}^{h} r_{(i)}^2$$

여기서 h는 순서화된 $r_{(i)}$의 순위이며, 일반적으로 n의 50% 또는 75% 정도를 고려한다.

최소 절사 제곱의 특징

- 절사 상수는 $\frac{n}{2} < h \le n$을 만족해야 하며, 순서화된 잔차 의 큰 순위의 $n-h$개의 데이터는 회귀 계수 추정에 사용되지 않는다.

- 최대 절사 상수는 $h = [n/2] + [(p+1)/2]$ 이다. 여기서 p는 설명 변수의 수이다. 예를 들어, $n = 30$ 이고 설명 변수가 1개이면, h = 16이 최대 절사 상수이다.
- 만일 $h = n$ 이면 최소 제곱법과 동일한 결과를 제공한다.

예제 7. 가상 데이터 simple

LTS의 적합

`MASS::lqs(formula, method = "lts", data)`

```
lts <- MASS::lqs(y ~ x, method = "lts", data = simple)
lts

# Call:
# lqs.formula(formula = y ~ x, data = simple, method = "lts")
#
# Coefficients:
# (Intercept)            x
#     -0.1472       0.8696
#
# Scale estimates 0.2322 0.2148
```

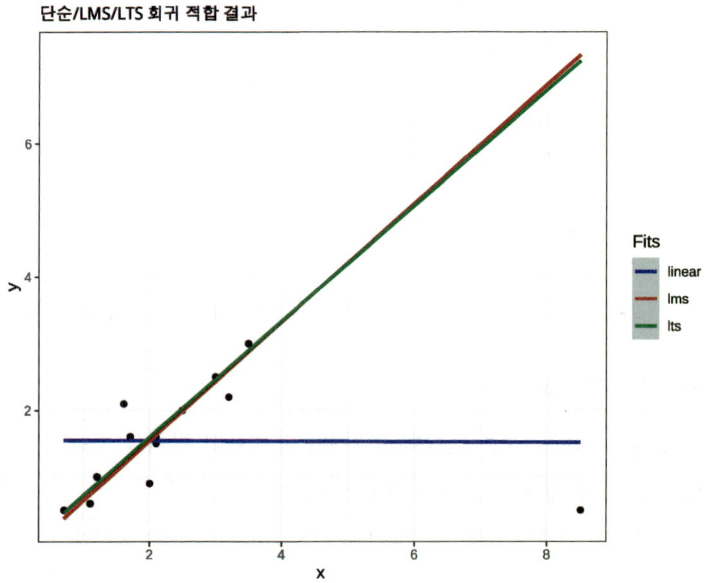

현재 고려한 데이터의 경우, LMS와 LTS는 거의 같은 결과를 제공한다.

일반적인 회귀 분석이 적절하지 못할 경우 - 오차의 분포가 정규 분포를 따르지 않거나 이상점이 존재 - 평균 대신 중앙값을 사용하거나 이상점을 제거하고 적합하는 방법에 대하여 확인하였다. **후버의 M-추정**은 이상점(또는 극단값들)에 대한 적합 기준을 정의하여 비정상적인 데이터의 영향도를 줄이는 방법이다.

- Huber's M-추정 M-estimation

$$\min_{\hat{\beta}_0, \hat{\beta}_1} \sum_{i=1}^{n} \rho\left(\frac{r_i}{\tilde{\sigma}}\right) \quad \text{여기서} \quad \rho(x) = \begin{cases} \frac{x^2}{2} & \text{만일} \quad |x| < k \\ k(|x| - \frac{k}{2}) & |x| \geq k \end{cases}$$

이때 $\tilde{\sigma}$는 잔차 r_i의 MAD(Madian of Absolute Deviations)라고 부르며 다음과 같이 계산된다.

$$\tilde{\sigma} = \text{median}\left(|r_1|, \cdots, |r_n|\right)/0.675$$

Huber's M-추정의 특징

- $\tilde{\sigma}$와 회귀 계수를 직접 계산할 수 없다.
- 0.675는 표준 정규분포의 중심에서 50%에 해당하는 확률이다.
- $k = 1.345$은 표준 정규분포를 가정한 **조정 상수**(tuning constant)이며, 이를 기준으로 $|x| \geq k$이면 $\rho(x)$는 1차 함수로 $|x| < k$ 경우보다 영향을 덜 받는다. 따라서 k 값이 작을수록 이상점에 더욱 둔감한 식을 추정한다.

M-추정의 목적 함수는 다음과 같다.

$$\min_{\beta_0, \beta_1} \sum_{i=1}^{n} \rho\left(\frac{y_i - \beta_0 - \beta_1 x_i}{\sigma}\right)$$

$\psi(z) = \rho'(z)$ 라고 할 때 M 추정은 (8.3)을 만족하는 $(\hat{\beta}_0, \hat{\beta}_1)$을 찾는다.

$$\begin{aligned} \partial L/\partial\beta_0 &= \frac{1}{\sigma}\sum_{i=1}^{n}(-1)\psi\left(\frac{y_i - \beta_0 - \beta_1 x_1}{\sigma}\right) = 0 \\ \partial L/\partial\beta_1 &= \frac{1}{\sigma}\sum_{i=1}^{n}(-x_i)\,\psi\left(\frac{y_i - \beta_0 - \beta_1 x_i}{\sigma}\right) = 0 \end{aligned} \tag{8.3}$$

만일 $w(z) = \frac{\psi(z)}{z}$ 라고 가정하면 (8.3)과 같다.

$$\begin{aligned} \sum_{i=1}^{n}(-1)w_i\,(y_i - \beta_0 - \beta_1 x_i) = 0 \\ \sum_{i=1}^{n}(-x_i)\,w_i\,(y_i - \beta_0 - \beta_1 x_i) = 0 \end{aligned}$$

여기서 w_i는 다음과 같다. 이를 가중 함수(weight function)라고 부른다.

$$w_i = \left\{\psi\left(\frac{y_i - \beta_0 - \beta_1 x_i}{\sigma}\right)\right\} / \left\{\frac{y_i - \beta_0 - \beta_1 x_i}{\sigma}\right\}$$

이를 이용하여 회귀식의 정규 방정식을 구하면 (8.4)와 같다.

$$\begin{aligned} \sum_{i=1}^{n} w_i \cdot \beta_0 + \sum_{i=1}^{n} w_i x_i \cdot \beta_1 &= \sum_{i=1}^{n} w_i y_i \\ \sum_{i=1}^{n} w_i x_i \cdot \beta_0 + \sum_{i=1}^{n} w_i x_i^2 \cdot \beta_1 &= \sum_{i=1}^{n} w_i x_i y_i \end{aligned} \tag{8.4}$$

단, w_i가 β_0와 β_1에 종속되므로 회귀 계수들은 반복 계산을 통하여 추정한다.

□

최소자승법과 후버의 M-추정의 손실함수, 영향 함수 그리고 가중 함수는 [그림 8.2]와 같다.

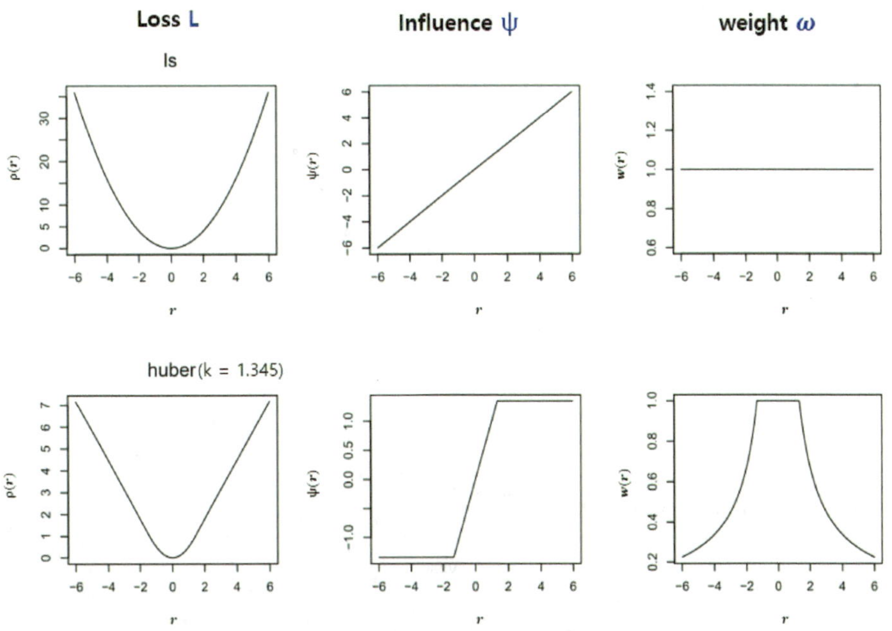

그림 8.2: LS와 Huber의 손실함수, 영향함수 그리고 가중함수

예제 8. *1950 ~1973*년의 벨기에의 국제 전화 건수(*10 Millions*) phonecall

다음은 벨기에에서 조사된 1950~1973 년까지의 국제 전화의 수를 기록한 데이터이다 [Rousseeuw and Leroy (1987)][5].

```
phonecall <- read.csv(paste0(data_path, "phonecall.csv"))
```

[5] Rousseeuw, P. J., & Leroy, A. M. (1987) Robust Regression and Outlier Detection; Wiley, page 26, table 2.

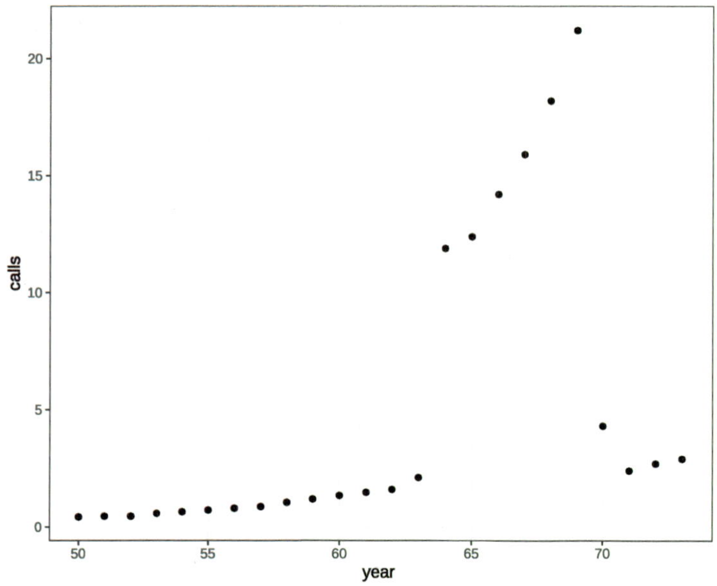

Huber's M-추정의 적합

MASS::rlm(formula, data, psi = huber, maxit = n)

```
rlm <- rlm(calls~year, phonecall,psi = psi.huber, maxit = 50)
rlm

# Call:
# rlm(formula = calls ~ year, data = phonecall, psi = psi.huber,
#     maxit = 50)
# Converged in 33 iterations
#
# Coefficients:
# (Intercept)        year
#  -10.262220    0.204135
#
# Degrees of freedom: 24 total; 22 residual
# Scale estimate: 0.903
```

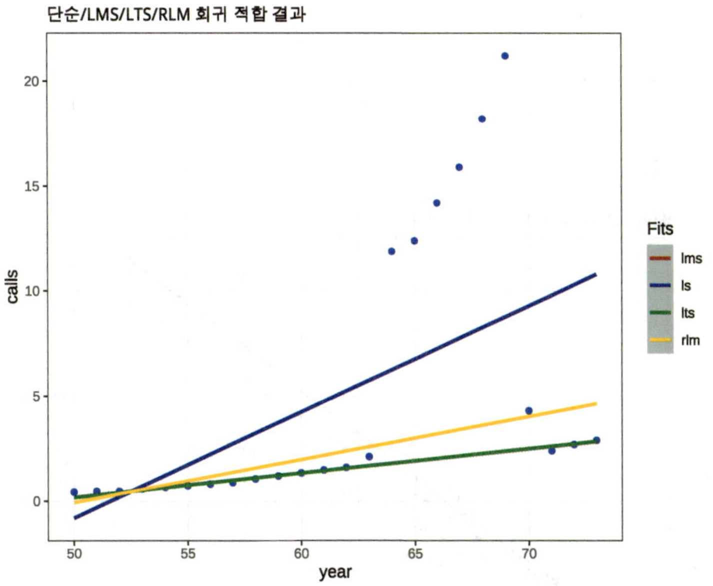

실습 8. R내장 데이터 *diamonds* 중 일부 선별

```
data(diamonds)
jset <- diamonds  %>%
 dplyr::filter(color == "J")  %>%
  dplyr::filter(cut =="Fair")

set <- jset  %>%
 mutate(s.price = sqrt(price))


colors <- c("ls" = "blue", "lms" = "red",
            "lts" = "darkgreen", "rlm" = "orange"
            )

set$lin <- lm(s.price~carat, set)$fitted.value
set$rlm <- rlm(s.price~carat, set,psi = psi.huber, maxit = 50)$fitted.value
set$lms <- lqs(s.price~carat, method = "lms", data = set)$fitted.value
set$lts <- lqs(s.price~carat, method = "lts", data = set)$fitted.value

set  %>%
 ggplot(aes(carat,s.price)) +
 geom_point(color = "blue") +
 stat_smooth(aes(carat, lin, color = "ls")) +
 stat_smooth(aes(carat, lms, color = "lms")) +
```

```
stat_smooth(aes(carat, lts, color = "lts")) +
stat_smooth(aes(carat, rlm, color = "rlm")) +
labs(color = "Fits", subtitle = "단순/LMS/LTS/RLM 회귀 적합 결과") +
theme_bw() +
scale_color_manual(values = colors)
```

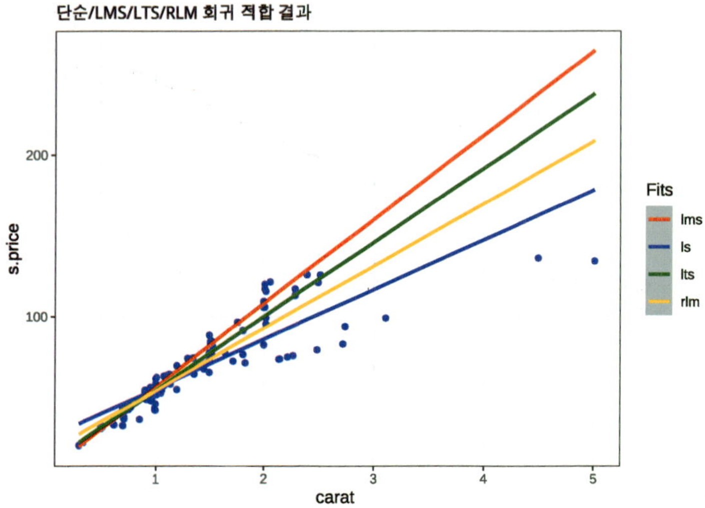

8.3 스플라인스 선형 회귀 Splines Linear Regression

설명 변수의 범위 별로 서로 다른 함수적 관계가 존재하는 경우, 적절한 범위를 구분하여 너트(knot)를 정의하고 스플라인스(splines) 회귀 모형을 고려할 수 있다[6]. 여기서, 너트란 구분된 범위의 경계에서 패턴이 만나는 지점을 의미한다. $x = t$에서 단일 너트(knot)가 주어졌을 때, 해당 너트에서 (1) 연속 (2) 불연속인 경우를 고려할 수 있다.

연속인 경우

$$E(y \mid x) = \beta_{00} + \beta_{01}x + \beta_{11}(x-t)_+^1$$

여기서

[6] Piecewise Polynomial Regression이라고도 부른다.

$$(x-t)_+ = \begin{cases} (x-t) & \text{if } x-t>0 \\ 0 & \text{if } x-t \le 0 \end{cases}$$

너트를 기준으로 각 영역별 회귀식을 정의하면 다음과 같다.

$$\begin{aligned} x \le t \Leftrightarrow x-t \le 0 : E(y \mid x) &= \beta_{00} + \beta_{01}x \\ x > t \Leftrightarrow x-t > 0 : E(y \mid x) &= \beta_{00} + \beta_{01}x + \beta_{11}(x-t) \\ &= (\beta_{00} - \beta_{11}t) + (\beta_{01} + \beta_{11})\, x \\ &\equiv \beta_0^* + \beta_1^* x \end{aligned}$$

불연속인 경우

$$E(y \mid x) = \beta_{00} + \beta_{01}x + \beta_{10}(x-t)_+^0 + \beta_{11}(x-t)_+^1$$

여기서

$$(x-t)_+^1 = \begin{cases} (x-t) & \text{if } x-t>0 \\ 0 & \text{if } x-t \le 0 \end{cases}$$

$$(x-t)_+^0 = \begin{cases} 1 & \text{if } x-t>0 \\ 0 & \text{if } x-t \le 0 \end{cases}$$

불연속인 경우에 대한 너트 기준 각 영역별 회귀식을 정의하면 다음과 같다.

$$
\begin{aligned}
x \le t \Leftrightarrow x - t \le 0 : E(y \mid x) &= \beta_{00} + \beta_{01} x \\
x > t \Leftrightarrow x - t > 0 : E(y \mid x) &= \beta_{00} + \beta_{01} x + \beta_{10}(1) + \beta_{11}(x - t) \\
&= (\beta_{00} + \beta_{10} - \beta_{11} t) + (\beta_{01} + \beta_{11}) x \\
&\equiv \beta_0^* + \beta_1^* x
\end{aligned}
$$

실습 9. 내부 검사와 외부 평가 qmr

OO전자의 SW 사업부에서는 QM 검증 결과의 타당성을 확인하고 QMR Score와의 관계를 분석하기 위하여 24개의 제품(자사, 경쟁사)을 조사하였다. 적절한 모형이 도출된다면, 이를 이용하여 SW 초기 완성도 판단을 위한 검토 기준으로 활용하고자 한다.

데이터 불러오기

```
qm <- read.csv(paste0(data_path, "qmr.csv"))
```

데이터 구조 확인 및 정리

```
str(qm)

# 'data.frame':	24 obs. of  3 variables:
#  $ QR.Score : num  15.8 21.1 26.3 36.8 52.6 52.6 57.9 68.4 78.9 84.2 ...
#  $ QMR.Score: num  1.61 1.96 2.11 2.5 3.95 4.04 4.13 4.11 4.32 4.32 ...
#  $ Maker    : chr  "B" "B" "B" "B" ...
```

```
qm <- qm %>% dplyr::rename_all(tolower) %>%
 dplyr::rename(qmr = qmr.score, qr = qr.score)  %>%
 dplyr::relocate(qmr)
```

관계 패턴 확인

```
qm  %>%
 ggplot(aes(qr, qmr)) +
 geom_point(color = "blue") +
 geom_vline(xintercept = 50, color = "red", linetype = "dotted") +
 theme_bw()
```

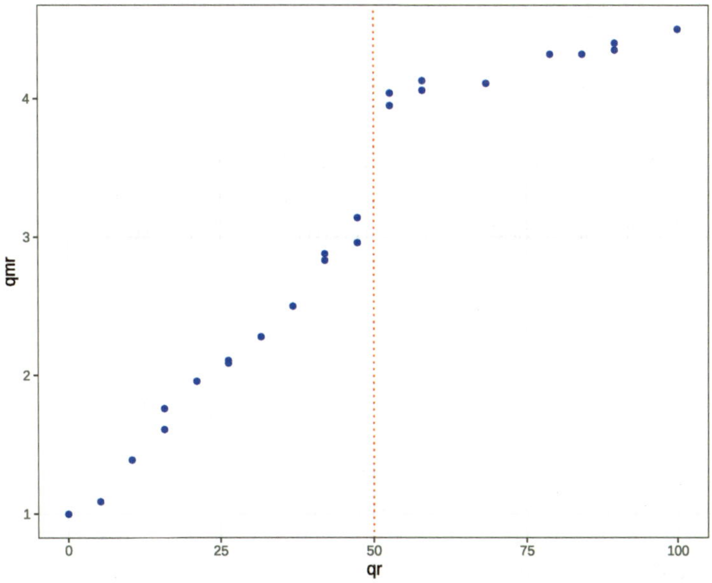

너트(knot)의 정의

```
qm <- qm  %>%
 mutate(knot1 = ifelse(qr - 50 > 0, (qr - 50), 0),
        knot0 = ifelse(qr - 50 > 0, 1, 0))
```

스플라인스 회귀 적합

```
lin_fit <- lm(qmr ~ qr + knot0 + knot1, data = qm)
summary(lin_fit)

#
# Call:
# lm(formula = qmr ~ qr + knot0 + knot1, data = qm)
#
# Residuals:
#       Min        1Q    Median        3Q       Max
# -0.093013 -0.043472 -0.003254  0.045663  0.111826
#
# Coefficients:
#              Estimate Std. Error t value Pr(>|t|)
# (Intercept)  0.948217   0.034126   27.79  < 2e-16 ***
# qr           0.044301   0.001126   39.34  < 2e-16 ***
# knot0        0.819693   0.046689   17.56 1.28e-13 ***
```

```
# knot1        -0.034148   0.001652  -20.68 5.72e-15 ***
# ---
# Signif. codes:  0 '***' 0.001 '**' 0.01 '*' 0.05 '.' 0.1 ' ' 1
#
# Residual standard error: 0.06328 on 20 degrees of freedom
# Multiple R-squared:  0.9975,  Adjusted R-squared:  0.9972
# F-statistic:  2688 on 3 and 20 DF,  p-value: < 2.2e-16
```

추정된 회귀식

$$\hat{qmr} = \begin{cases} 0.95 + 0.04(qr) & \text{만일 } qr < 50 \\ 3.47 + 0.01(qr) & \text{만일 } qr \geq 50 \end{cases}$$

스플라인스 회귀 추정 결과 및 잔차의 확인

```
qm$fit <- fitted(lin_fit)
#
qm  %>%
 ggplot(aes(qr, qmr, color = as.factor(knot0)),
              show.legend = FALSE
       ) +
 geom_point(color = "blue") +
 geom_vline(xintercept = 50,
            color = "red",
            linetype = "dotted"
            ) +
 geom_line(aes(x = qr, y = fit, color = as.factor(knot0)),
           show.legend = FALSE
           ) +
 labs(subtitle ="불연속 단일 너트[qr = 50]를 반영한 스플라인스 적합") +
 theme(legend.position = "none")+
 theme_bw()
#
lin.fit  %>%
 ggplot(aes(rstandard(lin_fit))) +
 geom_histogram(bins = 13, color = "white", fill = "blue") +
 labs(x = "std residuals", y = "frequency") +
 theme_bw()
#
lin.fit  %>%
 ggplot(aes(fitted(lin_fit), rstandard(lin_fit))) +
 geom_point(color = "blue") +
 geom_hline(yintercept = 0,
```

```
            color = "red",
            linetype="dotted"
            )+
  labs(x = "fitted value", y = "std residuals") +
  theme_bw()
```

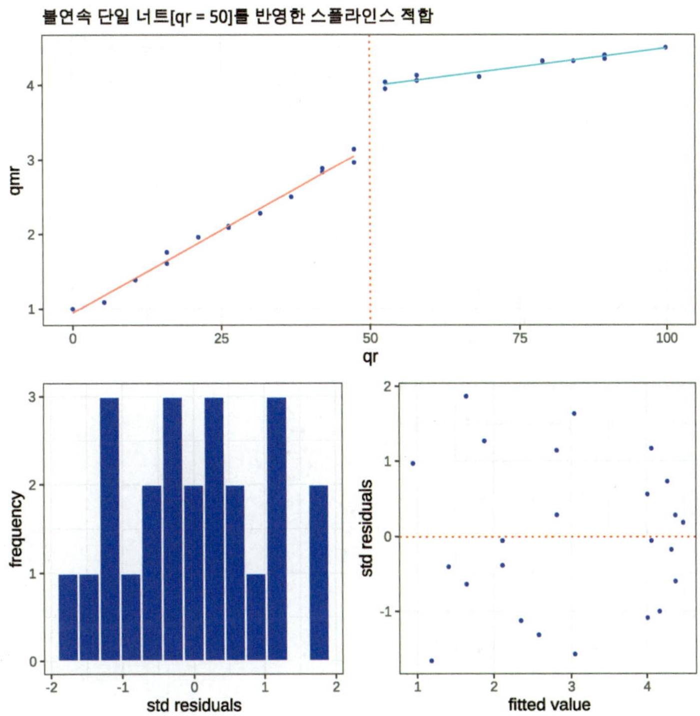

9 중앙값 정제 Median Polish

"반응"은 특정 상황에서 어떻게 달라지는가? How does a "response" differ from a "circumstance"?, Tukey(1977)

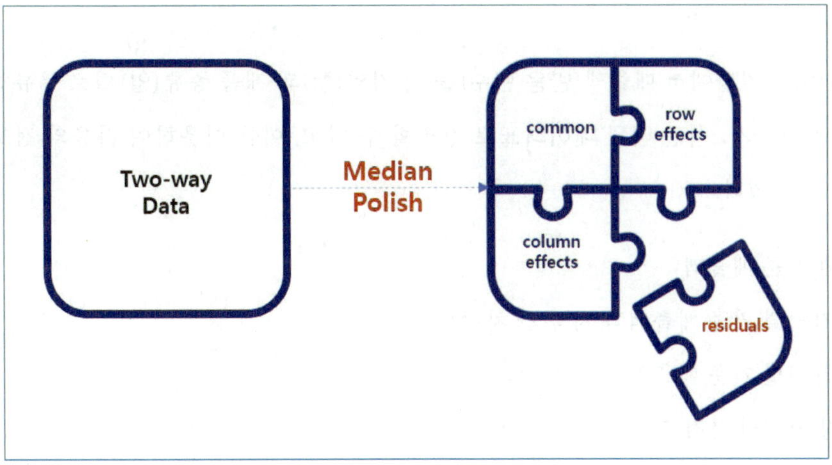

중앙값 정제(median polish)는 서로 다른 2개의 상황 하에서 관찰된 반응값을 대상으로 각 상황 별 효과(effects)와 나머지 잔차(residuals)로 분해하여 데이터의 해석을 돕는 방법이다. 따라서 다음의 데이터를 전제로 한다.

- 1개의 반응(response) 변수
- 서로 다른 2개의 상황(circumstance) 변수들
- 고려된 상황들은 동시에 일어나며 모든 반응 변수 값에 영향을 준다.

개별 상황 변수를 행(row)과 열(column)에 할당하고 교차 분류된 $(row, column) = (i, j)$에서 해당 조건의 반응값 y_{ij}을 정리하면 [표 9.1]과과 같은 이원 데이터(two-way data) 표를 정의할 수 있다[1].

표 9.1: 2개의 상황(행, 열)에 따라 정리된 이원 데이터(two-way data)

행(i)\열(j)	열 1	열 2	⋯	열 c
행 1	y_{11}	y_{12}	⋯	y_{1c}
행 2	y_{21}	y_{22}	⋯	y_{2c}
⋮	⋮	⋮	⋮	⋮
행 r	y_{r1}	y_{r2}	⋯	y_{rc}

예를 들어, A 기업에서 매출액(반응 변수)을 각 지역(행)과 제품 종류(열)별로 분류하여 조사하였다고 가정하자. 이는 이원 데이터표로 정리할 수 있고, 이를 이용하여 다음의 정보 탐색에 관심이 있을 수 있다.

- 전체 기준 매출액
- 각 지역별 기준 매출액과 지역 간 차이
- 각 분기별 기준 매출액과 분기 간의 차이
- 특정 지역의 특정 분기의 (예상) 기준 매출 등

이러한 관심 사항에 대한 정보를 탐색하기 위하여 다음의 2 가지 모형을 정의할 수 있다. 이는 통계적 비교 방법인 ANOVA의 2원 배치 모형과 구조는 동일하지만, 이상점의 영향을 줄이고 강건성을 확보하기 위하여 평균(mean) 대신 중앙값(median)을 고려한다.

중앙값 정제의 모형 Models for Median Polish

• 가법 모형 Additive Model

[1] 만일 행과 열이 범주형 변수이고 y_{ij}가 빈도(frequency)로 기록된다면 이를 2원 빈도(two-way frequency) 표라고 부른다.

$$y_{ij} = \mu + r_i + c_j + \epsilon_{ij},\ i = 1, 2, \ldots, r,\ j = 1, 2, \ldots, c, \quad \epsilon_{ij} \sim (0, \sigma)$$

- 승법 모형 Multiplicative Model

$$\begin{aligned} y_{ij} &= \mu\,(1 + r_i)\,(1 + c_j) + \epsilon^*_{ij} \\ &= \mu + (\mu \times r_i) + (\mu \times c_j) + (\mu \times r_i \times c_j + \epsilon^*_{ij}) \\ & i = 1, 2, \ldots, r,\ j = 1, 2, \ldots, c, \quad \epsilon^*_{ij} \sim (0, \sigma) \end{aligned}$$

여기서 μ는 공통(overall) 항, r_i는 행(row) 효과, c_j는 열(column) 효과이고 ϵ_{ij}는 평균 0과 산포 σ를 갖는 오차항을 의미한다.

가법 모형과 승법 모형에서의 오차항을 비교해 보면 다음과 같은 관계가 있다.

$$\begin{aligned} \epsilon_{ij} &= \mu \times r_i \times c_j + \epsilon^*_{ij} \\ &= \frac{(\mu \times r_i)(\mu \times c_j)}{\mu} + \epsilon^*_{ij} \\ &\propto \ \frac{\text{행 효과} \times \text{열 효과}}{\text{공통 항}} + \epsilon^*_{ij} \end{aligned}$$

이를 이용하여 비교 값(comparison values)을 정의할 수 있다.

비교 값 comparison values

$$\mathrm{cv}_{ij} = k\left(\frac{r_i \times c_j}{\mu}\right),\ i = 1, 2, \ldots, r,\ j = 1, 2, \ldots, c$$

여기서 k는 적합도 향상을 위한 조정 상수(tuning constant)이다.

비교값의 활용

- 가법 모형을 적합 한 후, 잔차와 비교값의 관계를 고찰한다.
- 만일 일정한 선형 관계가 존재한다면 선형 관계의 기울기 k를 추정한다.
- $p = 1 - k$의 근사값으로 데이터를 멱승 변환하고 가법 모형을 재적합한다.

승법 모형은 비교값을 이용하여 다음과 같이 가법 모형으로 재정의할 수 있다.

$$\begin{aligned} y_{ij} &= \mu\left(1+r_i\right)\left(1+c_j\right)+\epsilon^*_{ij} \\ &= \mu + r^*_i + c^*_j + \mathrm{cv}_{ij} + \epsilon^*_{ij} \end{aligned}$$

중앙값 정제의 결과는 반복적인 추정을 필요로 한다. 이를 위한 알고리즘(algorithm)은 다음과 같다.

중앙값 정제 Median Polish

가법 모형을 가정하고 다음을 차례로 실행한다.

1. 전체 중앙값인 공통항을 계산한다.

$$\hat{\mu} = \hat{y}_m = \mathrm{median}_{ij}\left(y_{ij}\right)$$

2. 모든 y_{ij}에서 공통항을 정제한다.
   모든 $i = 1, 2, \ldots, r$에 대하여

$$y^{(0)}_{ij} = y_{ij} - \hat{y}_m$$

3. 2의 결과를 이용하여 행(row)의 중앙값을 정제한다.
   모든 $i = 1, 2, \ldots, r$에 대하여

$$y^{(1)}_{ij} = y^{(0)}_{ij} - \mathrm{median}_j\left(y^{(0)}_{ij}\right)$$

4. 3을 결과를 이용하여 행(row)의 중앙값을 포함한 열(column)의 중앙값 정제한다.
   행 중앙값 $y^{(1)}_{i0}$ 을 포함하여 $y^{(1)}_{ij}$ 의 모든 $j = 1, 2, \ldots, c$에 대하여

$$y^{(2)}_{ij} = y^{(1)}_{ij} - \mathrm{median}_i\left(y^{(1)}_{ij}\right)$$

따라서 $y_{ij}^{(2)}$ 는 공통 항 그리고 행 효과와 열 효과가 제거된 ϵ_{ij}의 추정값이 된다.

최종적으로 공통항을 보정한다.

- $\mu^* \quad \leftarrow \mu^{(1)} + \mu^{(2)}$

5. 3~4의 단계를 반복적으로 적용하여 수렴되는 $y_{ij}^{(k)}$, $k \geq 2$를 결정한다. 이때 행과 열의 중앙값도 포함하여 정제한다. 수렴의 여부는 반복 적용 시 절대 잔차(absolute residuals)의 합이 줄어드는 상대 비율을 사용한다.
6. 최종 잔차의 추정값 $y_{ij}^{(k)}$ 와와 비교 값(cv)의 관계를 고찰한다.
7. 5에서 명확한 선형 관계가 존재한다면, 멱승 변환을 고려한다.

간단한 예를 통하여 중앙값의 정제 알고리즘을 확인해 보자. 판매액(단위: 억원)의 반응값을 고려할 때, 판매 지역, 제품 종류, 고객 연령 등의 상황이 존재할 수 있다. 이때 특정 기간의 판매 지역(행; A~D)과 제품 종류(열; M1~M5)를 고려하여 이원 데이터 표로 정리하면 [표 9.2]와 같다.

표 9.2: 판매 지역과 상품별 매출액(억원; 가상 데이터)

	M1	M2	M3	M4	M5
A	4.8	4.8	3.5	3.5	3.1
B	6.1	5.5	3.6	4.6	3.6
C	7.4	5.9	3.7	3.0	3.2
D	4.8	4.0	3.9	4.6	3.3

[그림 9.1]은 총 판매액 순으로 지역과 상품 종류를 도시한 것이다. 특정 상품이 어떤 지역에서 더 많은 매출을 달성했는지를 확인할 수 있다.

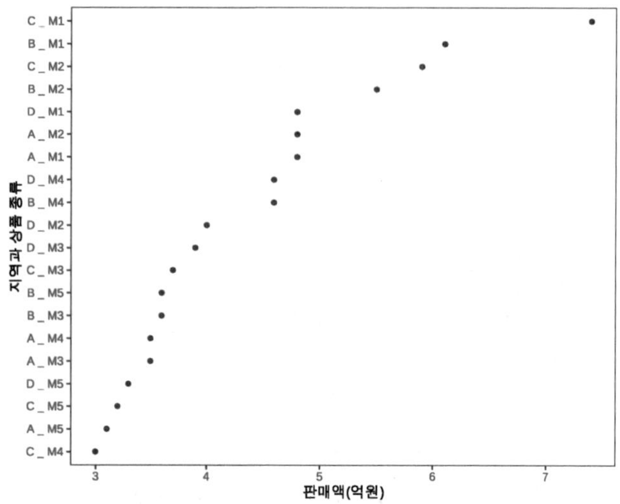

그림 9.1: 지역과 상품 종류별 판매액(억원)

주어진 데이터를 이용하여 중앙값 정제를 해보면 다음과 같다.

1. 공통항 계산 및 공통항 정제

$$\hat{y}_m = \text{median}_{ij}(y_{ij}) = 3.95$$

- `(1,1): 4.8 - 3.95 = 0.85`
- `(1,3): 3.5 - 3.95 = -0.45`

$$y_{ij}^{(0)} = y_{ij} - \hat{y}_m$$

2. $y_{ij}^{(1)}$ 계산: $y_{ij}^{(1)} = y_{ij}^{(0)} - \text{median}_j\left(y_{ij}^{(0)}\right)$

- 행 중앙값 계산
  - 행 A의 중앙값 = `median{-0.85, -0.45, -0.45, 0.85, 0.85} = -0.45`

표 9.3: 공통항 정제 후 행 기준 중앙값 계산

	M1	M2	M3	M4	M5	median

A	0.85	0.85	-0.45	-0.45	-0.85	-0.45
B	2.15	1.55	-0.35	0.65	-0.35	0.65
C	3.45	1.95	-0.25	-0.95	-0.75	-0.25
D	0.85	0.05	-0.05	0.65	-0.65	0.05

- 행 기준 중앙값 정제
  - (1,1): 0.85 -(-0.45) = 1.30
  - (1,3): 0.45 - (-0.45) = 0.00

표 9.4: 행 중앙값 정제

	M1	M2	M3	M4	M5	median
A	1.3	1.3	0.0	0.0	-0.4	-0.45
B	1.5	0.9	-1.0	0.0	-1.0	0.65
C	3.7	2.2	0.0	-0.7	-0.5	-0.25
D	0.8	0.0	-0.1	0.6	-0.7	0.05

3. $y_{ij}^{(2)}$ 계산: $y_{ij}^{(2)} = y_{ij}^{(1)} - \text{median}_i\left(y_{ij}^{(1)}\right)$

- 열 기준 중앙값 계산
  - 열 M1의 중앙값 = median{0.8, 1.3, 1.5, 3,7} = (1.3 +1.5)/2 =1.4
  - 열 M3의 중앙값 = median{0.0, -1.0, 0.0, -0.1} = (-0.1 + 0.0)/2 =-0.05
  - 열 median3의 중앙값 = median{-0.45, -0.25, 0.05, 0.65} = (-0.25 + 0.05)/2 =-0.10

표 9.5: 열 중앙값 계산

	M1	M2	M3	M4	M5	median
A	1.3	1.3	0.00	0.0	-0.4	-0.45
B	1.5	0.9	-1.00	0.0	-1.0	0.65

C	3.7	2.2	0.00	-0.7	-0.5	-0.25
D	0.8	0.0	-0.10	0.6	-0.7	0.05
median	1.4	1.1	-0.05	0.0	-0.6	-0.10

- 열 기준 정제
  - `(1,1): 1.3 - 1.4 = -0.1`
  - `(1,3): 3.7 - 1.4 = 2.3`
  - `공통항 보정: 3.95 + (-0.1) = 3.85`

표 9.6: 행과 열의 중앙값을 정제한 후의 결과

	M1	M2	M3	M4	M5	median
A	-0.1	0.2	0.05	0.0	0.2	-0.35
B	0.1	-0.2	-0.95	0.0	-0.4	0.75
C	2.3	1.1	0.05	-0.7	0.1	-0.15
D	-0.6	-1.1	-0.05	0.6	-0.1	0.15
median	1.4	1.1	-0.05	0.0	-0.6	3.85

이 과정을 $y_{ij}^{(k)}, k \geq 2$의절대 잔차(`absolute residuals`)의 합이 수렴할 때 반복한다. 해당 절차를 4 번 반복 적합한 최종 결과는 다음과 같다.

효과	추정값
공통항	`3.95`
행 효과	`(A, B, C, D) = (-0.26, 0.45, -0.05, 0.05)`
열 효과	`(M1, M2, M3, M4, M5) = (1.41, 1.11, -0.19, 0.01, -0.70)`

적합 후의 잔차와 비교값의 관계를 고찰해 보면 다음과 같다. 만일 특정 관계가 존재하지 않는다면, 가법 모형이 타당하다는 것을 의미한다.

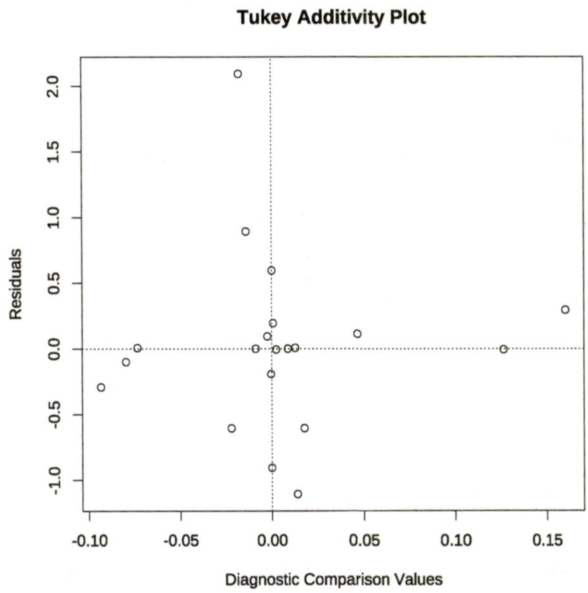

최종 정제된 효과들을 이용하여 각 셀의 값을 추정(붉은색 PM)해 보면 [표 9.8]과 같다.

표 9.8: 원시 데이터와 4차 중앙값 정제의 결과

region	M1	M2	M3	M4	M5	PM1	PM2	PM3	PM4	PM5
A	4.8	4.8	3.5	3.5	3.1	5.00	4.70	3.40	3.60	2.89
B	6.1	5.5	3.6	4.6	3.6	5.71	5.41	4.11	4.31	3.60
C	7.4	5.9	3.7	3.0	3.2	5.21	4.91	3.61	3.81	3.10
D	4.8	4.0	3.9	4.6	3.3	5.31	5.01	3.71	3.91	3.20

9.1 Learning by Doing R

중앙값 정제(median polish)는 `stats::medpolish()` 함수를 이용한다.

실습 10. *1991*년 부터 *2020*년까지의 지역 별 평균 기온 `monthly.1991.2020` monthly.1991.2020은 국내 219개 위치(location)에서 월별 평균 기온(℃)을 조사한 것이다. 각 위치별로 시작 일자는 서로 다르지만, 종료일은 2020년 12월로 동일하다.

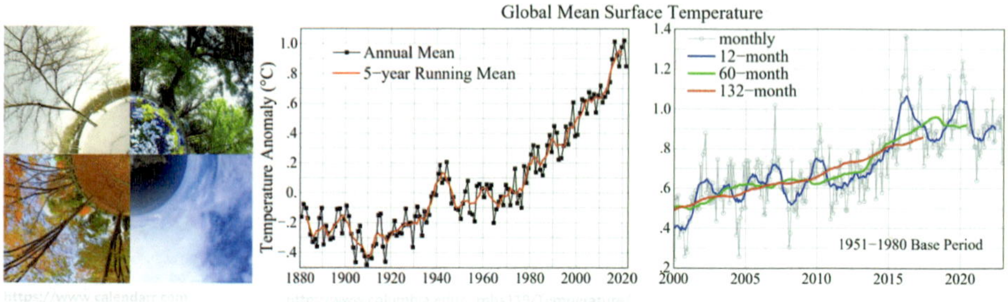

데이터 불러오기

```
monthly <- read.csv(paste0(data_path, "monthly.1991.2020.csv"))
```

데이터의 구조 확인

변수와 케이스의 수 그리고 변수의 유형을 확인하고, 결측값(missing values; NA)의 존재 여부를 확인한다.

```
str(monthly)
```

```
# 'data.frame': 219 obs. of  14 variables:
#  $ no      : int  90 95 98 99 100 101 102 105 106 108 ...
#  $ location: chr  "속초" "철원" "동두천" "파주" ...
#  $ V1월   : num  0.1 -5.7 -3.8 -4.6 -6.9 -4.1 -1.3 0.9 1.1 -1.9 ...
#  $ V2월   : num  1.9 -2.3 -0.8 -1.3 -4.6 -1 0 2.7 2.8 0.7 ...
#  $ V3월   : num  6.3 3.7 5 4.4 0.4 5 3.8 7 6.8 6.1 ...
#  $ V4월   : num  11.9 10.5 11.6 10.8 7 11.7 9.1 13.1 12.2 12.6 ...
#  $ V5월   : num  16.3 16.6 17.4 16.8 12.5 17.6 14.5 17.9 16.6 18.2 ...
#  $ V6월   : num  19.8 21.1 21.8 21.4 16.2 22.2 19 21.3 19.6 22.7 ...
#  $ V7월   : num  23.4 23.8 24.3 24.2 19.6 24.9 22.3 24.7 23.2 25.3 ...
#  $ X8월   : num  24.1 24 24.9 24.9 19.7 25 23.8 25 24.1 26.1 ...
#  $ V9월   : num  20.1 18.9 20.1 19.9 14.6 19.8 20.1 20.5 19.8 21.6 ...
#  $ V10월  : num  15.1 11.8 13.1 12.6 8.8 12.7 14.7 15.6 15.1 15 ...
#  $ V11월  : num  8.8 4.3 5.7 5.2 2.3 5.3 7.9 9.5 9.3 7.5 ...
#  $ V12월  : num  2.5 -3.2 -1.9 -2.6 -4.5 -2 1.2 3.3 3.4 0.2 ...
```

na_count()는 각 변수별로 결측값의 수를 확인하기 위한 함수이다.

```
na_count(monthly)
```

```
#        no location      V1월   V2월   V3월   V4월   V5월   V6월
#         0         0        0        0        0        0        0        0
#      V7월   X8월   V9월   V10월   V11월   V12월
#         0         0        0        0        0        0
```

데이터 구조 정리

- medpolish()는 모두 숫자형으로 저장된 행렬(matrix) 형태를 요구한다.

```
atemp <- data.frame(monthly[ ,-c(1,2)])
row.names(atemp) <- monthly$location
```

중앙값 정제

- stats::medpolish(data, maxiter = n)

```
ma.fit <- medpolish(atemp, 10)
```

```
# Final: 1925.65
```

```
ma.fit$overall
```

```
# [1] 13.45
```

```
head(ma.fit$row, 5)
```

```
#   속초   철원 동두천   파주 대관령
#   0.05  -2.30  -1.10  -1.75  -5.55
```

```
head(ma.fit$col, 5)
```

```
#   V1월   V2월   V3월   V4월   V5월
# -14.55 -12.15  -7.10  -1.20   4.50
```

```
range(ma.fit$row)
```

```
# [1] -5.55  3.45
```

```
range(ma.fit$col)
```

```
# [1] -14.55  12.35
```

위치(location)의 행(row) 효과의 범위는 [-5.55, 3.45]로 9도 그리고 월(month)의 열(col) 효과의 범위는 [-14.55, 12.35]로 약 27도 차이가 난다. 따라서 고려한 평균 기온은 위치보다는 월에 따라 더 큰 차이를 보인다.

추정된 열 효과와 행 효과를 크기 순서대로 나열하면 다음과 같다.

```
mon <- c(1:12)
coleffect <- ma.fit$overall + ma.fit$col
check.c <- data.frame(mon, coleffect)
check.c  %>%
 ggplot(aes(reorder(mon, coleffect), coleffect)) +
 geom_point(color = "blue") +
 geom_vline(xintercept = ma.fit$overall, color = "gray", ) +
 labs(x = "월",
      y = "평균 온도",
      subtitle = "1991-2020 평균 온도의 중앙값 정제 결과"
      ) +
 coord_flip() +
 theme_bw()
```

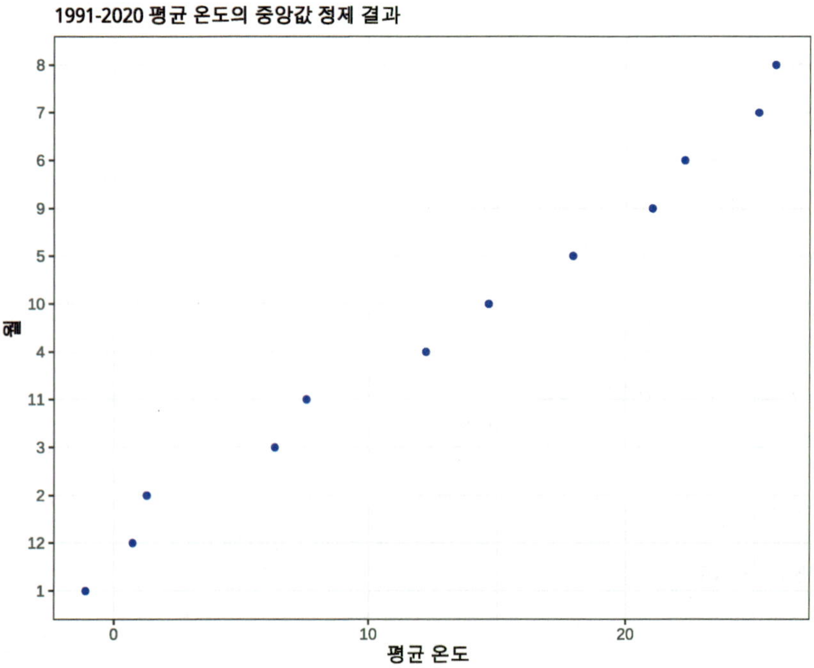

```
loc <- row.names(atemp)
roweffect <- ma.fit$overall + ma.fit$row
check.r <- data.frame(loc, roweffect)
check.r  %>%
 ggplot(aes(reorder(loc, roweffect), roweffect)) +
 geom_point(color = "blue") +
 geom_hline(yintercept = ma.fit$overall, color = "gray") +
 coord_flip() +
 labs(x = "위치",
      y = "평균 온도",
      subtitle = "1991-2020 평균 온도의 중앙값 정제 결과"
      ) +
 theme_bw() +
 theme(axis.text.y = element_text(size = 3))
```

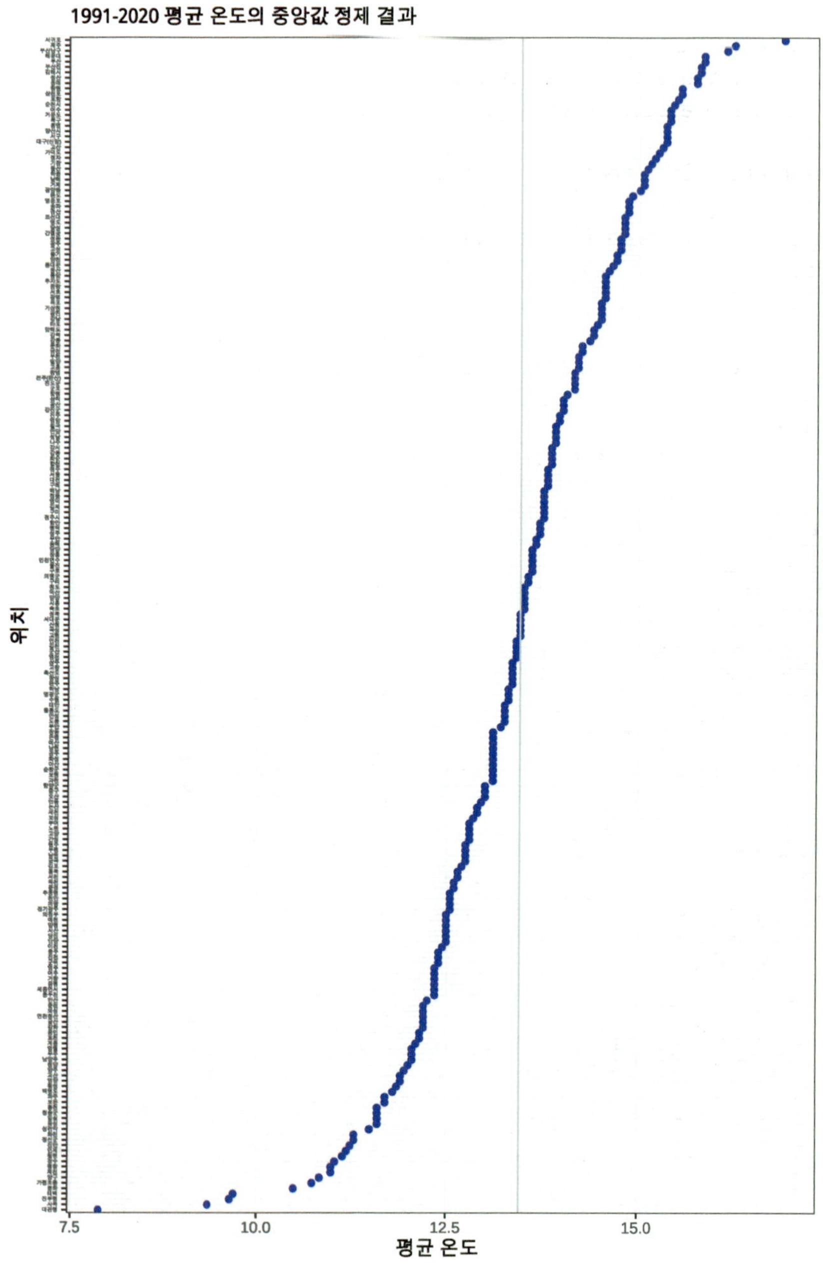

잔차의 고찰을 위하여 다음 함수를 고려한다. 이는 박스 그림의 이상점을 구별하여 표시할 수 있는 함수이다.

- `is_outlier(vector)`

```
is_outlier <- function(x) {
  out <- (x < quantile(x, 0.25) - 1.5 * IQR(x) |
          x > quantile(x, 0.75) + 1.5 * IQR(x)
          )
  return(out)
}
```

가법 모형 적합 후의 잔차의 패턴을 고찰해 보면 다음과 같다.

```
res <- as.data.frame(ma.fit$residuals)
#
res %>%
 mutate(location = row.names(res)) %>%
 melt()  %>%
 group_by(variable) %>%
 mutate(outlier = ifelse(is_outlier(value),
                         location,
                         as.character(NA))
       ) %>%
 ggplot(aes(x= variable, y = value)) +
 geom_boxplot() +
 geom_text(aes(label = outlier),
           size = 1.5,
           na.rm = TRUE,
           hjust = -0.5
           ) +
 theme_bw()
```

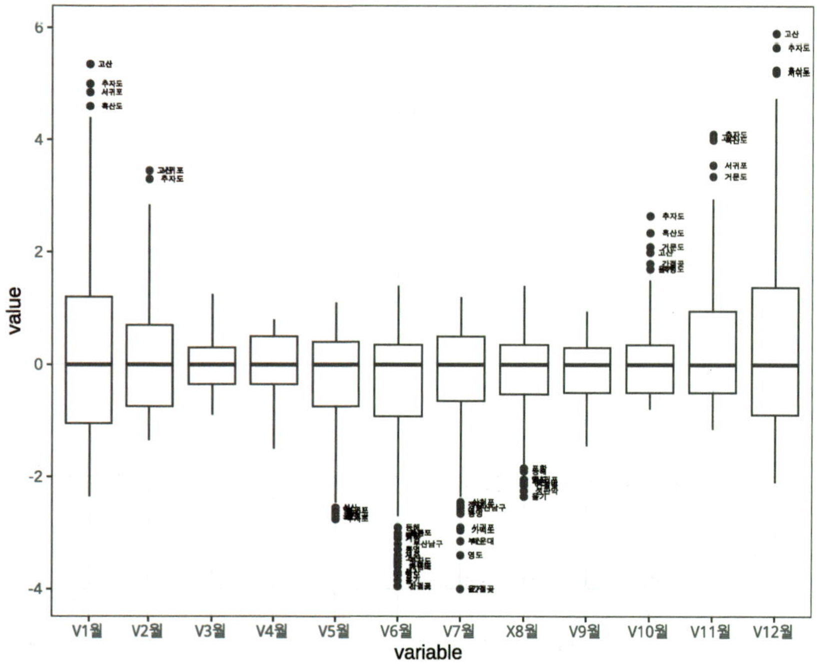

잔차에서 이상점으로 진단된 행과 열의 값만 선택하여 heatmap을 그려보면 다음과 같다. heatmap은 11 장의 시각화를 참조한다.

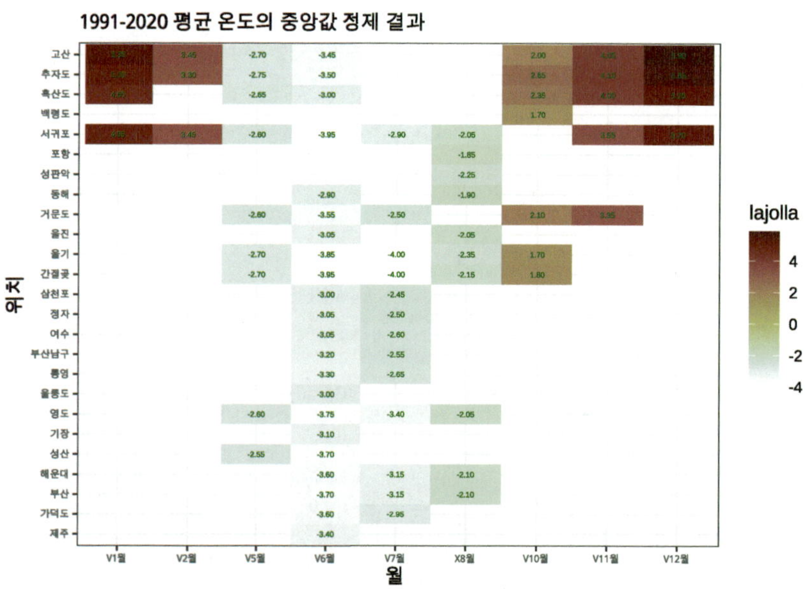

현재의 가법 모형의 타당성을 확인하기 위하여 비교 값을 계산한다.

계산 함수 적용 outer() 와 with()는 다음과 같이 사용한다.

- base::outer(x, y, fun = "*" ...) 는 c(dim(x), dim(y))의 배열을 생성한다.
- base::with(data, R expression)는 data내의 변수간 연산 결과를 저장한다.

```
cv <- with(ma.fit,
           outer(row, col, "*") / overall
           )
```

```
df <- data.frame(loc = row.names(atemp),
                 cv = as.vector(cv),
                 res = as.vector(ma.fit$residuals)
                 )
df  %>%
 ggplot(aes(cv, res, label = loc)) +
 geom_point(color = "blue", size = 0.5, alpha = 0.3) +
 geom_text(size = 1.5, hjust = 0, nudge_y = 0.1, nudge_x = 0.1) +
 labs(x = "comparison values",
      y = "residuals"
      )+
 theme_bw()
```

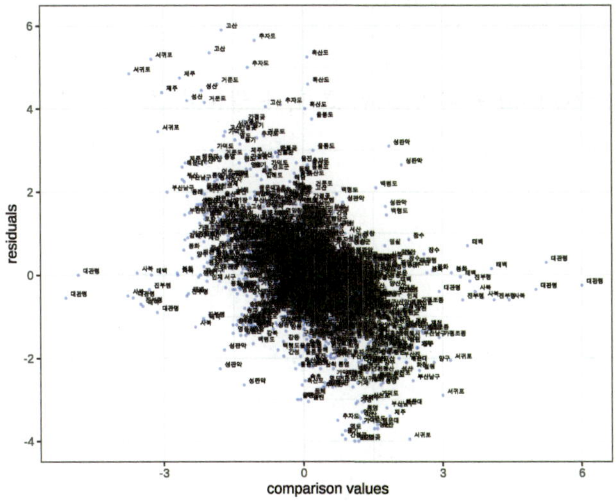

(cv, residuals)에서 음(-)의 선형 관계가 있어 보이므로, 저항선을 통하여 기울기를 추정한다.

```r
rline(res ~ cv, df)$b
```

```
# [1] -0.4936988
```

기울기가 `-0.49`이므로 이를 반영하여 패턴을 확인한다. 수정된 잔차(`adjusted residuals`)에는 선형 패턴이 존재하지 않는다.

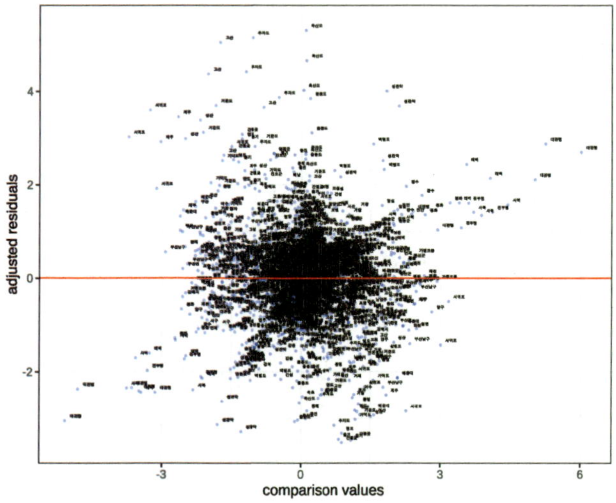

따라서 중앙값 정제를 통하여 최종 결정된 모형은 다음과 같다.

$$\widehat{\text{평균온도}}_{ij} = \text{overall} + \text{위치(row) 효과}_{\text{i}} + \text{월(col) 효과}_{\text{j}} - 0.49 \times \text{cv}_{\text{ij}} \quad \forall \text{i}, \text{j}$$

실습 11. 올림픽 수영 기록 swimming

swimming은 10번의 하계 올림픽에서 여자 자유형 100, 200, 400, 800m의 우승자들의 기록(초)으로 각 년도별 그리고 시합의 거리별로 정리된 2원 데이터 표이다.

데이터 불러오기

```
swim <- read.csv(paste0(data_path, "swimming.csv"))
```

데이터의 구조 확인

```
str(swim)

# 'data.frame': 10 obs. of  5 variables:
#  $ year: int  1968 1972 1976 1980 1984 1988 1992 1996 2000 2004
#  $ v100: num  60 58.6 55.6 54.8 55.9 ...
#  $ v200: num  130 124 119 118 119 ...
#  $ v400: num  272 259 250 249 247 ...
#  $ v800: num  564 534 517 509 505 ...
```

```
na_count(swim)

# year v100 v200 v400 v800
#    0    0    0    0    0
```

데이터 구조 정리

- medpolish()는 모두 숫자형으로 저장된 **행렬**(matrix) 형태를 요구한다.

```r
record <- swim[, -1]
row.names(record) <- swim[, 1]
```

중앙값 정제

- stats::medpolish(data, maxiter = n)

```r
sa.fit <- medpolish(record, 10)
```

```
# Final: 135.86
```

```r
sa.fit$overall
```

```
# [1] 182.935
```

```r
head(sa.fit$row, 5)
```

```
#   1968   1972   1976   1980   1984
# 18.215  8.565  1.640  0.610  0.230
```

```r
head(sa.fit$col, 5)
```

```
#      v100      v200      v400      v800
# -128.1975  -64.5925   64.5925  324.0825
```

- plot(medpolish_object) 는 (cv, res)의 간단한 그림을 제공한다.

```r
plot(sa.fit)
```

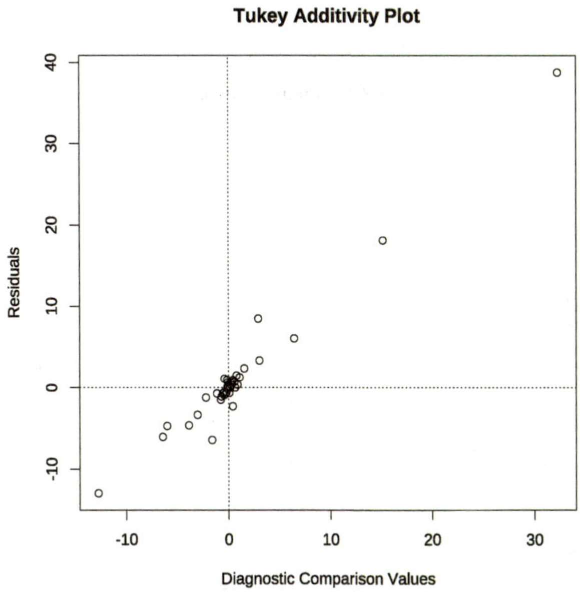

잔차의 패턴이 cv값에 따라 증가하고 있으며, 잔차와 밀접한 선형 관계가 존재한다. 이는 가법 모형 보다는 승법 모형이 적절하다는 증거가 된다. cv와 잔차의 관계의 기울기를 구해보면 다음과 같다.

```
res <- as.data.frame(sa.fit$residuals)
cv <- with(sa.fit,
           outer(row, col, "*") / overall
           )
df <- data.frame(loc = row.names(record),
                 cv = as.vector(cv),
                 res = as.vector(sa.fit$residuals)
                 )
rline(res ~ cv, df)$b
```

```
# [1] 1.104882
```

$k = 1.1$ 이므로 멱승 변환 $k = 1 - 1.1 \approx 0$을 고려해야 한다. 이는 log 변환이므로 이를 이용하여 데이터를 변환하고 가법 모형을 재적합한다.

```
lrecord <- log(record)
ta.fit <- medpolish(lrecord, 10)
```

```
# Final: 0.1973325
```

```
plot(ta.fit)
```

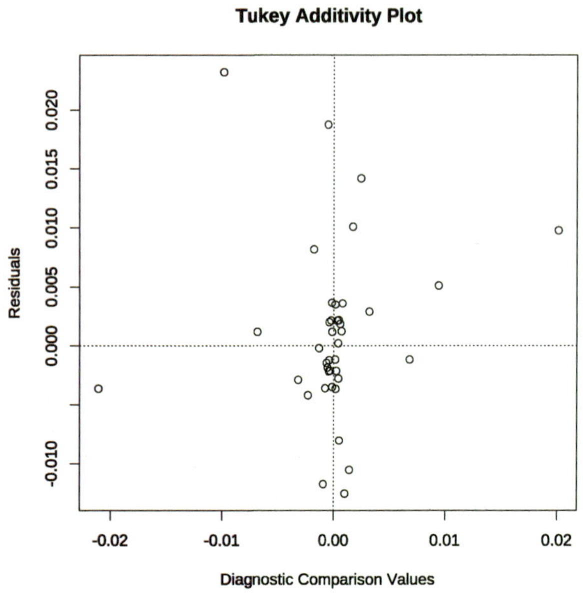

cv와 잔차간의 특정 관계가 존재하지 않으므로 가법 모형이 적합하다고 할 수 있다. 따라서 최종 결과는 다음과 같다.

```
distance <- log(c(100, 200, 400, 800))
coleffect <- ta.fit$overall + ta.fit$col
check.c <- data.frame(distance, coleffect)
check.c  %>%
 ggplot(aes(distance, round(coleffect, 2))) +
 geom_point(color = "blue") +
 geom_hline(yintercept = ta.fit$overall, color = "gray", ) +
 labs(x = "거리(distance: m)",
      y = "기록(초)",
      subtitle = "1968-2004 올림픽 수영 우승자 기록"
      ) +
  theme_bw()
```

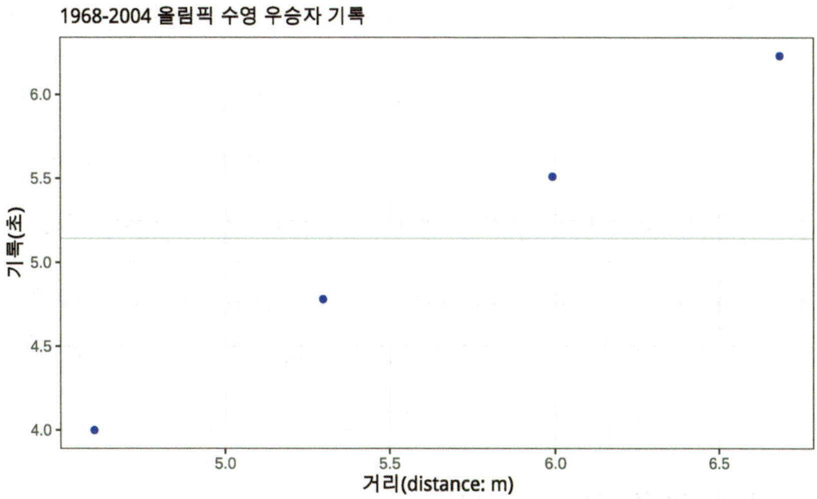


```
year <- row.names(lrecord)
roweffect <- ta.fit$overall + ta.fit$row
check.r <- data.frame(year, roweffect)
check.r  %>%
 ggplot(aes(year, roweffect)) +
 geom_point(color = "blue") +
 geom_hline(yintercept = ta.fit$overall, color = "gray") +
 labs(x = "년도",
      y = "기록(초)",
      subtitle = "1968-2000 올림픽 수영 우승자 기록"
      ) +
 theme_bw()
```

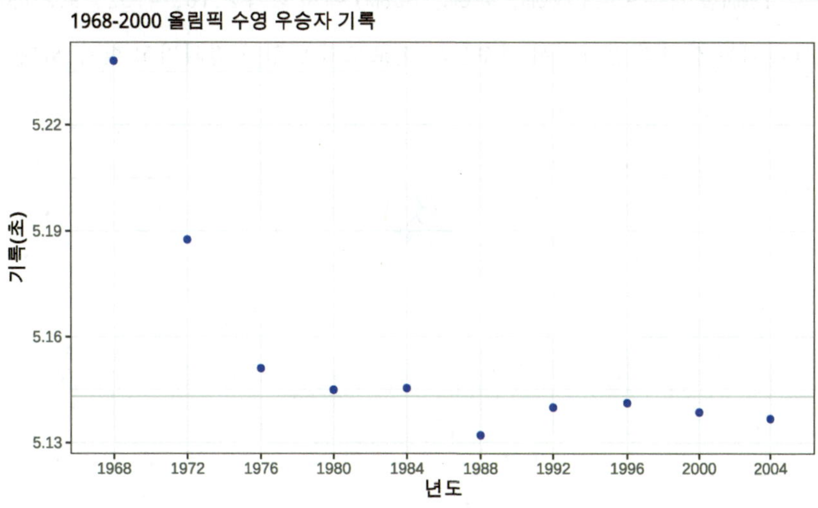

멱승 변환 log를 적용하여 변환된 데이터를 이용한 분석 결과를 해석하기 위해서는 다음을 고려해야 한다.

```
log(시간) = log(overall) + log(row effects)  + log(col effects) + log(residuals)

시간 = exp(overall) X exp(row effects) X exp(col effects) X exp(residuals)
```

따라서, 시간에 대한 행(년도) 효과를 비교하기 위해서는 비(ratio)를 고려해야 한다. 기록된 최초년도 1968년과 비교했을 때 기록이 얼마나 개선되고 있는지를 파악하기 위해서는 각 년도의 기록을 역변환하고 이를 최초 년도의 기록과의 비를 이용하여 비교해야 한다.

```
row.origin <- as.vector(exp(ta.fit$row))
reffect.origin <- row.origin/row.origin[1]
round(reffect.origin, 2)
```

```
#  [1] 1.00 0.95 0.92 0.91 0.91 0.90 0.91 0.91 0.91 0.90
```

데이터가 기록된 2004년 기록은 1968년과 비교할 때 약 10% 개선되었다.

```
col.origin <- as.vector(exp(ta.fit$col))
ceffect.origin <- col.origin/col.origin[1]
round(ceffect.origin, 2)
```

```
# [1] 1.00 2.16 4.52 9.27
```

거리별 기록은 100m를 기준으로 (200m, 400m, 800m) 에서 각각 2.16, 4.52, 9.27배의 시간을 더 소요하였다. 이는 장거리 경기에서 선수들의 피로도가 반영된 결과라고 할 수 있다.

10 평활화 Smoothing

특정 모형을 적합하는 아이디어는 항상 "부분" 요약이다. the idea that fitting some model was always a "partial" summary Tukey(1977)

https://www.patternpictures.com/

2개의 연속형 변수 (x, y)의 경우에는 그 관계와 밀접도에 대한 정보를 얻기 위하여 산점도(scatter plots)를 이용한다. 만일 고려된 (x, y) 중에서 x 변수가 동일(또는 거의 일정한) 간격을 갖는 값으로 순서(order)에 따라 주어지는 경우 - 나이, 회수, 위도/경도 등 - 에는 x의 각 지점에 따라 y의 변화 패턴을 확인하는 평활화(smoothing)에 관심이 있을 수 있다. 예를 들어, 엄마의 연령대별로 정의된 출산률(birth-rates), 환자의 몸무게에 따른 심근 경색의 발생 빈도, 분기별 제품 판매액 등을 평활화된 패턴으로 요약할 수 있다. 이와 같은 데이터의 경우에는 (x, y)

대신에 x의 순서에 따라 기록된 y의 값만으로 그 구조를 간단히 할 수 있다. 이를 데이터 시퀀스 (data sequence)라고 한다. 만일 x가 연속적인 시간(time) 간격이라면, y의 데이터 시퀀스를 시계열(time series)이라고 부른다.

데이터 시퀀스는 일반적으로 x 대신에 순서로 정의되는 값 t로 표시하고 이를 y의 첨자(subscripts)로 사용한다. 따라서 t로 정렬된 모든 데이터 시퀀스는 다음과 같이 간단히 표현할 수 있다.

$$y_t,\ \ t = 1, 2, \ldots, n$$

이는 일반적으로 균등한 간격의 x를 표현하지만, 그 간격이 심하게 불규칙하지 않다면 사용해도 무방하다.

데이터 시퀀스에 대한 첫번째 시도는 부드러운 곡선을 적합하고, 이를 통하여 데이터 시퀀스가 크게 변하는 지점 - 상승 또는 하강 등 -을 구별하여 어떤 규칙성과 주기가 있는지를 검토한다. 이렇게 추정된 곡선을 평활(smooth)이라 하고 이를 벗어나는 데이터들의 잔차를 거침(rough)이라고 한다. 일반적인 데이터에서는 `data = fit + residuals`로 표현하지만, 데이터 시퀀스의 데이터는 다음과 같이 정의한다.

$$data = smooth + rough$$

데이터 평활기(data smoothers)는 데이터 시퀀스의 중복된 구획(segments)에서 평활(smooth)을을 달성하고자 중앙값 또는 평균을 이용하며, 이를 통하여 도출된 **평활**을 제외한 나머지 잔차가 거침(rough)을 결정한다. EDA에서는 **평활**의 수학적 공식보다 **거침**의 패턴 해석을 더 중요시한다[Velleman and Hoaglin (2004)][1].

[1]Velleman, P., & Hoaglin, D. (2004). The ABC's of EDA: Applications. Basics, p 161, "One unfortunate consequence of the tradition that names these techniques `data smoothers` is that it may encourage some analysts to forget the importance of the rough."

10.1 중앙값 평활기 Median Smoothers

중앙값 평활기는 주어진 데이터 시퀀스 y_t, $t = 1, 2, \ldots, n$에 대하여 고정된 일정 개수 $k \geq 3$의 연속적으로(running) 분할된 **구획**(segments) 별 중앙값을 이용하여 데이터 시퀀스를 평활화하는 것으로 방법이다. 이를 k-연속 중앙값 평활기라고 한다.

k-연속 중앙값 평활기 k Running Median Smoothers

- k가 홀수(odd)인 경우

$$m_i^{(k)} = \begin{cases} \text{median}(y_{i-\frac{k-1}{2}}, \ldots, y_i, \ldots y_{i+\frac{k-1}{2}}) & \text{만일} \quad i > \frac{k-1}{2}, \\ \text{구할수 없음} & \text{만일} \quad i \leq \frac{k-1}{2} \end{cases}$$

- k가 짝수(even)인 경우

$$m_i^{(k)} = \begin{cases} \text{median}(y_{i-\frac{k}{2}}, \ldots, y_i, \ldots y_{i+\frac{k}{2}}) & \text{만일} \quad i > \frac{k}{2}, \\ \text{구할수 없음} & \text{만일} \quad i \leq \frac{k}{2} \end{cases}$$

k-연속 중앙값 평활기에서는 평활값을 구할 수 없는 경우가 발생한다. 이때는 Tukey's End Point Rule을 적용한다.

Tukey's 끝점(End Points; EP) 법칙

평활화의 끝점(End Points of Smoothing; EPS)은 다음의 법칙에 따라 결정한다.

- EPS 값에서 EPS 하나 이전의 값의 변화는 EPS 하나 이전의 값에서 EPS 두개 이전의 값으로의 변화의 0~2배 사이이다.
- EPS 값은 가능한 한 데이터 시퀀스의 값과 비슷하게 결정한다.

[표 10.1]은 암소의 체온 데이터의 일부(처음 10개)에 3-중앙값 평활(3)과 이를 2번 반복 (33) 한 결과이다[Wheelwright et al. (1998)][2].

표 10.1: 3-중앙값 평활화(3)와 이의 2번 반복(33)

temp	3	33
60	NA	NA
70	60	NA
54	56	56
56	56	56
70	66	66
66	66	66
53	66	66
95	70	70
70	70	NA
69	NA	NA

3-연속 중앙값 평활기를 적용한 3의 결과를 보면, 첫번째 값인 $m_1^{(3)}$ 은 3-중앙값을 적용할 수 없으므로 NA로 표시 되었고, 두번째 값인 $m_2^{(3)}$ 는 $\{y_1, y_2, y_3\} = \{60, 70, 54\}$ 의 중앙값인 60 으로 평활되었다. 또한 마지막 값인 $m_{10}^{(3)}$ 역시 3-중앙값을 적용할 수 없으므로 NA로 표시되었고, 마지막에서 두번째 값인 $m_9^{(3)}$ 는 $\{y_8, y_9, y_{10}\} = \{95, 70, 69\}$ 의 중앙값인 70으로 평활되었다.

이와 같이 평활 대상이 되는 데이터 시퀀스의 첫번째(y_1)과 마지막(y_n)을 데이터 시퀀스의 끝점(End Points)이라고 하고, 이는 중앙값 평활기를 적용할 수 없으므로 다음의 방법을 이용하여 평활한다[3].

[예제 1]

-	끝점	끝점-1P	끝점-2P
Data	60		

[2] Forecasting: methods and applications" by Makridakis, Wheelwright & Hyndman (Wiley, 3rd ed., 1998) <https://robjhyndman.com/forecasting/>

[3] 이를 Tukey's 끝점 법칙(End Point Rule)이이라고 부른다.

-	끝점	끝점-1P	끝점-2P
Smooth	?	60	56

(1) 끝점-2P와 끝점-1P의 차이: 56 - 60 = -4

(2) 끝점(smooth)와 끝점-1P의 변화의 한계: [0, 2]*(-4) = [-8, 0]

(3) 끝점(Smooth)의 값은 [52, 60] 중 어떤 값도 가능

(4) 끝점(Smooth)의 값은 끝점(data) 값과 가능하면 비슷해야 하므로, 60으로 결정

[예제 2]

-	끝점	끝점-1P	끝점-2P
Data	69		
Smooth	?	70	70

(1) 끝점-2P와 끝점-1P의 차이: 70 - 70 = 0

(2) 끝점(smooth)와 끝점-1P의 변화의 한계: [0, 2]*0 = [0, 0]

(3) 끝점(Smooth)의 값은 70만 가능

[예제 3]

-	끝점	끝점-1P	끝점-2P
Data	50		
Smooth	?	40	60

(1) 끝점-2P와 끝점-1P의 차이: 60 -40 = 20

(2) 끝점(smooth)와 끝점-1P의 변화의 한계: [0, 2]*20 = [0, 40]

(3) 끝점(Smooth)의 값은 [0, 90] 중 어떤 값도 가능

(4) 끝점(Smooth)의 값은 끝점(data) 값과 가능하면 비슷해야 하므로, 50으로 결정

Tukey's End Point Rule을 적용하여 [표 10.1]의 평활 끝값을 구해보면 [표 10.5]와 같다. 또한 3-중앙값 평활을 반복하여 적용하여도 평활(smooth) 값의 변화가 없는 것을 확인할 수 있다. 이렇게 평활된 값이 변화가 없을 때까지 반복적으로 평활하는 방법을 3R이라고 한다[4].

[4] 여기서, R은 Replication을 의미한다.

표 10.5: 끝점 법칙이 적용된 3-중앙값 평활화(3)와 이의 2번 반복(33)

temp	3	33
60	60	60
70	60	60
54	56	56
56	56	56
70	66	66
66	66	66
53	66	66
95	70	70
70	70	70
69	70	70

이를 암소 체온 데이터 전체에 적용해 보면 [그림 10.2]와 같다. 평활된 결과를 보면, 이상점의 영향에 둔감하며, 평활 적용 횟수 1회 결과(빨간선)보다 2번 적용한 결과(녹색선)가 보다 부드럽게 평활되는 것을 확인할 수 있다.

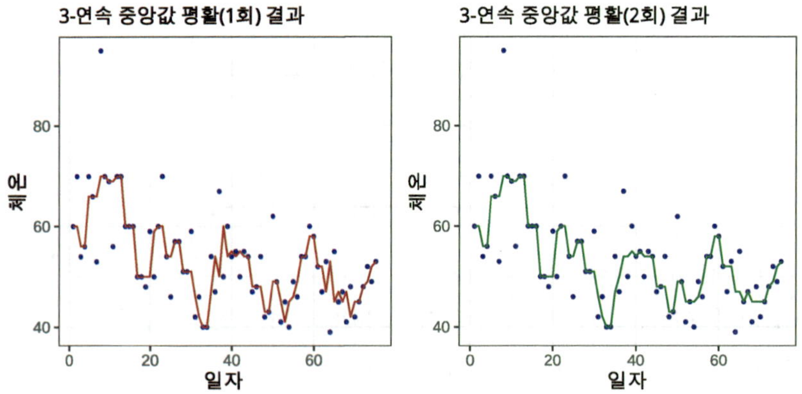

그림 10.1: 3-연속 중앙값 평활기 적용 결과

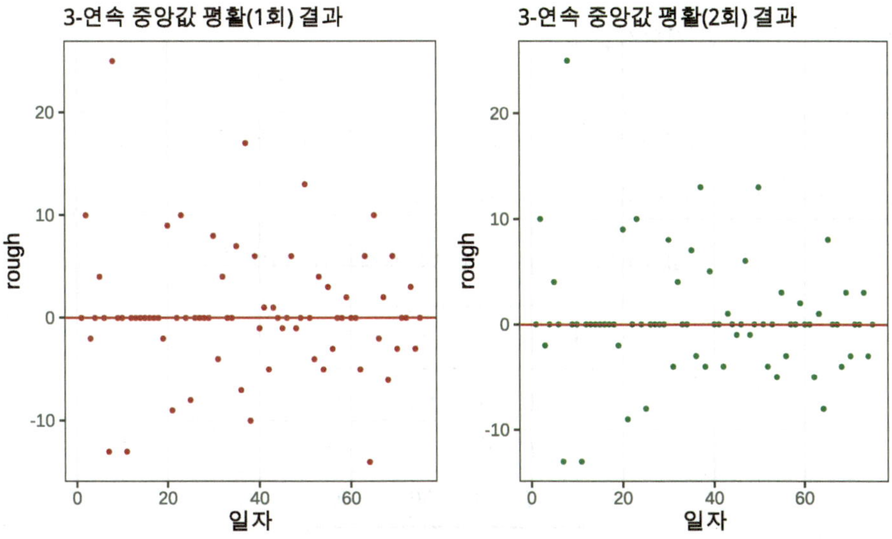

그림 10.2: 3-연속 중앙값 평활기의 거침(rough) 결과

[그림 10.2]의 평활 결과를 보면, 암소의 체온은 일정 간격으로 상승과 하강을 반복하는 것으로 보이며, 첫번째 주기를 제외하고는 그 패턴이 거의 비슷함을 확인할 수 있다. [그림 10.3]의 평활을 제외한 거침은 중앙값 평활(2회) 결과가 중앙값 평활(1회)의 결과보다 무작위성(randomness)을 보이며, 거침의 값들은 $[-10, 10]$ 내에 밀집되어 있음을 확인할 수 있다. 이 범위를 벗어나는 값들은 추가 탐색을 통하여 어떤 원인이 있었는지 확인해 볼 필요가 있다.

10.2 분리, 재평활 그리고 해닝 Spliting, Rerough and Hanning

분리 평활(Split Smoothing)은 중앙값 평활기를 적용한 이후 생성된 피크(peak)와 밸리(valley)를 각각 2개로 분리하여 끝점들을 평활한 후 중앙값 평활기를 재적용하여 평활된 결과를 향상시키는 방법이다.

분리 평활의 절차 Split Smoothing

(1) 중앙값 평활기 적용

(2) 동일한 값으로 평활된 피크 또는 벨리를 기준으로 2개의 데이터 시퀀스를 결정

(3) 각각에 대하여 End Point Rule 적용

(4) 통합하여 중앙값 평활기 적용

[표 10.5]의 평활 결과를 보면, 56의 밸리가 존재한다. 따라서 이를 분리하여 각각 **끝점 법칙**을 적용하면 [표 10.6] 그리고 [표 10.7]과 같다.

표 10.6: 벨리에서 구분된 평활화된 시퀀스 I

temp	3	33	split
60	60	60	60
70	60	60	60
54	56	56	60

표 10.7: 벨리에서 구분된 평활화된 시퀀스 II

temp	3	33	split
56	56	56	66
70	66	66	66
66	66	66	66
53	66	66	66
95	70	70	70
70	70	70	70
69	70	70	70

이를 다시 통합하여 3-중앙값 평활기를 적용하면 그 결과는 [표 10.8]와 같다. 이러한 평활 방법을 3RSS라고 부른다.

표 10.8: 3RSS 평활된 결과

temp	3	33	split
60	60	60	60
70	60	60	60
54	56	56	60

56	56	56	66
70	66	66	66
66	66	66	66
53	66	66	66
95	70	70	70
70	70	70	70
69	70	70	70

재평활(Rerough)는 거침(rough)에 남아 있는 패턴을 추가로 설명하기 위하여 다음의 절차를 적용한다. 이러한 방법을 3RS3R,Twice라고 부른다.

재평활 Rerough

$$data = smooth + rough$$

여기서

$$rough = smooth(rough) + rough(rough)$$

따라서

$$\begin{aligned} data &= [smooth + smooth(rough)] + rough(rough) \\ &= final.smooth + final.rough \end{aligned}$$

[표 10.9]는 재평활의 결과이다. 현재 고려한 10개의 데이터에서는 변화가 없다.

표 10.9: 3RS3R을 2번 적용한 결과

temp	3	33	split	rerough
60	60	60	60	60
70	60	60	60	60
54	56	56	60	60
56	56	56	66	66
70	66	66	66	66

66	66	66	66	66
53	66	66	66	66
95	70	70	70	70
70	70	70	70	70
69	70	70	70	70

해닝(Hanning)은 데이터 시퀀스에서 인접한 3개의 값들에 대한 가중 평균(weighted mean)을 이용한 평활 방법이다[5]. 이는 중앙값 평활기보다 부드러운 적합을 제공한다.

해닝(Hanning; Hann Smoothing)

$$h_1 = y_1$$
$$h_i = \frac{1}{4}y_{i-1} + \frac{1}{2}y_i + \frac{1}{4}y_{i+1}, \quad i > 1$$

[표 10.10]은 [표 10.9]의 결과에 대하여 해닝 평활을 추가로 실행한 결과이다.

표 10.10: 3RS3R 2회 적용 후 해닝 평활의 결과

temp	3	33	split	rerough	hanning
60	60	60	60	60	60.0
70	60	60	60	60	60.0
54	56	56	60	60	61.5
56	56	56	66	66	64.5
70	66	66	66	66	66.0
66	66	66	66	66	66.0
53	66	66	66	66	67.0
95	70	70	70	70	69.0
70	70	70	70	70	70.0
69	70	70	70	70	70.0

[5] 이 함수는 기상 데이터에 3항 가중 평균 평활 기법을 사용한 Julius Ferdinand von Hann(1839~1921)의 이름을 따서 명명되었다.

이를 암소 체온 데이터 전체에 적용해 보면 [그림 10.3]와 같다. 평활된 결과를 보면, 이상점의 영향에 둔감하며, 중복 평활을 적용할 수록 보다 부드러운 형태로 평활되는 것을 확인할 수 있다.

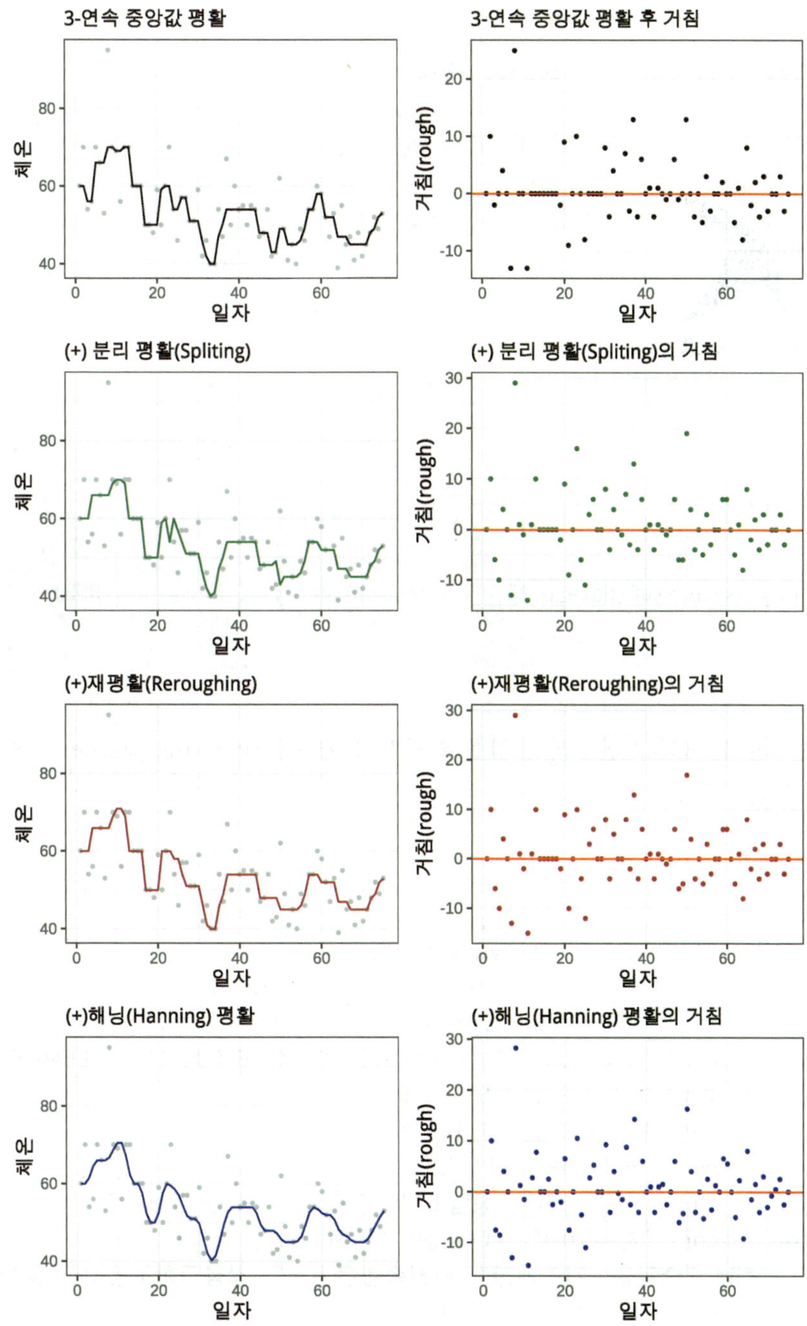

그림 10.3: 다양한 평활 방법에서의 평활(smooth)과 거침(rough)

10.3 Learning by Doing R

`stats::smooth()` 함수는 Tukey의 다양한 평활화 방법을 제공한다.

실습 12. *2022*년 *K* 리그 `kleague.2022`

데이터 불러오기

```
league <- read.csv(paste0(data_path, "kleague.2022.csv"), header = TRUE)
```

데이터의 구조 확인

변수와 케이스의 수 그리고 변수의 유형을 확인하고, 결측값(missing values; NA)의 존재 여부를 확인한다.

```
str(league)
```

```
# 'data.frame': 1161 obs. of  12 variables:
#  $ gday     : chr  "03-01" "03-01" "03-01" "03-01" ...
#  $ game     : int  1 2 3 4 5 6 7 8 9 10 ...
#  $ league   : chr  "K LEAGUE 1" "K LEAGUE 1" "K LEAGUE 1" "K LEAGUE 1" ...
#  $ month    : int  3 3 3 3 3 3 5 5 5 5 ...
#  $ day      : int  1 1 1 1 1 1 1 1 1 1 ...
#  $ date     : chr  "화" "화" "화" "화" ...
#  $ home     : chr  "수원 삼성" "성남 FC" "강원 FC" "울산 현대" ...
#  $ visitor  : chr  "제주 Utd" "FC 서울" "인천 Utd" "수원 FC" ...
# $ arena    : chr "수원월드컵경기장" "탄천종합운동장" "강릉종합운동장" "울산문수축구경기장" ..
#  $ weather  : chr  "비" "비" "비" "비" ...
#  $ temp     : num  8.8 8.8 8.2 16.9 8.1 16 15.2 14.2 14.2 13.3 ...
#  $ spectator: int  4022 2393 1559 5260 1218 3943 2650 3045 570 1323 ...
```

```
na_count(league)
```

```
#      gday      game    league     month       day      date      home   visitor
#         0         0         0         0         0         0         0         0
#     arena   weather      temp spectator
#         0         0        28         0
```

K 리그 1의 팀들 간의 평균 관중 수 확인

stats::agregate()는 데이터를 구분하여 요약값을 구하고 이를 반환한다.

- aggregate(formula, data, FUN, ...,subset, na.action = na.omit)

```
vr <- aggregate(spectator~ home + visitor,
                data = subset(league, league == "K LEAGUE 1"),
                mean
                )
vr  %>%
 ggplot(aes(fct_reorder(home, -spectator),
            fct_reorder(visitor, spectator),
            fill = spectator
            )
       ) +
 geom_tile() +
 geom_text(aes(label= sprintf("%0.2f", round(spectator/1000, 2))),
          color = "red",
          size = 1.5
          ) +
 labs(x = "홈 팀",
      y = "방문 팀",
      subtitle = " 2022년 K 리그 1의 평균 관중 수(단위:1000명)"
      ) +
 theme_bw() +
 theme(axis.text.x = element_text(angle = 90), legend.position = "none") +
 scico::scale_fill_scico("lajolla")
```

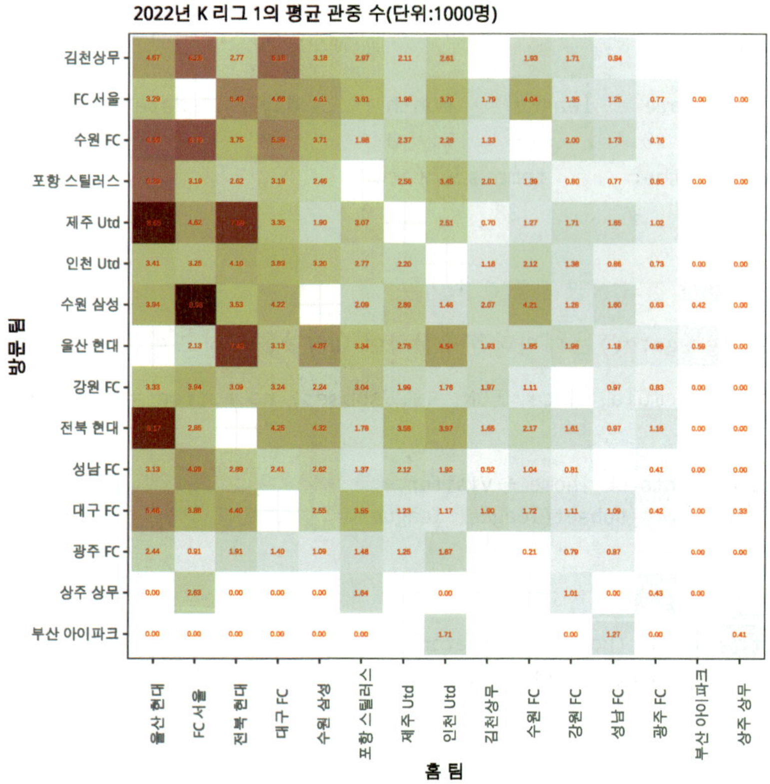

데이터 선별: 울산 현대

- 리그 중에 특정 일에 2 개 이상의 경기가 진행되므로 특정 팀의 경기를 선택한다. 이때 관중이 없는 게임은 제거한다. 경기 간의 일자 간격은 동일하지 않다.

```
ulsan <- league  %>%
 dplyr::filter(spectator != 0)  %>%
 dplyr::filter(home == "울산 현대" | visitor == "울산 현대" )  %>%
 dplyr::arrange(gday)  %>%
 mutate(ugame = seq(1, length(gday), 1))
```

평활화 방법 적용

`stats::smooth()`는 Tukey의 k-연속 중앙값 평활기의 다양한 옵션을 제공한다.

- `smooth(x, kind = c("3RS3R", "3RSS", "3RSR", "3R", "3", "S"),twiceit = FALSE)`
  - 3: 3-중앙값 평활기 1회 적용

  - 3R: 3-중앙값 평활기 (수렴할 때까지) 반복 적용
  - S: 분리 평활 적용
  - 3RSS: 3R + S 적용
  - 3RS3R: 3R + S + 3R 동시 적용
  - twiceit = TRUE: 재평활 적용

- LearnEDAfunctions::han(sequnce)는 해닝 적합을 제공한다.

```
ulsan$s.3R <- smooth(ulsan$spectator, kind = "3R")
ulsan$s.3RSS <- smooth(ulsan$spectator, kind = "3RSS")
ulsan$s.3RS3R2 <- smooth(ulsan$spectator, kind = "3RS3R", twiceit = TRUE)
ulsan$s.3RS3R2H <- han(smooth(ulsan$spectator, kind = "3RS3R", twiceit = TRUE))
```

평활화 결과 확인

- 평활(smooth)

```
ulsan$rough <- ulsan$spectator -ulsan$s.3RS3R2H
#
ulsan  %>%
 ggplot(aes(ugame, spectator)) +
 geom_point(color = "blue") +
 geom_line(aes(ugame, s.3RS3R2H), color = "red") +
 labs(x = "경기",
      y = "관중 수",
      subtitle = "2022년 시즌 울산 현대 관중 수에 대한 3RS3R2H 적합 결과 ") +
 theme_bw()
```

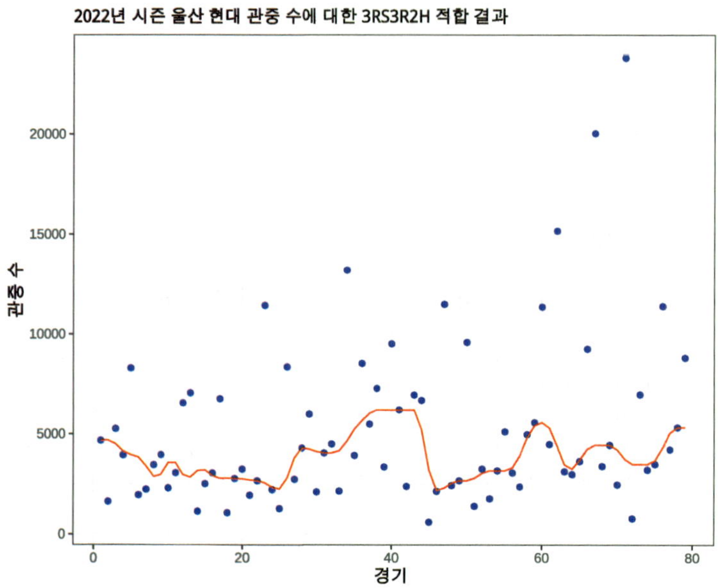

- 거침(rough)

```
ulsan  %>%
 ggplot(aes(ugame, rough)) +
 geom_point(color = "blue") +
 geom_hline(yintercept = 0, color = "red") +
 geom_label(data = ulsan  %>%
  filter(rough >= 10000), aes(ugame, rough, label = gday)) +
 labs(x = "경기",
      y = "거침(rough)",
      subtitle = "2022년 시즌 울산 현대 관중 수에 대한 3RS3R2H 적합 결과 ") +
 theme_bw()
```

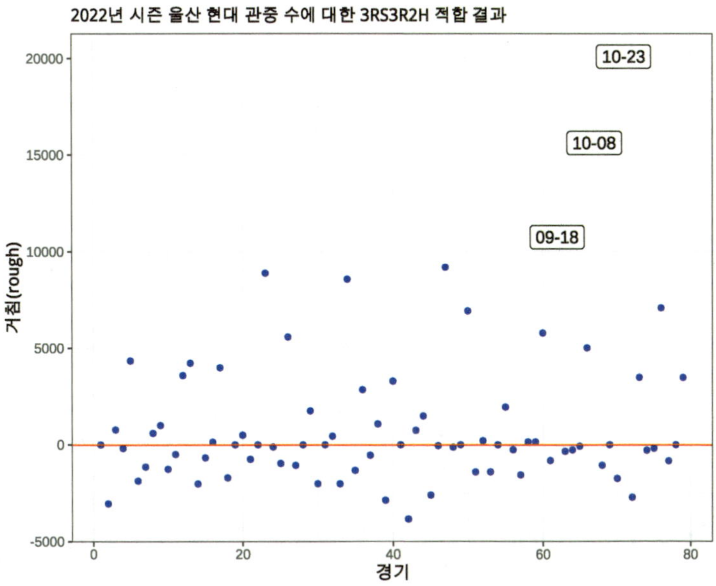

관중 수가 평활 패턴보다 10,000명 이상 많았던 날은 9-18, 10-8, 10-23이다. 그 이유는 다음 표에서 찾을 수 있다.

월	라운드	정규 일정	순연경기 일정
정규 리그			
중략			
9월	29R	9월 2~4일 (금/토/일)	-
	30R	9월 6~7일 (화/수)	-
	31R	9월 10~11일 (토/일)	-
	32R	9월 13~14일(화/수)	-
	33R	9월 18일 (일)	전경기 동시 실시
파이널 라운드			
10월	34R	10월 1~3일 (토/일/월)	-
	35R	10월 8~9일 (토/일)	-
	36R	10월 11~12일 (화/수)	-
	37R	10월 16일 (일)	-
	38R	10월 22~23일 (토/일)	파이널 별 전경기 동시실시

11 시각화 Visualization

숫자는 예상된 값에 집중하고, 그래픽 요약은 예상하지 못한 값에 집중한다. Numerical quantities focus on expected values, graphical summaries on unexpected values. Tukey(1977)

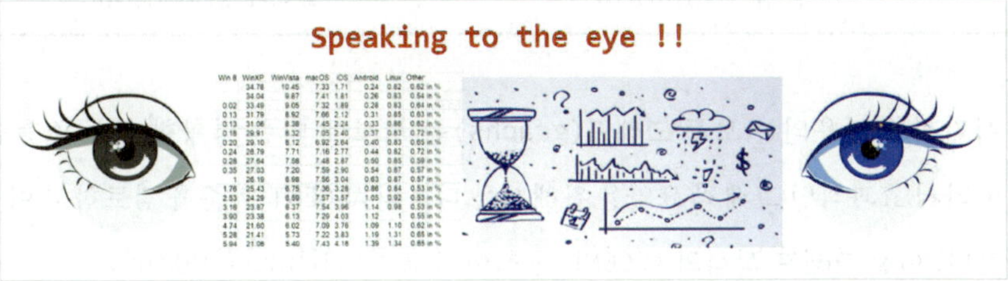

EDA의 현시성(Revelation)은 데이터의 탐색을 위하여 다양한 정보들에 대한 그래픽 요약(graphical summary)을 강조한다. 이를 위하여 다양한 그래프들 - 박스 그림, 문자 그림, 대칭도 등 -을 소개하였고, 쉬운 해석을 위하여 단순한 형태로 전환할 수 있는 다음의 데이터 재표현 방법을 추천하였다.

- 대칭화 Symmetry
- 안정화 Stabilizing
- 직선화 Straightening

그래프(graphs)는 의도된 메시지의 생생함, 불가피성 그리고 숫자들만으로 표현할 수 없는 정보들을 표현할 수 있어야 한다. 데이터 시각화(visualization)를 위한 하드웨어와 소프트웨어가 발전하면서 이러한 EDA의 철학과 원칙은 다양한 그래픽 방법들의 개발에 기초가 되고 있다.

최근의 데이터 시각화 방법들은 데이터의 분석에 기반하지만 [표 11.1]와 같이 다양한 목적 하에서 활용되고 있다[Friendly and Meyer (2015)][1]. 좁은 의미에서의 EDA 시각화는 분석-탐색-탐지를 위하여 적용되며, 다른 목적과 목표를 달성하기 위한 기초 작업의 역할을 한다.

표 11.1: 데이터 시각화의 목적, 목표 그리고 설계 원칙

목적	목표	시각화 설계 원칙
분석 Analysis	탐색 Exploration	탐지 Detection
	수색 Reconnaissance	인지 Perception
	진단 Diagnosis	비교 Comparison
소개 Presentation	예증 To Simulate	미학 Aesthetics
	설득 To Persuade	수사 Rhetoric
	알림 To inform	설득 Exposition

데이터 시각화에 사용되는 모든 그래프(graphs)는 정보에 대한 명확한 의사 소통을 위하여 작성한다. 따라서 효과적인 그래픽 요약을 위해서는 다음의 ACCENT 기준을 검토하고 이를 달성할 수 있어야 한다. 이를 그래프 작성의 ACCENT 원칙이라고 한다[Burn (1993)][2].

그래프 작성의 ACCENT 원칙

- A(Apprehension, 인지): 고려한 변수들을 올바로 반영할 수 있는 방법 선택
  - 그래프가 고려한 변수들간의 관계를 이해하는데 최적화되어 있는가?
- C(Clarity, 명확): 그래프의 모든 요소를 시각적으로 구분
  - 가장 중요한 요소나 관계가 시각적으로 가장 잘 나타나는가?
- C(Consistency, 일치): 이전 그래프와의 유사성을 기반으로 그래프를 작성
  - 그래프의 요소, 기호, 모양 그리고 색상이 이전에 사용했던 그래프와 일치하는가?

[1]Friendly, M., & Meyer, D. (2015). Discrete data analysis with R: visualization and modeling techniques for categorical and count data (Vol. 120). CRC Press.

[2]Burn, D. A. (1993), Designing Effective Statistical Graphs. In C. R. Rao, ed., Handbook of Statistics, vol. 9, Chapter 22.

- E(Efficiency, 효율): 복잡할 수 있는 관계를 가능한 한 단순하게 묘사
  - 그래프의 요소가 경제적으로 사용되었는가 그리고 그래프는 쉽게 해석할 수 있는가?
- N(Necessity, 필요): 꼭 필요한 그래프 그리고 그래프의 요소들의 선택
  - 그래프가 표 또는 요약값 등의 대안보다 데이터를 설명하는데 더 유용한가?
  - 전달하고자 하는 관계를 표현하는데 현재의 모든 그래프 요소가 필요한가?
- T(Truthfulness, 진실): 암묵적 또는 명시적 척도들을 올바로 반영하는 그래프 요소들의 척도 결정

  -그래프의 요소들이 정확하게 배치되고 올바른 척도로 조정되었는가?

데이터 시각화의 유용성 여부는 다음 사항에 의하여 결정된다.

1. 데이터 소비자의 요구 사항
2. 적합한 데이터의 확보
3. 분석자의 데이터 이해도와 시각화 방법에 대한 역량

따라서 올바른 시각화를 위해서는 요구 사항 또는 분석자가 제시하고자 하는 정보를 데이터로부터 확보할 수 있는가를 가장 먼저 고려해야 한다. 시각화를 통하여 제공할 수 있는 정보는 기본적으로 [표 11.2]와 같이 10-키-인포(10-Key-Info)로 요약할 수 있다.

표 11.2: 데이터 시각화를 위한 10-Key-Info

	정보	설명
1	크기 Magnitude	빈도(frequecy, counts) 또는 양(size)의 비교
2	순서 Order	크기의 오름(ascending) 또는 내림(descending)의 순위(rank)
3	부분/비율 Proportion	전체에서 항목들의 집계 수 또는 비중(fraction)
4	편차 Deviation	기준값(reference value(s))과의 차이(양(+) 또는 음(-))

	정보	설명
5	분포 Distribution	전체 데이터의 구조(structure), 형태(shape), 위치, 범위 등
6	흐름 Flow	기준값의 변화에 따른 데이터(시퀀스)의 패턴(patterns)
7	변화 Change	시간의 변화에 따른 트렌드(trends)
8	상관 Correlation	2개의 양적 변수들간의 상관성(correlations)
9	연관 Association	개체 간의 관계(network) 또는 밀접도(associations)
10	공간 Space	공간적(spatial) 위치 또는 지리학적(geographical)으로 표현되는 값 또는 변화(changes)

최근의 데이터 시각화 방법들은 이러한 정보를 2개 이상 복합적으로 표현할 수 있는 응용 방법들을 제공한다. 하지만 이들을 활용하고 할 때는 반드시 앞서 강조한 ACCENT 기준에서 **효율성**과 **필요성**을 검토해야 한다.

[표 11.3]은 개별 요약(individual summary)의 관점에서 시각화에서 유용한 정보들을 정리한 것이다.

표 11.3: 데이터 시각화를 위한 10-Key-Info와 중요 시각화 방법[3]

		막대	파이	히스토그램	박스	산점	히트맵	모자이크	등고선	지도
1	크기	🚗	🚲		🚲					
2	순서	🚗	🚲		🚲					
3	부분/비율	🚗	🚗					🚗		
4	편차	🚗			🚲	🚗				
5	분포			🚗	🚗				🚲	🚲
6	흐름					🚗				
7	변화					🚗				
8	상관					🚗	🚗			
9	연관						🚗	🚗		
10	공간						🚲		🚗	🚗

- 점도표(dot plot)는 막대 그림과 동일한 정보를 표현한다.
- 선그림(line plot)은 산점도를 통하여 생성할 수 있고, x축이 단조 증가하는 경우, 산점도와 동일한 정보를 표현한다.

11.1 데이터 사전 정리

데이터 시각화에서 의도된 메시시지의 생생함을 위해서는 고려하는 데이터의 변수/범주 등에 대한 사전 정리를 필요로 한다. 일반적으로 데이터는 효율적인 입력을 위하여 축약된 형태의 변수/범주명을 사용한다. 따라서 데이터 시각화를 적용하기 전에 필요 변수, 범주, 단위 등을 사전에 정리하여 그래픽 요약에서 그 의미가 명확히 표현될 수 있도록 해야 한다.

> **데이터 시각화를 위한 사전 정리**
>
> - 변수 이름(들)과 범주 이름(들)을 의미 있는 용어로 변경한다.
> - 시각화 소비자 중심으로 데이터의 단위(units) 또는 척도(scale)를 변경하고 이를 명시적으로 표현한다.
> - 데이터 시각화를 위하여 변경된 데이터는 원시 데이터와 별도로 저장하고 관리한다.

간단한 예를 통하여 시각화를 위한 데이터 사전 정리 과정을 알아보도록 하자. [표 11.4]의 `mtcars`는 **R**에 내장된 데이터로 1974년도 미국의 Motor Trend US Magazine에 수록된 1973~1974년 출시 자동차의 다양한 특징들을 기록한 것이다. 고려된 변수들과 데이터의 유형은 [표 11.4]와 같다.

표 11.4: mtcars의 변수와 범주 그리고 데이터 유형

변수 명	설명	데이터 유형
mpg	Miles/Gallon, 연비	연속형
cyl	No. of Cylinders, 엔진의 기통수	이산형
disp	배기량($inch^3$)	연속형
hp	Gross Horsepower, 마력	연속형

[3]은 적절한 정보를 표현할 수 있고, 는 정보 표현이 가능하지만 유용성이 제한된다.

변수 명	설명	데이터 유형
drat	Rear axle ratio, 뒤차축비	연속형
wt	Weight(1000lbs), 무게	연속형
qsec	1/4 Mile time, 402m 도달 시간	연속형
vs	V or Straight Engine, 엔진형태	범주형
am	0 = auto, 1 = manual, 변속기어 종류	범주형
gear	No. of Forward Gears, 전진 기어 단계의 수	이산형
carb	No. of Carburetors, 기화기의 수	이산형

ggplot()에서 사용하는 데이터의 class()는 반드시 data.frame 이어야 한다.

```
class(mtcars)

# [1] "data.frame"
```

R환경에 있는 데이터는 다음의 함수를 이용하여 데이터의 대략적인 구조를 파악할 수 있다.

- str() 데이터에 포함된 개별 변수들과 형식 그리고 값의 일부를 확인
- str() head()와 tail() 전체 데이터 중에서 최초/최종 일부를 확인

```
str(mtcars)

# 'data.frame': 32 obs. of  11 variables:
#  $ mpg : num  21 21 22.8 21.4 18.7 18.1 14.3 24.4 22.8 19.2 ...
#  $ cyl : num  6 6 4 6 8 6 8 4 4 6 ...
#  $ disp: num  160 160 108 258 360 ...
#  $ hp  : num  110 110 93 110 175 105 245 62 95 123 ...
#  $ drat: num  3.9 3.9 3.85 3.08 3.15 2.76 3.21 3.69 3.92 3.92 ...
#  $ wt  : num  2.62 2.88 2.32 3.21 3.44 ...
#  $ qsec: num  16.5 17 18.6 19.4 17 ...
#  $ vs  : num  0 0 1 1 0 1 0 1 1 1 ...
#  $ am  : num  1 1 1 0 0 0 0 0 0 0 ...
#  $ gear: num  4 4 4 3 3 3 3 4 4 4 ...
#  $ carb: num  4 4 1 1 2 1 4 2 2 4 ...
```

그래프 사용자가 쉽게 이해할 수 있는 변수명으로 전환한다. 한글도 가능하다.

- dplyr::rename_all(tolower) 또는 dplyr::rename_all(toupper): 변수명은 가능하면 일관된 문자(예: 대문자 또는 소문자)를 사용한다.
- dplyr::rename(new = old): 기존 변수 이름(old)을 새로운 이름(new)로 변경한다.

```
auto.74 <- mtcars  %>%
 rename_all(tolower)  %>%
 rename(cylinders = cyl,
        displacement = disp,
        ra.ratio = drat,
        weight = wt,
        trans = am,
        carbuetors = carb
        )
```

- 해석이 용이하도록 데이터의 단위 또는 범주 이름 등을 재정리한다.
- dplyr::mutate(): 단위 변환시 사용하다.
- dplyr::recode(): 범주형 변수의 범주명 변경시 사용한다.
- base::cut(): 연속형 변수를 범주화할 때 사용한다.

변수 mpg는 Miles/Gallon으로 제시되었다. 이를 Km/litter로 전환하면 다음과 같다.

- 1 gallon = 3.78541 litters
- 1 mile = 1.60934 Km

```
auto.74 <- auto.74 %>%
  mutate(kml = (mpg * 1.60934) / 3.78541)
```

범주형 변수의 범주값들은 입력 편의성을 위하여 간단한 문자 또는 숫자로 입력한다. mtcars의 경우에도 vs와 trans 는 $\{0, 1\}$로 입력되었다. 이를 의미있는 변수명으로 전환하면 다음과 같다.

```
auto.74 <- auto.74  %>%
 mutate(vs = recode(vs, `0` = "v", `1` = "s"),
        trans = recode(trans, `0` = "auto", `1` = "manual")
        )
```

연속형 변수는 구간화(intervalization)를 통하여 범주형으로 전환할 수 있다. 이는 연속형 변수의 구간을 소수의 범주들로 구분하여 서로 다른 연산 또는 기준을 적용할 때 유용하다. 예를 들어, 2022년 현재 국내 자동차 세금은 엔진 배기량(displacement)에 세액을 곱하여 최종 납부액을 산출한다. 비영업용 차량에 대한 분류와 세금 납부액은 [표 11.5]와 같다.

표 11.5: 국내 자동차의 분류와 자동차 세금(2022년 12월 기준)

분류	배기량(cc)	차체 크기	세액 기준
경차	1000미만	(L, W, H) = (3.6, 1.6, 2.0) 이하	80원/cc
소형	1600미만	(L, W, H) = (4.7, 1.7, 2.0) 이하	140원/cc
중형	2000미만	소형 기준에서 1가지 이상 초과	200원/cc
대형	2000이상	중형 차체와 동일 또는 그 이상	200원/cc

mtcars의 배기량(displacement)는 큐빅 인치($inch^3$) 단위로 기록되어 있으며, 국내의 세금은 cc(cubic centimeter)이므로 이를 적절하게 환산하여 세금 부과 기준으로 분류할 수 있다.

- $(1\,inch)^3 = 16.387cm^3$

```
auto.74 <- auto.74 %>%
  dplyr::mutate(
    displacement.c = displacement * 16.387,
    taxclass = cut(displacement.c,
                   breaks = c(0, 1000, 1600, Inf),
                   include.lowest = FALSE,
                   labels = c(80, 140, 200)
                   ),
    tax = displacement.c * as.numeric(as.character(taxclass))
  )
```

세금액 부과 기준(배기량(cc))으로 범주화된 변수 taxclass를 이용하여 세금액(tax)의 결과를 확인해 보면 다음과 같다. 1600cc를 기준으로 자동차 세금액이 구분되는 것을 확인할 수 있다.

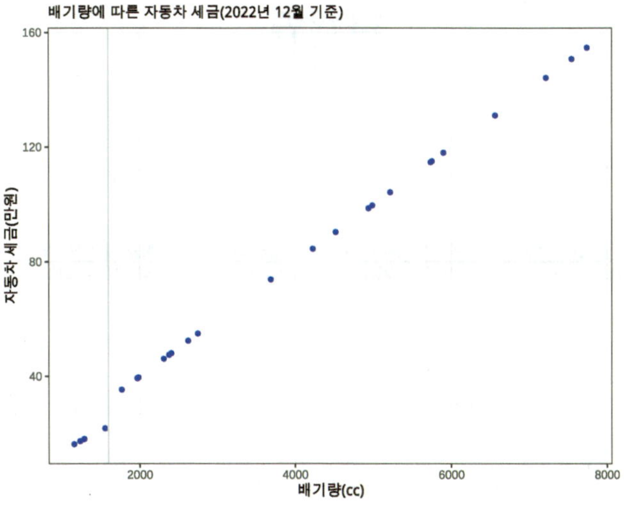

- 최종 정리되어 시각화에 사용된 데이터는 원하는 장소에 원하는 형식으로 저장한다.
- save(object, 화일명): R형식으로 저장한다.
- write.csv(object, 화일명): csv(comma seperated values) 형식으로 저장한다.

```
save(auto.74, file = paste0(data_path, "auto.74.RData"))      # R data 형식
write.csv(auto.74, file = paste0(data_path, "auto.74.csv"))    # csv 형식
```

11.2 ggplot2

ggplot2::는 [그림 11.1]의 통계 이론을 기반으로 하는 계산 시스템인 Grammar of Graphics(GG)에 기초한다[Wilkinson (2013)][4]. 이는 그래프를 구성할 때 기본 그림과 함께 통계적 변환과 모형(model)을 표현할 수 있도록 다양한 개념을 포함하고 있는 그래픽 패키지이다.

[4]Wilkinson, L. (2013). The grammar of graphics. Springer Science & Business Media.

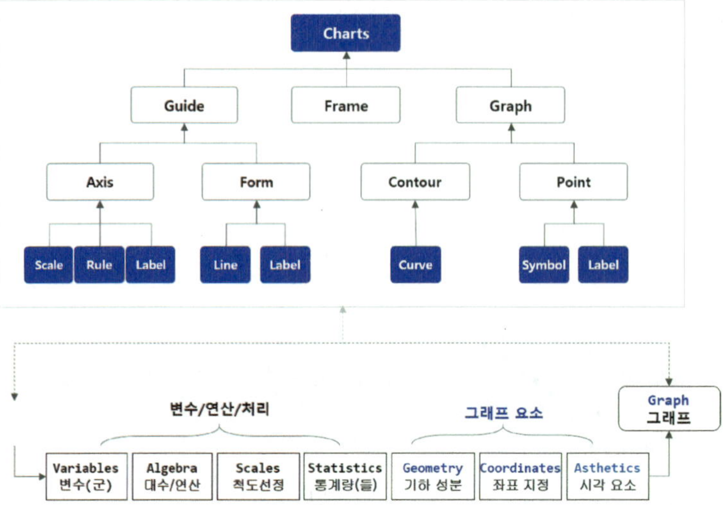

그림 **11.1:** Wilkinson의 GG(Grammar of Graphics), 2013

ggplot2::는 ggplot() - grammar of graphics plot - 의 기본 함수를 기초로 [그림 11.2]와 같이 기본구조-추가 요소- 변경/조정 요소를 적용하여 다양한 유연성을 허용한다 [Wickham (2010)][5].

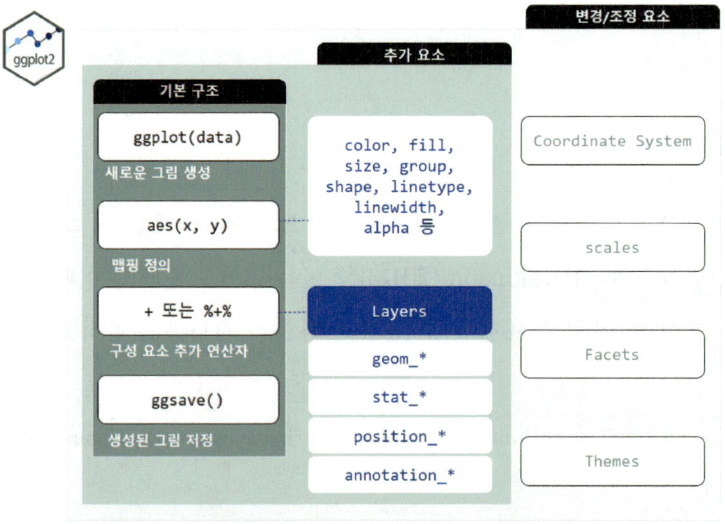

그림 **11.2:** ggplot()의 기본 구성

[5] Wickham, H. (2010). A layered grammar of graphics. Journal of Computational and Graphical Statistics, 19(1), 3-28.

ggplot()의 기본 구조는 ggplot(data) + aes(x, y)이며 + 또는 %+%를 이용하여 다양한 요소들을 추가하고 변경할 수 있으며, 최종 결과는 ggsave()를 이용하여 원하는 형식 - jpg, png, pdf 등 -으로 저장할 수 있다. 중요 구성 요소들의 특징은 [표 11.6]과 같다.

표 11.6: ggplot()의 중요 구성 요소

요소	설명
data	class()는 반드시 data.frame이어야 한다.
aes()	데이터를 표현할 시각적 특징(aestetics)을 정의한다.
	x, y, fill, size, color, shape 등
geom_*	데이터를 표현할 기하학적 객체(geometry)를 정의한다.
	points, lines, polygons 등
stat_*	데이터를 요약하는 통계적 변환(transformations)과 모형 (models)을 정의한다.
	counts, means, regression lines 등
scales	각 aes()에서 시각적 특성을 표현하는 방식을 정의한다.
	log, sqrt, continuous, discrete 등
coordinate system	데이터를 투영하는 2-차원 공간의 형식을 정의한다.
	cartesian, polar, map 등
facets	데이터의 하위 집합 분할과 그래프 표현 방식을 지정한다.
	grid, wrap, vars 등
themes	그림의 비-데이터(non-data) 요소를 제어한다.
	완전 지정 theme, 사용자 지정 theme 등

[그림 11.3]은 ggplot()의 기본 구조에 다양한 요소들을 추가해 가는 과정이다. 최종적으로 시각화된 그림은 theme()를 이용하여 비 데이터 요소 - 제목, 축 레이블, 눈금 표시, 축 눈금 레이블 및 범례의 추가/수정/삭제 등 - 를 보완할 수 있다. 여기서 정의하지 않은 비 데이터 요소들은 이전에 정의된 값으로 부터 상속된다. 이러한 작업은 결과물이 제시하는 메시시지의 생생함을 높이고, 시각화 결과의 소비자들과의 명확한 의사 소통을 위하여 필요한 과정으로, 기본적으로

고려해야 하는 항목들은 다음과 같다. 명령과 결과물을 비교하여 각 항목의 역할을 이해할 수 있어야 한다[6].

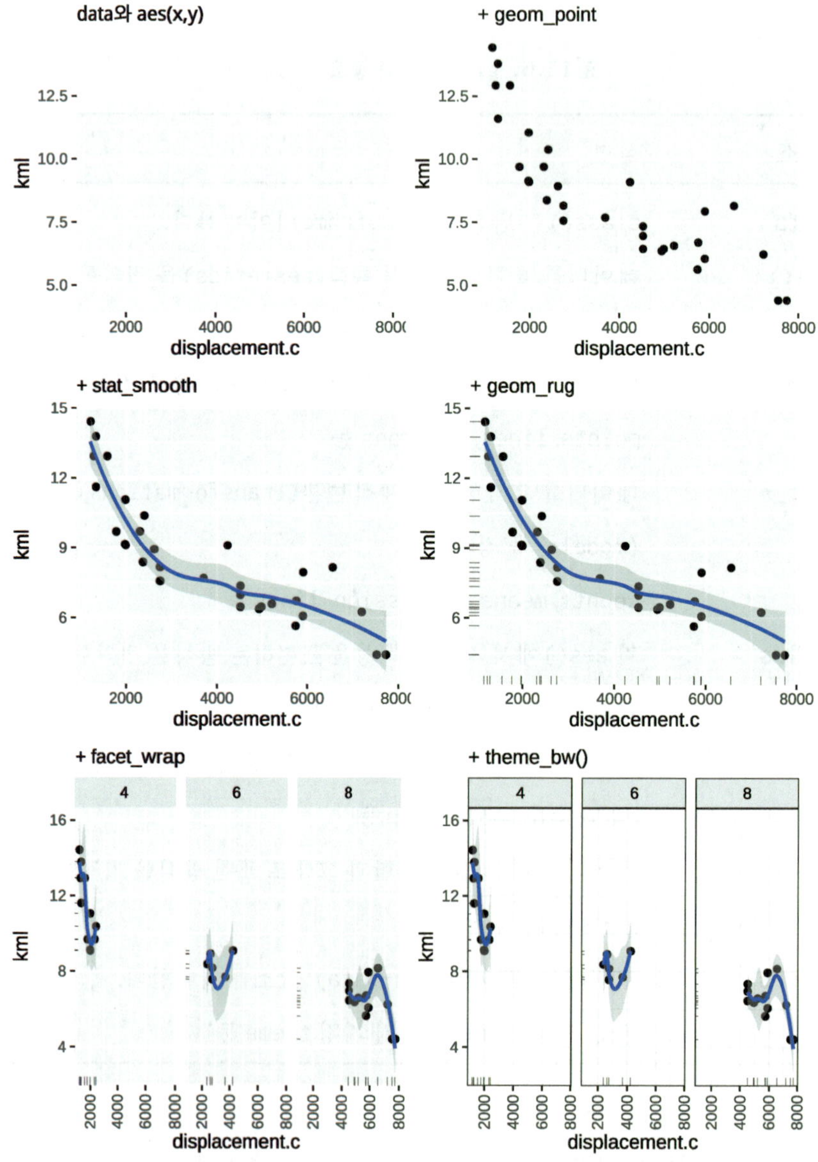

그림 11.3: ggplot()의 기본구조 그리고 구성 요소 추가와 조정/변경 요소

[6] https://ggplot2.tidyverse.org는 이에 대한 방대한 양의 추가/조정 방법과 그에 대한 사례가 설명되어 있다.

```
theme_ko <- theme(plot.title=element_text(color="blue", size=13, hjust= 0.5),
                  plot.subtitle=element_text(size=10, color="darkgray"),
                  plot.caption=element_text(size=9, face="italic", color="orange"),
                  axis.title=element_text(size=12,face="bold", color="black"),
                  axis.text.y=element_text(color="gray", size=8),
                  axis.text.x=element_text(color="gray", size=8)
                  )

ggplot(auto.74, aes(x = displacement.c, y = kml)) +
 geom_point() +
 stat_smooth() +
 geom_rug(position="jitter", size=.1) +
 facet_wrap(~cylinders) +
 theme(axis.text.x = element_text(angle = 90, vjust = 0.5, hjust=1)) +
 labs(title = "실린더의 수로 구분된 배기량(cc)과 연비(km/l)",
      subtitle = "auto.74: 1973-74 in US",
      caption = "데이터 출처: 1974 Motor Trend US magazine.",
      tag = "[그림 1]",
      x = "배기량(cc)",
      y = "연비(km/l)"
      ) +
 theme_bw() +
 theme_ko
```

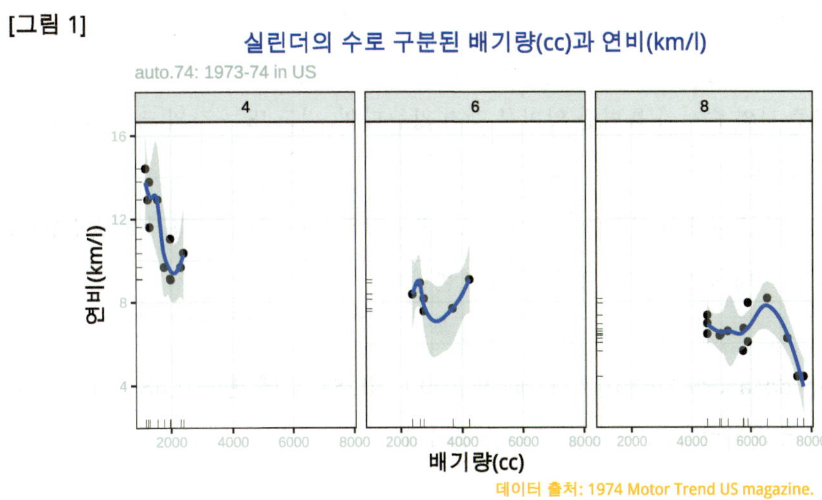

최종 완성된 ggplot은 객체(object)로 저장하여 이를 원하는 형식 - pdf, png, jpg 등 - 으로 저장할 수 있다.

```
ggsave("auto.cc.pdf")                    # ggsave("auto.cc.png")
```

11.3 10-키-인포의 시각화 방법

ggplot()을 이용하여 10-키-인포(10-key-info)를 표현할 수 있는 다양한 방법들을 **R**의 내장 데이터와 그래프의 형식 이해를 위한 가상 데이터를 용하여 대하여 알아보기로 한다.

11.3.1 막대 그림 bar/column charts

막대 그림 bar/column charts: 크기(빈도, 양), 순서, 비율, 편차

- 범주형 변수의 범주별 빈도의 크기를 표현할 수 있다.
- 범주형 변수와 관련된 연속형 변수가 존재하는 경우, 연속형 변수의 요약값의 양을 표현할 수 있다.
- 범주형 변수와 관련된 또 다른 범주형 변수가 존재하는 경우, 이를 구분하여 표현할 수 있다.

Tips

- 범주 값의 순서가 특별한 의미를 갖지 않는다면, 빈도 또는 값의 크기에 따라 범주를 재정렬한다.
- 정보의 표현에서 가로(horizontal) 또는 세로(vertical) 형식을 결정한다.
- 개별 막대에 빈도 또는 값을 함께 표현한다.

bar.data.csv는 ggplot2::mpg의 1999~2008년도에 판매된 38종의 자동차의 연비와 특징을 기록한 데이터 중의 일부를 발췌한 것이다.

```
bar_data <- read.csv(paste0(data_path, "bar.data.csv"))
```

표 11.7: ggplot2::mpg의 일부 변수들

class	cylinder	drive	city

compact	4	front	18
compact	4	front	21
compact	4	front	20
compact	4	front	21
compact	6	front	16
compact	6	front	18

Note:

class: 차종(범주형)

cylinder: 기통수(범주형)

drive: 주행 방식(범주형)

city: 연비(연속형)

예제 9. 기본 그림: 단일 범주형 변수

- `geom_bar()`: 막대 그림을 추가하는 레이어이다.
- `coord_flip()`: 그래프의 (x, y) 축을 (y, x)로 전환한다.

```
ggplot(bar_data, aes(class)) +
 geom_bar(color = "white", fill = "blue") +
 theme_bw()

ggplot(bar_data, aes(class)) +
 geom_bar(color = "white", fill = "blue") +
 coord_flip() +
 theme_bw()
```

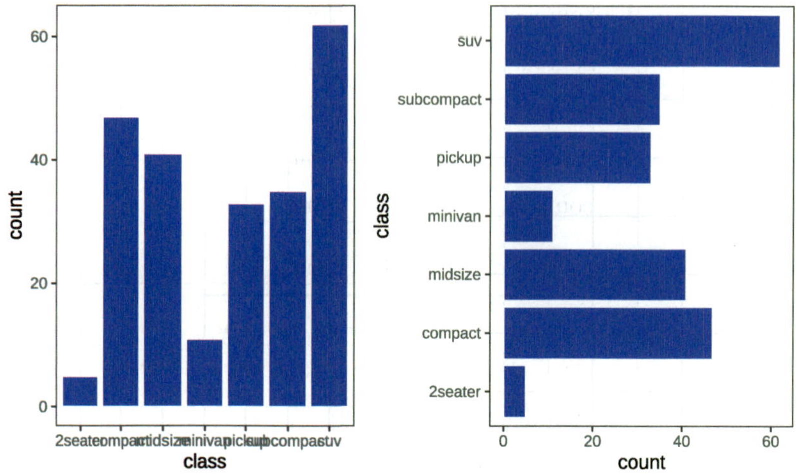

범주 별 빈도를 순차적으로 나열하기 위해서는 다음의 함수를 적용한다.

- dplyr::count(): 하나 이상의 변수에서 고유한 값들로 빈도를 계산한다.

  count(x, ..., wt = NULL, sort = FALSE, name = NULL)

- forcats::fct_reorder(): 특정 범주형 변수를 지정된 함수에 따라 재정렬한다.

  fct_reorder(.f, .x, .fun = median, ..., .desc = FALSE)

- ggplot2::geom_text(): 그래프에 문자 또는 숫자를 추가할 수 있다.

```
bar_data  %>%
 count(class, name = "nclass")  %>%
 mutate(class = fct_reorder(class, nclass))  %>%
 ggplot(aes(class, nclass )) +
 geom_bar(stat = "identity", color = "white", fill = "blue") +
 labs(subtitle = "ggplot2::mpg 데이터",
      x = "차종",
      y = "빈도"
      ) +
 coord_flip() +
 geom_text(aes(label=nclass), hjust = 2, color="white", size=3) +
 theme_bw()
```

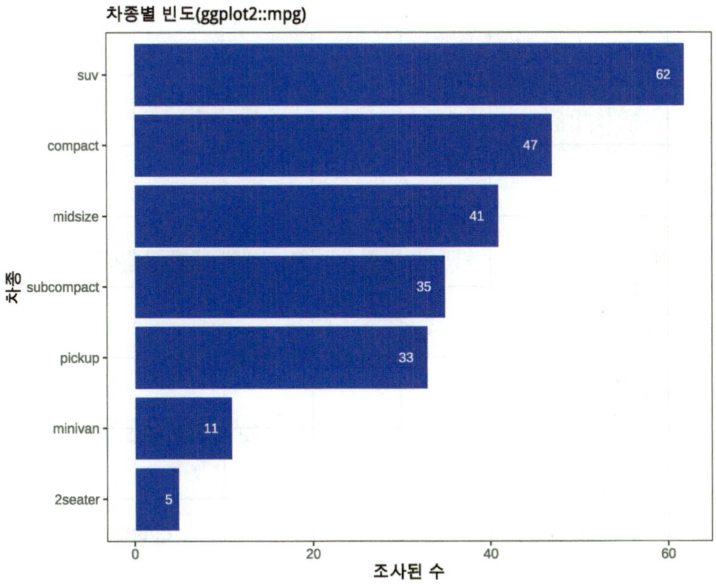

예제 10. 기본 그림: *2*개의 범주형 변수들

제 1 범주형 변수(cylinder)의 각 범주별 전체 빈도 중에서 제 2의 범주형 변수(drive)에 의한 비중을 구별하여 표현하고자 할 때 사용한다. 분류된 비중을 표현하는 방법은 쌓기(stack)와 비켜 놓기(dodge)로 구분된다. 이를 지정하지 않는 경우 쌓기 결과를 제공한다.

- aes(fill = var): 개별 막대 내에 표시할 변수를 지정한다.

```
bar_data  %>%
 ggplot(aes(class, fill = drive)) +
 geom_bar() +
 coord_flip()

# geom_bar(position = "dodge2")와 결과를 비교하세요.
bar_data  %>%
 ggplot(aes(class, fill = drive)) +
 geom_bar(position = position_dodge2(preserve = "single")) +
 coord_flip()
```

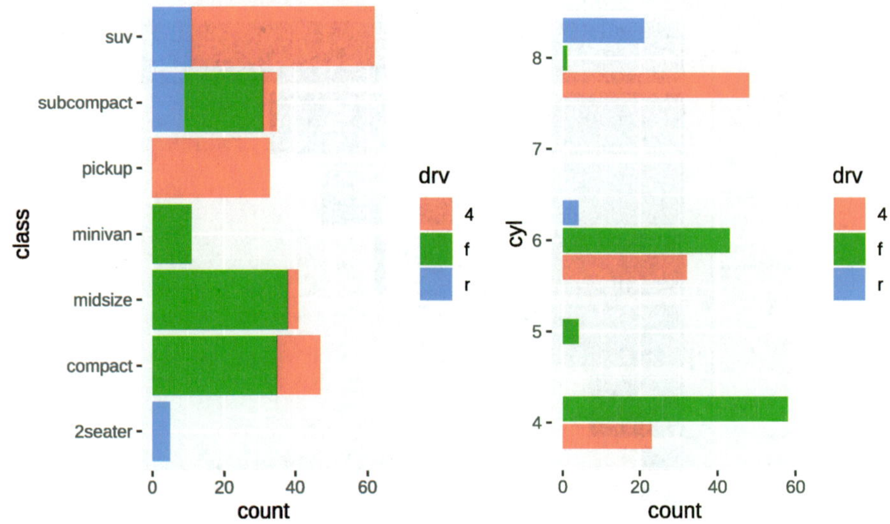

예제 11. 기본 그림: 2개의 범주형 변수들 - 범주 별 비율(%)

서로 다른 빈도를 갖는 범주들에 대하여 각 범주 기준 비율(%)을 표현하는 것이 유용하다.

ggplot2::scale_*_continuous(): x 또는 y가 연속형인 경우, 이의 scale을 변환하고, label 형식을 지정할 수 있다. 비슷한 방법으로 다음이 가능하다.

scale_*_log10(): 해당 축을 log() 형태로 표현할 수 있다.

scale_*_sqrt(): 해당 축을 제곱근(square root) 형태로 표현할 수 있다.

scale_*_reverse(): 해당 축의 값을 역순(큰 값 > 작은 값) 으로 나열할 수 있다.

```
bar_data  %>%
 ggplot(aes(x= cylinder, fill = drive)) +
 geom_bar(position="fill") +
 scale_y_continuous(labels = scales::percent) +
 theme_bw()
```

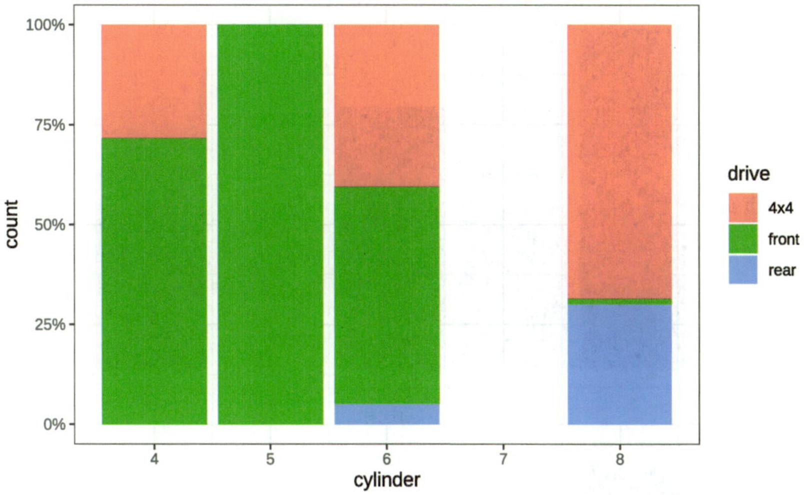

예제 12. 기본 그림: 범주형 변수의 범주 별 요약값 표현

- `base::round(x, digits)`: 변수 x를 digits로 반올림한다.

범주 별 요약값은 `geom_bar()`와 `geom_col()`을 이용하여 표현할 수 있다. 요약값을 막대 내/외에 표시하기 위해서는 요약값을 사전 정제하여야 한다. 이때, `dplyr::summarize()`가 유용하다. 다음의 2 가지 방법은 동일한 결과를 제공한다.

```
bar_data  %>%
 ggplot(aes(x= cylinder, y = city)) +
 geom_bar(stat = "summary", fun.y = "mean", color = "white", fill = "blue") +
 theme_bw()

bar_data  %>%
 group_by(cylinder)  %>%
 summarize(avg = mean(city))  %>%
 ungroup()  %>%
 ggplot(aes(x= cylinder, y = avg)) +
 geom_col(color = "white", fill = "blue") +
 geom_text(aes(label= round(avg, 1)), vjust = 2, color="white", size=3) +
 theme_bw()
```

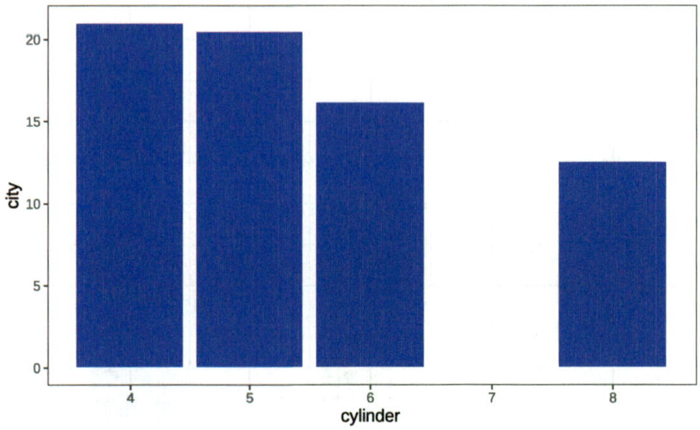

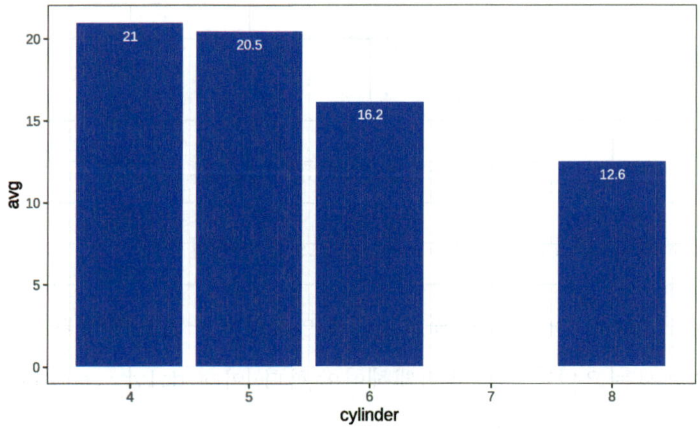

실습 13. 세계 주류 소비량(2018) `alcohol.csv`

다음은 2018년도 각 나라별 주류 소비량이다.

- 자신에게 음주 제한을 설정하고 그것을 반드시 지켜 주세요.
- 미리 물을 마셔 갈증을 해소하세요.
- 천천히 마시세요.
- 술을 마시기 전과 마시는 도중에 음식을 드세요.
- 다른 종류의 술을 시작하기 전에 음주를 끝마치세요.
- 알코올 음료 사이에 무알코올 음료를 드세요.
- 술을 마시는 동안 활동하세요. 앉아 있지만 말고 대신 당구를 치거나 춤을 추세요.

* 언제 어디서 술을 마십니까? 그 상황을 피할려고 노력하세요.
* 술을 줄이는 전략을 개발하세요.
  술을 마시지 않는 지인들과 더 자주 어울리고 무알콜 모임을 구성해 보세요.
* 필요한 경우, 의사 또는 지역 건강 담당자와 상의하세요.

https://www.healthdirect.gov.au/managing-your-alcohol-intake

데이터 불러오기 및 구조 확인

```
drink <- read.csv(paste0(data_path, "alcohol.csv"))
str(drink)
```

```
# 'data.frame': 193 obs. of  5 variables:
# $ country             : chr  "Afghanistan" "Albania" "Algeria" "Andorra" ...
#  $ beer_servings               : int  0 89 25 245 217 102 193 21 261 279 ...
#  $ spirit_servings              : int  0 132 0 138 57 128 25 179 72 75 ...
#  $ wine_servings                : int  0 54 14 312 45 45 221 11 212 191 ...
# $ total_litres_of_pure_alcohol: num  0 4.9 0.7 12.4 5.9 4.9 8.3 3.8 10.4 9.7 ...
```

변수 명 재정의

```
drink <- drink %>%
rename(total = total_litres_of_pure_alcohol,
       beer = beer_servings,
       spirit = spirit_servings,
       wine = wine_servings
       )
str(drink)
```

```
# 'data.frame': 193 obs. of  5 variables:
#  $ country: chr  "Afghanistan" "Albania" "Algeria" "Andorra" ...
#  $ beer   : int  0 89 25 245 217 102 193 21 261 279 ...
#  $ spirit : int  0 132 0 138 57 128 25 179 72 75 ...
#  $ wine   : int  0 54 14 312 45 45 221 11 212 191 ...
#  $ total  : num  0 4.9 0.7 12.4 5.9 4.9 8.3 3.8 10.4 9.7 ...
```

알코올을 많이 섭취하는 상위 5 개국은 어떤 국가들인가?

- `dplyr::top_n(data.frame, n, wt)` wt변수에 따른 n개의 케이스를 선택한다.
- `dplyr::arrange()` 값을 순서대로 나열한다.
- `dplyr::desc()` 큰 값부터 작은 값으로 나열한다.

```
drink  %>%
 top_n(5, wt = total)  %>%
 arrange(desc(total))
```

```
#         country beer spirit wine total
# 1       Belarus  142    373   42  14.4
# 2     Lithuania  343    244   56  12.9
```

```
# 3        Andorra  245    138  312  12.4
# 4        Grenada  199    438   28  11.9
# 5 Czech Republic  361    170  134  11.8
# 6         France  127    151  370  11.8
```

대한민국은 전 세계 중앙값보다 더 많은 알코올을 소비하는가?

```
drink %>%
 mutate(med = median(total, na.rm = TRUE)) %>%
 mutate(alcohol = total - med,
        country = fct_reorder(country, total)
        ) %>%
 ggplot(aes(country, alcohol)) +
 geom_col(fill = "blue") +
 geom_vline(aes(
  xintercept = which(levels(as.factor(country)) == 'South Korea')),
  color = "red",
  lty = 1
  ) +
 labs(x = "총 주류 소비량(litters)",
     y = "국가",
     subtitle = "국가 별 총 주류 소비량"
     ) +
 coord_flip() +
 theme_bw() +
 theme(text = element_text(size = 3))
```

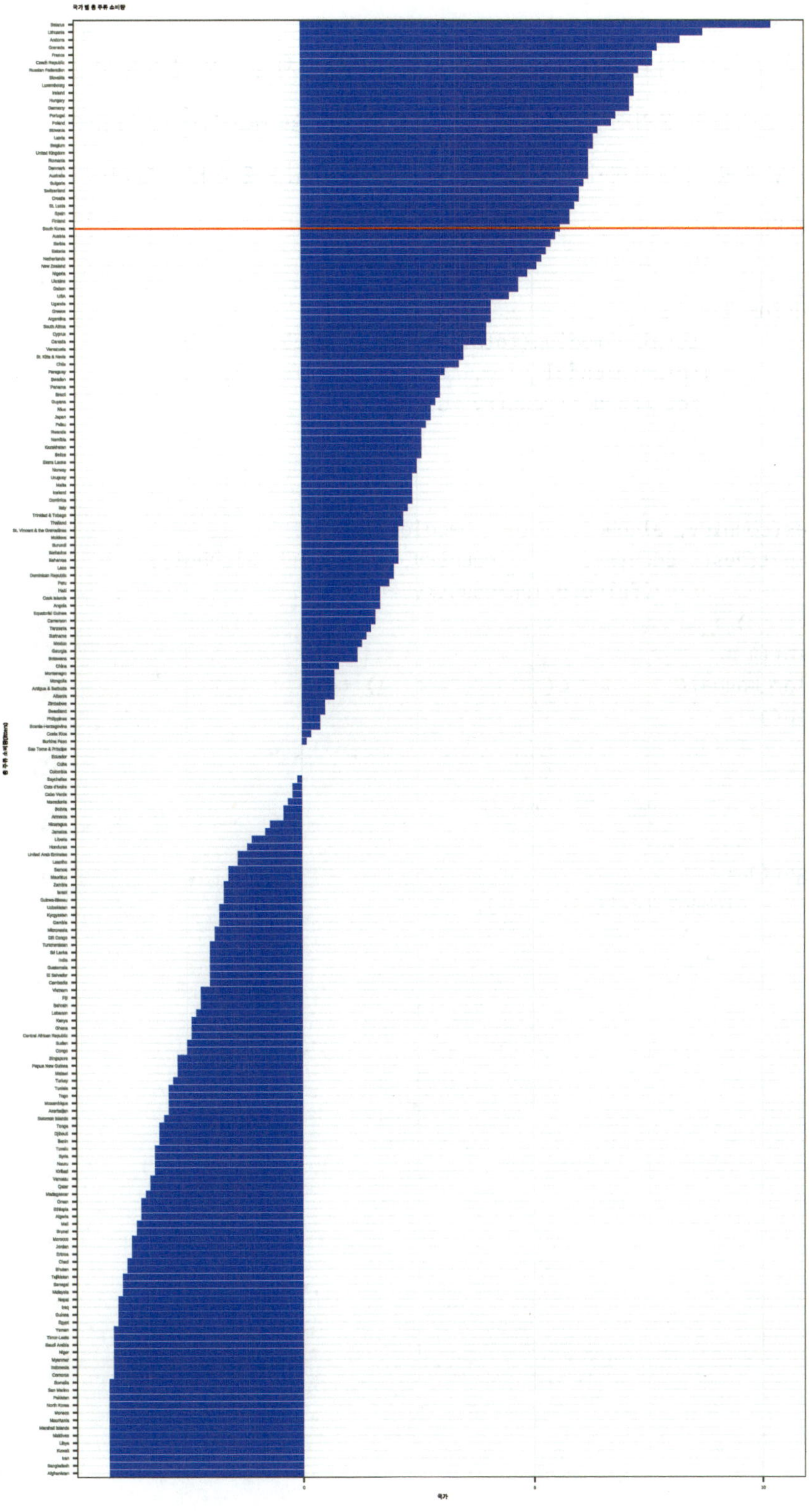

앞의 막대 그림은 크기와 순서 그리고 평균 소비량과의 편차를 모두 확인할 수 있다. 하지만 막대가 중첩되어 명확성이 떨어진다. 이를 위하여 다음과 같이 geom_point() 와 geom_segment()를 이용하여 그림을 좀 더 명확하게 표현할 수 있다. 이러한 그림을 롤리팝 그림(lollipop chart)이 이라고 부른다.

```
drink <- drink %>%
 mutate(alcohol = total - median(total, na.rm = TRUE),
        acolor = ifelse(alcohol <= 0, "color1", "color2"),
        country = fct_reorder(country, alcohol)
        )
#
drink %>%
 ggplot(aes(country, alcohol, color = acolor)) +
 geom_segment(aes(x=country, xend= country, y=0, yend= alcohol),
              color = ifelse(drink$country == "South Korea", "red", "gray")
              ) +
  geom_point() +
 scale_color_manual(values = c("blue","red" )) +
 coord_flip() +
 labs(x = "총 주류 소비량(litters)",
      y = "국가",
      subtitle = "국가 별 총 주류 소비량"
      ) +
 theme_light() +
 theme(text = element_text(size = 4),
       legend.position="none"
       )
```

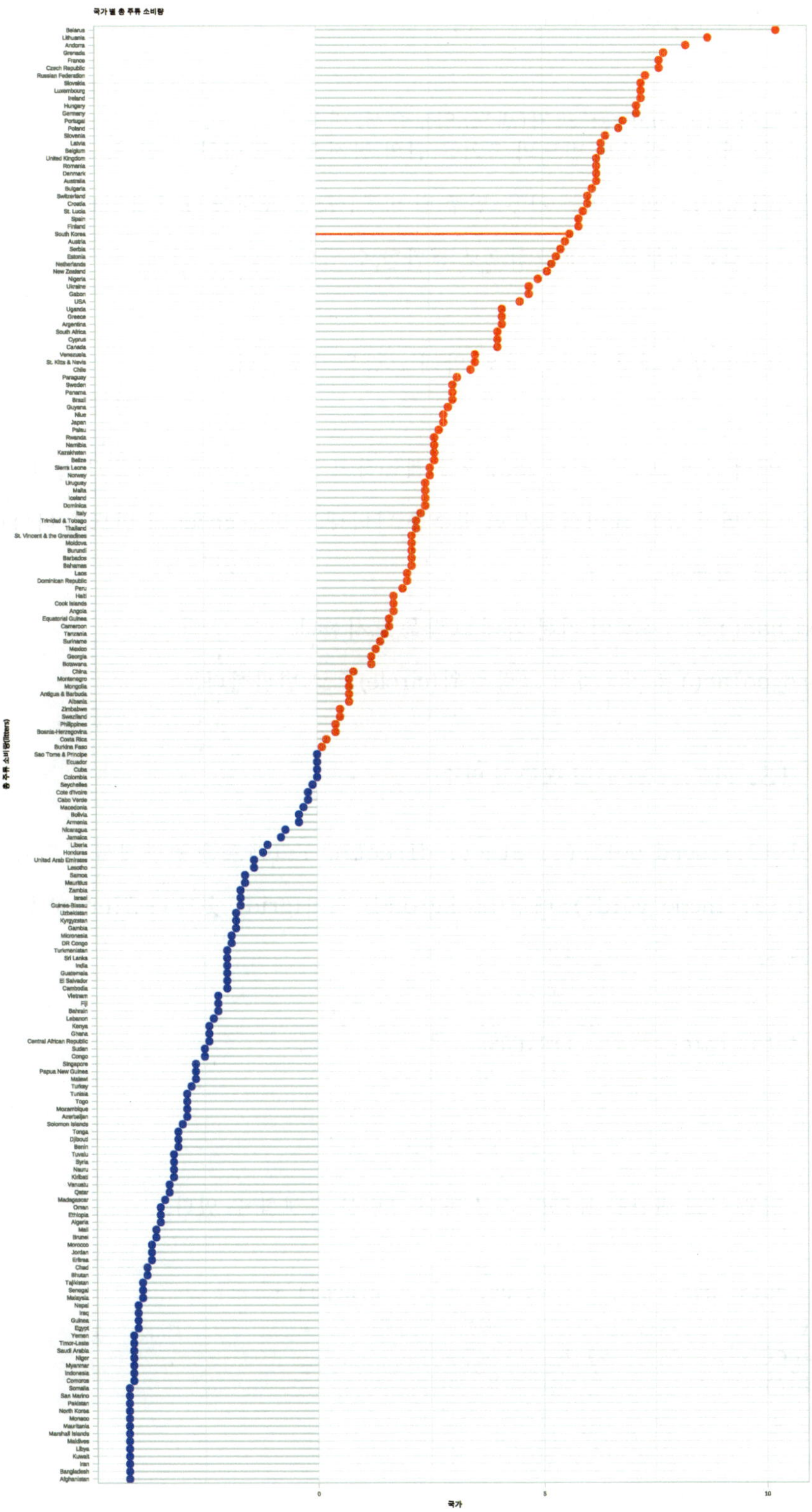
국가 별 총 주류 소비량
총 주류 소비량(litters)
0
5
10
국가

11.3.2 파이 그림 pie charts

파이 그림 pie charts: 크기(빈도, 양), 순서, 비율

- 범주형 변수의 범주별 빈도의 크기를 원의 면적으로 표현할 수 있다.
- 전체(Total)가 의미 있는 경우, 범주 별 비중(%)을 표현할 때 유용하다.
- 파이 그림은 대부분 막대 그림으로 전환할 수 있다.

Tips

- 전체(Total)가 대상이 아닌 경우, 막대 그림을 사용한다.

ggplot()에서 파이 그림을 위한 geom_*를 제공하지 않는다. 따라서 다음과 같이 구현한다.

1. 전체가 의미가 있는 데이터로부터 범주를 나타내는 변수 group과 빈도를 나타내는 변수 counts로 정제한다.
2. geom_bar()를 이용하여 기본 막대 그림을 도시한다.
3. coord_polar()를 이용하여 그림을 원(circle)으로 변환한다.

예제 13. 기본 그림: 단일 범주형 변수

ggplot2::coord_polar(., start, direction) 그래프를 평면에서 원으로 전환한다.

ggplot2::theme_void(): 배경(backgroud), 격자(grid), 숫자 라벨(numeric labels)을 모두 제거한다.

```
pie_data<-data.frame(group = LETTERS[1:6],
                     value = c(30, 20, 10, 5, 3, 2)
)
```

단순 막대 그림과 좌표 변환을 통하여 기본 파이 그림을 작성할 수 있다.

```
ggplot(pie_data, aes(x="", y = value, fill = group)) +
 geom_bar(stat="identity", width = 1)+
 coord_polar("y", start = 0) +
 theme_void()
```

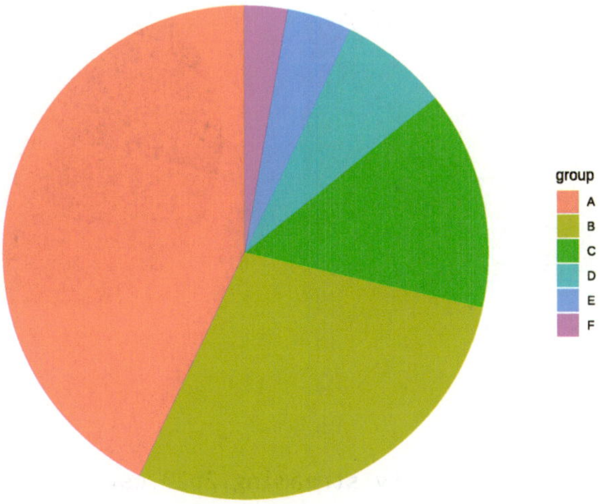

파이 그림의 각 조각(slice) 내의 중앙에 범례(legend)를 추가하기 위하여 새로운 변수를 생성한다. 새로운 범례를 위하여 생성된 막대 그림(좌) 그리고 이를 파이 그림으로 전환한 그림(우)은 다음과 같다.

```
# 조각별 범례의 생성
pie_data <- pie_data %>%
  arrange(desc(group)) %>%
  mutate(prop = value / sum(value) *100) %>%
  mutate(ypos = cumsum(prop)- 0.5*prop )

# 범례를 반영한 파이 그림
ggplot(pie_data, aes(x="", y=prop, fill=group)) +
  geom_bar(stat="identity", width=1, color="white") +
  coord_polar("y", start=0) +
  theme_void() +
  theme(legend.position="none") +
  geom_text(aes(y = ypos, label = group), color = "white", size=3)
```

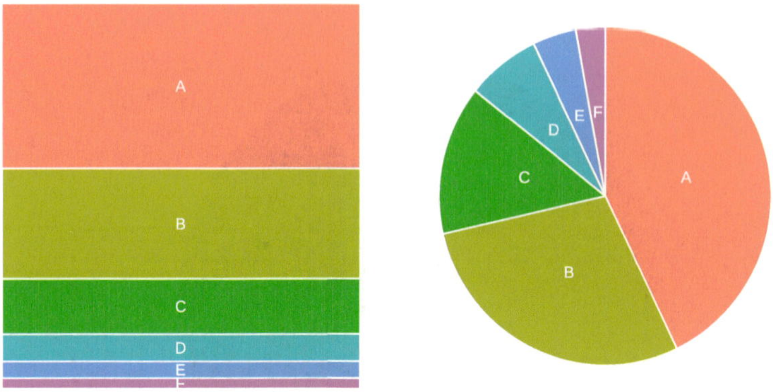

실습 14. 시장 점유율 시각화 tv.streaming.2020.csv

다음은 2020년 전세계 TV 스트리밍(streaming)의 시장 점유율을 조사한 데이터이다[7].

데이터 불러오기

```
tvms <- read.csv(paste0(data_path, "tv.streaming.2020.csv"))
```

데이터 구조 확인

```
str(tvms)

# 'data.frame': 11 obs. of  2 variables:
#  $ streaming: chr  "Tizen" "WebOS" "Sony PlayStation" "Roku TV OS" ...
#  $ market   : num  12.7 7.3 6.4 6.4 6.4 5.9 3.7 3.1 2.7 1.6 ...
```

기본 파이 그림

```
ggplot(tvms, aes(x="", y=market, fill=streaming)) +
  geom_bar(stat="identity", width=1) +
  coord_polar("y", start=0) +
 theme_void()
```

---

[7] https://www.statista.com/statistics/ 스트리밍(streaming)이란 인터넷으로부터 셋톱 박스 또는 중계 장비 없이 바로 동영영상을 보거나 음악을 들을 수 있는 서비스를 말한다. 이는 사용자가 인터넷으로 부터 매우 작은 단위로 음악/영상을 다운로드하고 이를 즉시 압축 해제 및 재생하는 기술로 인터넷의 속도가 빠를수록 부드럽게 음악/영상을 재생할 수 있다.

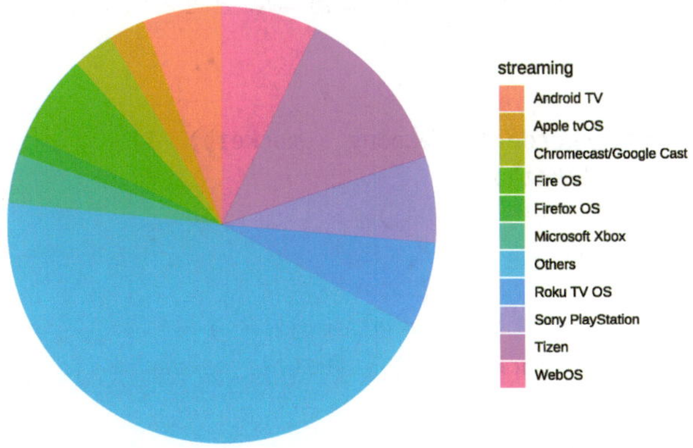


```
tvms <- tvms %>%
  arrange(desc(streaming)) %>%
  mutate(prop = market / sum(market) *100) %>%
  mutate(ypos = cumsum(prop)- 0.5*prop )

ggplot(tvms, aes(x="", y=prop, fill=streaming)) +
  geom_bar(stat="identity", width=1, color="white") +
  coord_polar("y", start=0, direction = -1) +
  theme_void() +
  theme(legend.position="none") +
  geom_text(aes(y = ypos, label = streaming), color = "white", size=6)
```

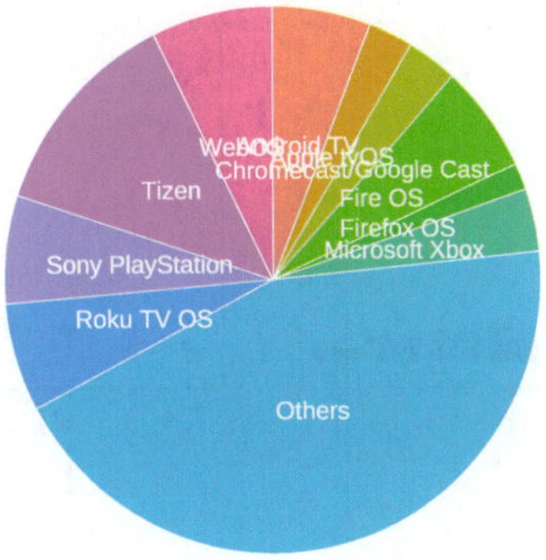

다음은 파이 그림을 막대 그림과 롤리팝 그림으로 전환하여 도시한 것이다. 이는 파이 그림과 비교할 때 보다 명확하게 정보를 확인할 수 있다. 따라서 파이 그림은 반드시 필요한 경우가 아니면, 막대 그림 또는 항목이 많은 경우에는 롤리팝 그림으로 전환하여 표현하는 것이 바람직하다.

```
tvms %>%
 mutate(streaming = fct_reorder(streaming, -market))  %>%
 ggplot(aes(streaming, market)) +
 geom_col(color= "white", fill ="blue") +
 labs(x = "TV streaming OS",
      y = "점유율",
      subtitle = "2020년 전세계 TV Streaming 점유율") +
 geom_text(aes(label=round(market, 1)), vjust=2, color="white",size=3) +
 theme_bw() +
 theme(text = element_text(size = 3),
       axis.text.x = element_text(angle = 90, vjust = 0.5, hjust=1))

tvms %>%
 mutate(streaming = fct_reorder(streaming, market))  %>%
 ggplot(aes(streaming, market)) +
 geom_point(color = "blue") +
 geom_segment(aes(x=streaming, xend= streaming, y=0, yend= market), color = "blue") +
 labs(x = "TV streaming OS",
      y = "점유율",
      subtitle = "2020년 전세계 TV Streaming 점유율") +
 theme_bw() +
 theme(text = element_text(size = 3),
       axis.text.x = element_text(angle = 90, vjust = 0.5, hjust=1))
```

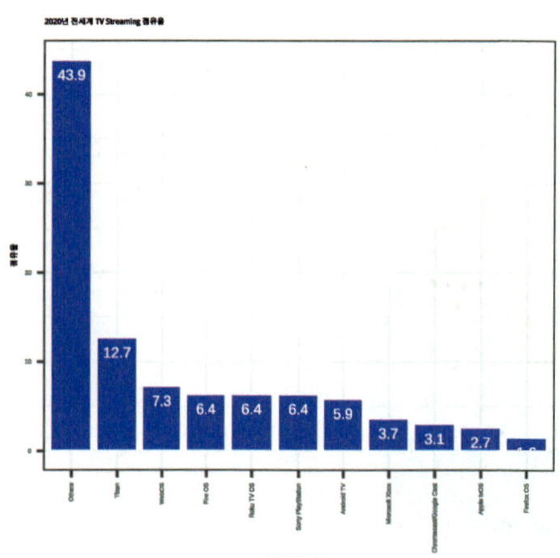

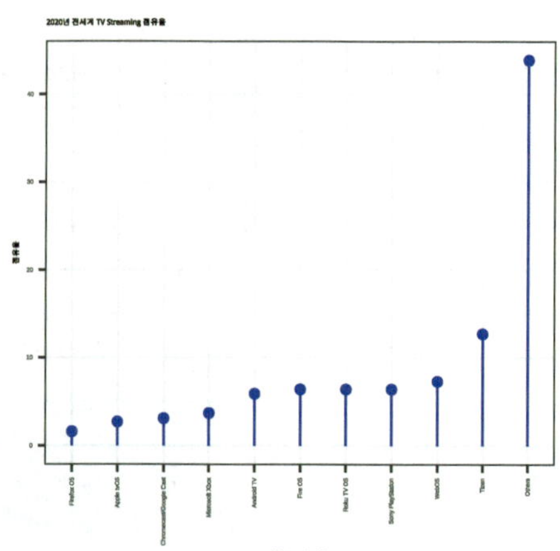

11.3.3 히스토그램 histogram

히스토그램(histogram)은 연속형 데이터의 대략적인 분포(distribution)를 확인할 수 있는 방법이다[Pearson (1895)][8]. 이는 숫자들의 집합을 사전 정의된 빈(bin)의 크기 또는 일정 개수의 빈(bins)의 수로 구분하여 데이터를 표현한다. 이때 빈의 크기 또는 수는 분포의 모양을 판단하는데 중요한 역할을 한다. 히스토그램은 앞서 논의된 줄기-잎 그림과 거의 동일한 정보를 제공하지만, 시각적으로 다양하게 표현할 수 있다는 장점을 갖는다.

히스토그램에서 관찰 가능한 정보

- 데이터의 좌우대칭 여부와 양(+)과 음(+)의 왜도
- 데이터의 대표값에 대한 대략적 위치
- 데이터의 범위와 산포의 정도
- 군집의 존재 유무
- 이상점의 존재 유무

예제 14. 기본 그림: 가상 데이터

bin과 binwidth의 조절

rnorm(n, mean, stdev)는 정규분포로 부터의 난수를 생성한다.

```
hist_data <- data.frame(values = rnorm(100, 100, 10))

hist_data  %>%
 ggplot(aes(x=values)) +
 geom_histogram(binwidth = 5, color = "white", fill = "blue") +
 labs(subtitle = "binwidth = 5") +
 theme_bw()

hist_data  %>%
 ggplot(aes(x=values)) +
 geom_histogram(bins = 17, color = "white", fill = "blue") +
 labs(subtitle = "bins = 17") +
 theme_bw()
```

[8] Pearson, K. (1895). "Contributions to the Mathematical Theory of Evolution. II. Skew Variation in Homogeneous Material". Philosophical Transactions of the Royal Society A: Mathematical, Physical and Engineering Sciences. 186: 343–414.

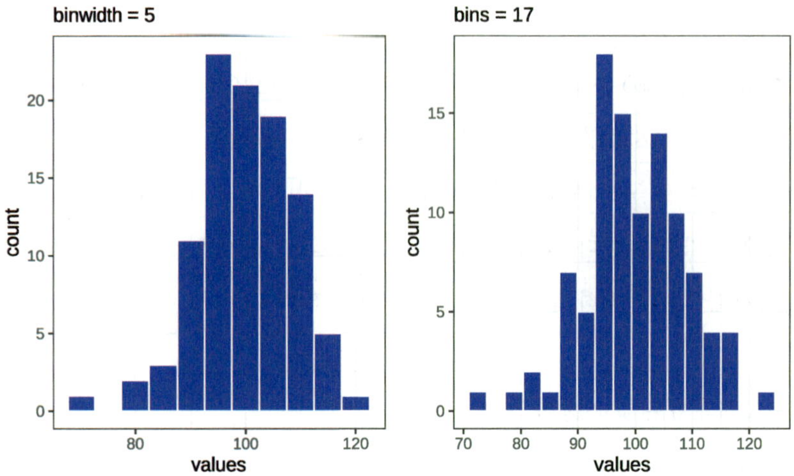

히스토그램에서 연속형 변수의 확률 밀도(probability density)의 형태를 파악하기 위해서는 그림의 총 면적을 1.0으로 척도화해야 한다. 이를 위하여 다음을 지정한다.

- y = ..density.. 히스토그램의 y축을 밀도화한다.

```
diamonds %>%
 ggplot(aes(x =carat,y=..density..)) +
 geom_histogram(bins = 17, color ="white",fill ="blue") +
 theme_bw()
```

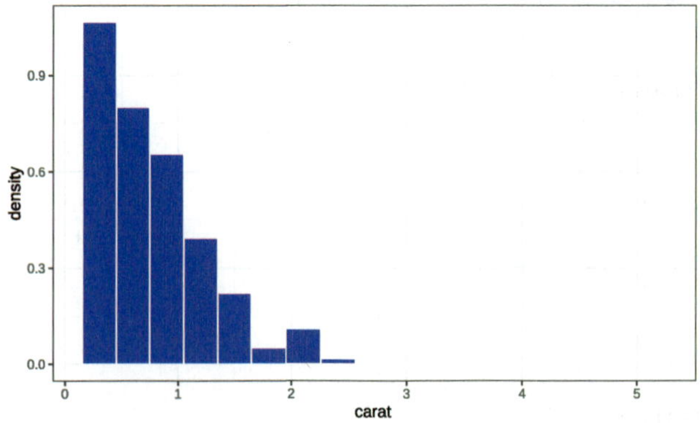

만일 좀 더 부드럽게 적합되는 밀도함수를 원한다면, 커널 밀도 추정(kernel density estimation; KDE)을 고려할 수 있다. 주어진 데이터 $x_1, x_2, \ldots, x_n$을 밀도 함수 $f(x)$로 부터의 임의 표본이라고 가정한다면 이의 추정치는 다음과 같이 구할 수 있다.

$$\hat{f}(x) = \frac{1}{n}\sum_{i=1}^{n}\frac{1}{h}K\left(\frac{x-x_i}{h}\right)$$

여기서 $K(\cdot) > 0$을 커널(kernel) 그리고 평활화 모수 $h > 0$를 밴드 너비(bandwidth)라고 한다. 만일 커널이 정규분포(gaussian)라면 커널과 밴드너비는 다음을 기본으로 지정한다.

$$K(z) = \frac{1}{\sqrt{2\pi}}e^{-\frac{z}{2}} \quad \text{그리고} \quad h = 0.9 \times \left[\min\left(s, \frac{\text{IQR}}{1.35}\right)\right] \times n^{-\frac{1}{5}}$$

확률 밀도의 표현

geom_density() 또는 stat_density() 커널 밀도 그림을 생성할 수 있다. 기본 kernal 은 gaussian이며, 다음 중 하나를 선택할 수 있다.

- kernel =c("gaussian", "epanechnikov", "rectangular", "triangular", "biweight", "cosine", "optcosine")
- adjust = 1을 이용하여 smoothing bandwidth를 조절할 수 있다. 1을 기준으로 1 보다 작은 경우에는 bandwith 보다 작게 그리고 1 보다 크면 bandwith보다 큰 값으로 평활화한다.

예제 15. 커널 밀도 그림: 가상 데이터

```
hist_data  %>%
 ggplot(aes(values)) +
 geom_density(adjust = 1) +
 labs(subtitle = "adjust = 1") +
 theme_bw()
```

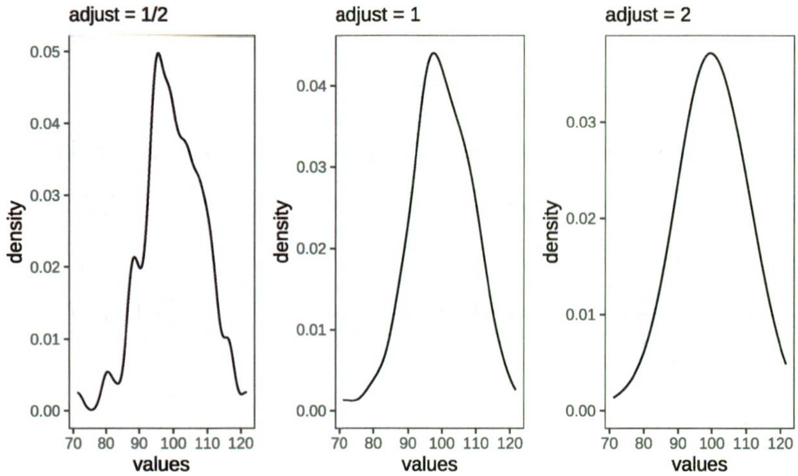

실습 15. `ggplot2::diamonds`

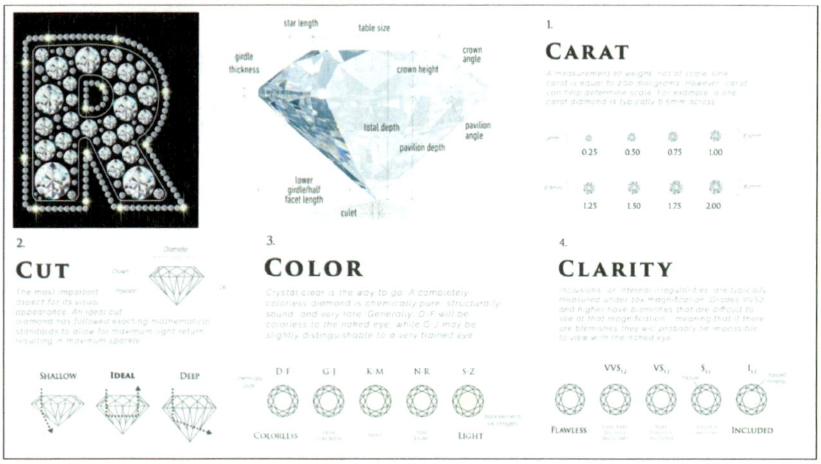

https://www.thediamondcenter.com/

`ggplot2::`에 내장되어 있는 `diamonds` 데이터는 약 54000개의 다이아몬드에 대한 가격(`price`)과 4C 그리고 크기와 관련된 10 가지 특징을 기록한 것이다.

표 11.8: ggplot2::diamonds 데이터의 각 변수와 설명

변수명	설명
price	가격(US \$), \$ 326 ~ \$ 18, 823
carat	무게, 0.2 ~ 5.01
cut	6 단계 세공 품질, Fair, Good, Very Good, Premium, Ideal
color	색상, D(Best) ~ J(Worst)
clarity	투명도, I1(Worst), SI2, SI1, VS2, VS1, VVS2, VVS1, IF(Best)
x	길이(length, mm), 0~10.74
y	넓이(width, mm), 0~58.9
z	깊이(depth, mm), 0~31.8
depth	총 깊이 비율(total depth percentage) $= \frac{z}{\text{mean}(x,y)}$
table	가장 넓은 점(43 ~ 95)과 비교했을 때의 상판 넓이

히스토그램과 커널 밀도 함수

```
diamonds  %>%
 ggplot(aes(x = carat, y=..density..)) +
 geom_histogram(color = "white", fill = "blue") +
 geom_density(adjust = 3, color = "red") +
 theme_bw()
```

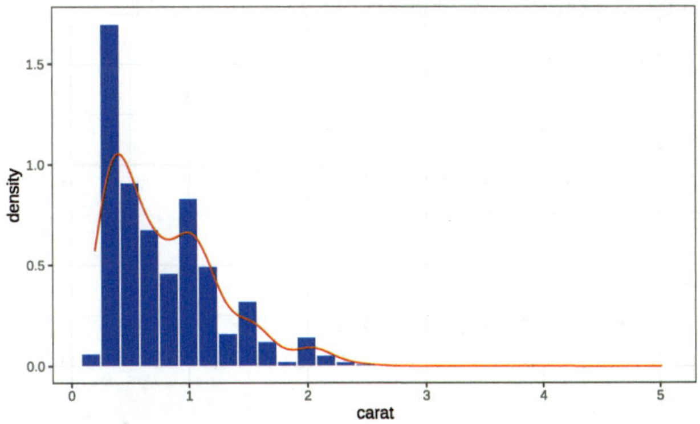

범주별로 구분된 히스토 그램: 색상(color)별 가격의 분포

- `facet_grid()`와 `facet_wrap()`: 기준 변수의 범주별로 구분하여 적용한다.

```
diamonds %>%
 ggplot(aes(x = price, color= color, fill = color)) +
 geom_histogram(binwidth = 5, alpha=0.6) +
 theme_bw() +
 theme(legend.position="none",
       strip.text.x = element_text(size = 8)
       ) +
 labs(y = "counts") +
 facet_grid(cut~color)
```

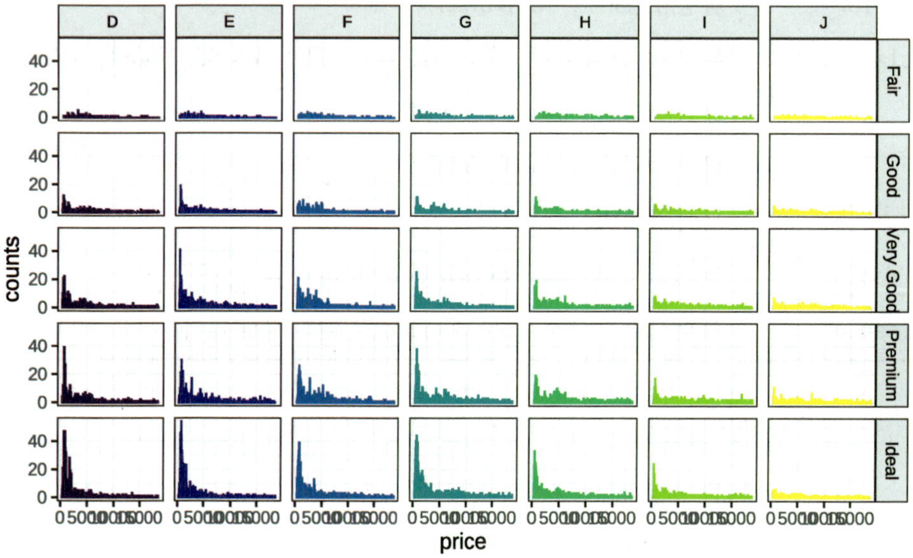

쌍별 비교된 히스토 그램: 색상(color) D와 E의 가격 비교

- y = ..density.. count 대신에 density를 표시해 준다.

```
diamonds %>%
 ggplot(aes(x = price)) +
 geom_histogram(data = subset(diamonds, color == "D"),
                aes(y = ..density.., fill = color,
                   color = "white")
                ) +
 geom_histogram(data = subset(diamonds, color == "J"),
                aes(color = "white",y = -..density.., fill = color
                   )
                ) +
 scale_fill_manual(name="color",
                   values=c("blue","red"),
                   labels=c("D","J")
```

```
                  ) +
theme_bw()
```

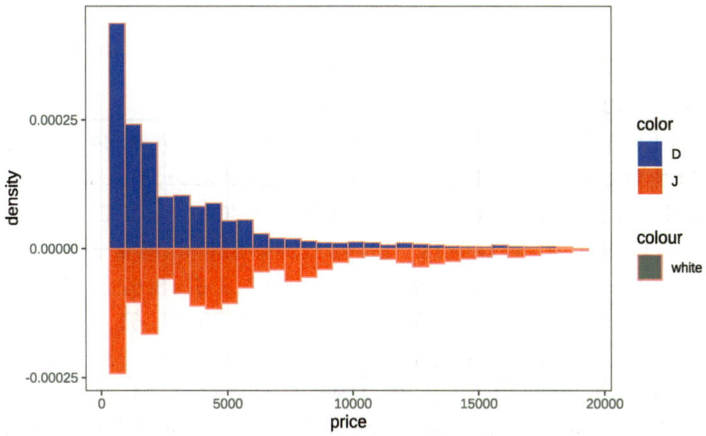

11.3.4 산점도 scatter plots

산점도(scatter plots)는 동시에 측정되는 2 개의 연속형 변수들의 값을 2차 평면 (x, y) 상에 도시하는 그림으로 다양한 시각화 방법에 응용되는 중요한 방법이다. 산점도의 형태 또는 관계를 파악할 때 매우 유용하지만, 실제로 실제로 측정 단위의 입도(discreteness) 또는 데이터의 수가 많은 경우(고밀도 데이터) 여러 개의 데이터가 겹쳐서(overplotting) 나타날 수 있다. 이는 시각적으로 확인하고자 하는 형태/관계에 대한 심각한 왜곡이 있을 수 있고, 경우에 따라서는 각 변수의 대략적 범위 이외에는 확인할 수 없는 경우도 발생한다. 이를 위한 해결책이 유일하지는 않지만, 다음의 방법이 도움이 될 수 있다.

- `jitter()` 각 값들을 겹치지 않게 흔들어서 도시한다.
- `geom_bin2d()`: 2차원 빈을 정의하여 도시한다. 기본은 양 축으로 30개를 가정하고, `bins = number` 또는 `binwidth = c(a, b)`를 통하여 조정할 수 있다.
- `geom_hex()` 각 값들을 겹치지 않게 흔들어서 도시한다.
- `geom_smooth()` 두 변수들의 관계를 대략적으로 확인한다.

예제 16. ggplot2::diamonds

```
data(diamonds)
str(diamonds)
```

```
# tibble [53,940 x 10] (S3: tbl_df/tbl/data.frame)
#  $ carat  : num [1:53940] 0.23 0.21 0.23 0.29 0.31 0.24 0.24 0.26 0.22 0.23 ...
#  $ cut     : Ord.factor w/ 5 levels "Fair"<"Good"<..: 5 4 2 4 2 3 3 3 1 3 ...
#  $ color  : Ord.factor w/ 7 levels "D"<"E"<"F"<"G"<..: 2 2 2 6 7 7 6 5 2 5 ...
#  $ clarity: Ord.factor w/ 8 levels "I1"<"SI2"<"SI1"<..: 2 3 5 4 2 6 7 3 4 5 ...
#  $ depth  : num [1:53940] 61.5 59.8 56.9 62.4 63.3 62.8 62.3 61.9 65.1 59.4 ...
#  $ table  : num [1:53940] 55 61 65 58 58 57 57 55 61 61 ...
#  $ price  : int [1:53940] 326 326 327 334 335 336 336 337 337 338 ...
#  $ x      : num [1:53940] 3.95 3.89 4.05 4.2 4.34 3.94 3.95 4.07 3.87 4 ...
#  $ y     : num [1:53940] 3.98 3.84 4.07 4.23 4.35 3.96 3.98 4.11 3.78 4.05 ...
#  $ z     : num [1:53940] 2.43 2.31 2.31 2.63 2.75 2.48 2.47 2.53 2.49 2.39 ...
```

주어진 데이터에서 (carat, price)에 대한 산점도 그리고 이를 응용한 방법을 적용한 것이다. 가장 기본적인 산점도에서는 데이터들이 중복되어 데이터 밀집 구간 또는 그 형태에 대한 정보를 올바로 반영하지 못한다. 시도한 여러 가지 방법들 중에서 산점도를 그린 목적에 가장 적합한 방법을 선택하여 사용할 수 있다.

```
diamonds  %>%
 ggplot(aes(carat, price)) +
 geom_point() +
 # geom_jitter() +                    # 각각을 시도해 보세요.
 # geom_point(color = "blue",  size = 0.5, alpha = 0.1) +
 # geom_bin2d() +
 # geom_hex(color = "gold") +
 # geom_smooth() +
 labs(subtitle = "origin") +
 theme_bw()
```

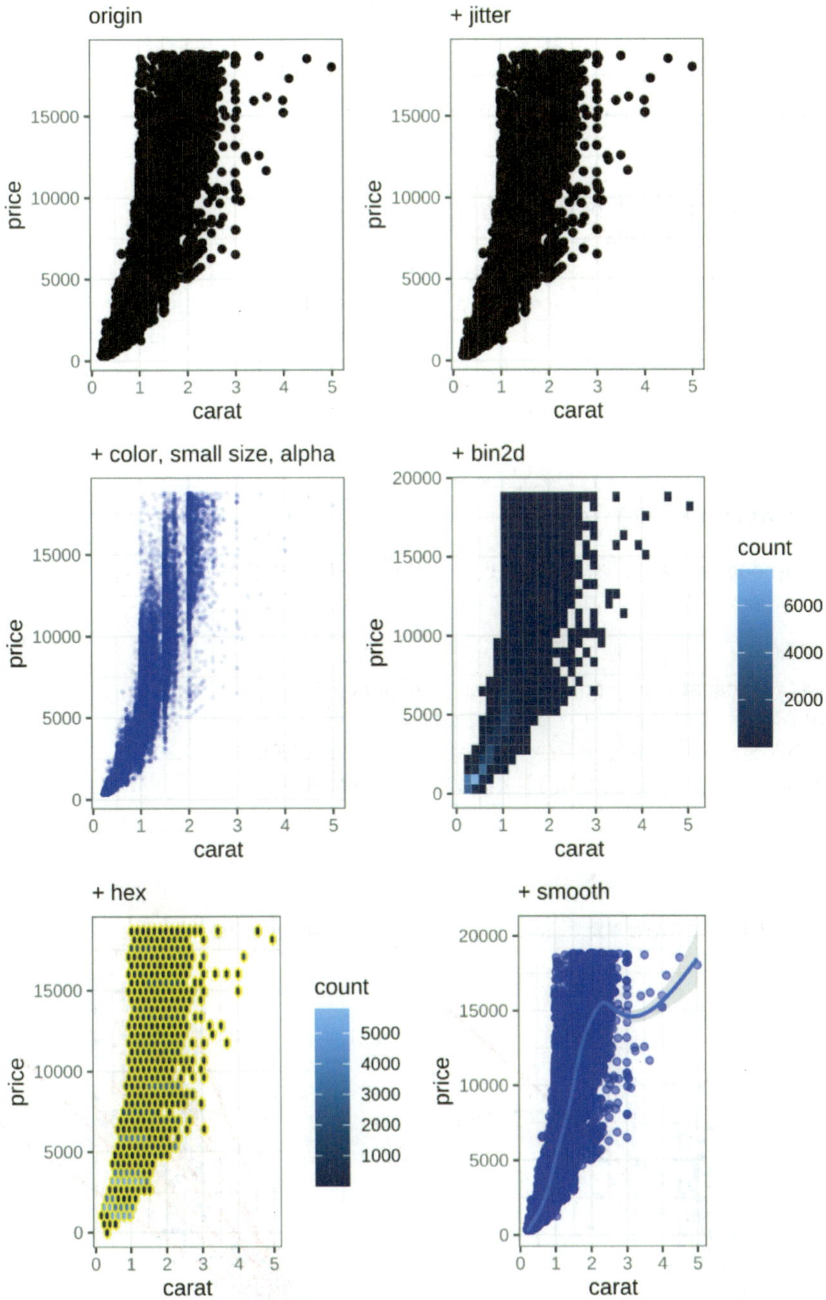
origin
+ jitter
+ color, small size, alpha
+ bin2d
+ hex
+ smooth
price
carat
count

혼합된 데이터 분리 선택: cut = Ideal, color = D

```
dia.ID <- diamonds  %>%
 dplyr::filter(cut == "Ideal" & color == "D")
#
dia.ID  %>%
 ggplot(aes(x = carat, y = price)) +
 geom_point(color = "blue") +
 geom_smooth(method= "rlm", color = "gold") +
 geom_smooth(method= "lm", color = "red", se = FALSE) +
 geom_smooth(method = "lm", formula = y ~ x + I(x^3), color = "darkgray", se = FALSE) +
 geom_smooth(method = "loess", span = 0.3, color = "darkgreen", se = FALSE) +
 theme_bw()
```

층화(stratification) 여부 확인

- aes(group = var): **지정된 var로 구분하여 통계 계산을 수행한다.**

```
dia.ID  %>%
 ggplot(aes(x = carat, y = price, group = clarity)) +
 geom_point(color = "blue") +
 geom_smooth(method= "rlm", color = "gold", se = FALSE) +
 geom_smooth(method= "lm", color = "red", se = FALSE) +
 theme_bw()
```

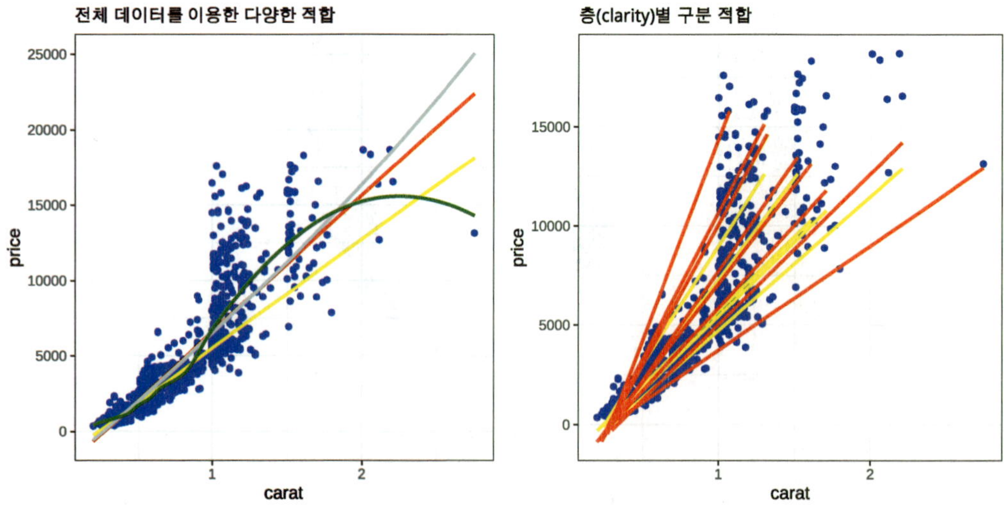

clarity에 의하여 층이 구분되므로 층별 적합 시도

facet_wrap(formula) 지정된 formula 별로 적합된 결과를 보여 준다.

```
dia.ID  %>%
 ggplot(aes(x = carat, y = price)) +
 geom_point(color = "blue") +
 geom_smooth(method= "rlm", color = "gold") +
 geom_smooth(method= "lm", color = "red") +
 facet_wrap(~clarity) +
 theme_bw()
```

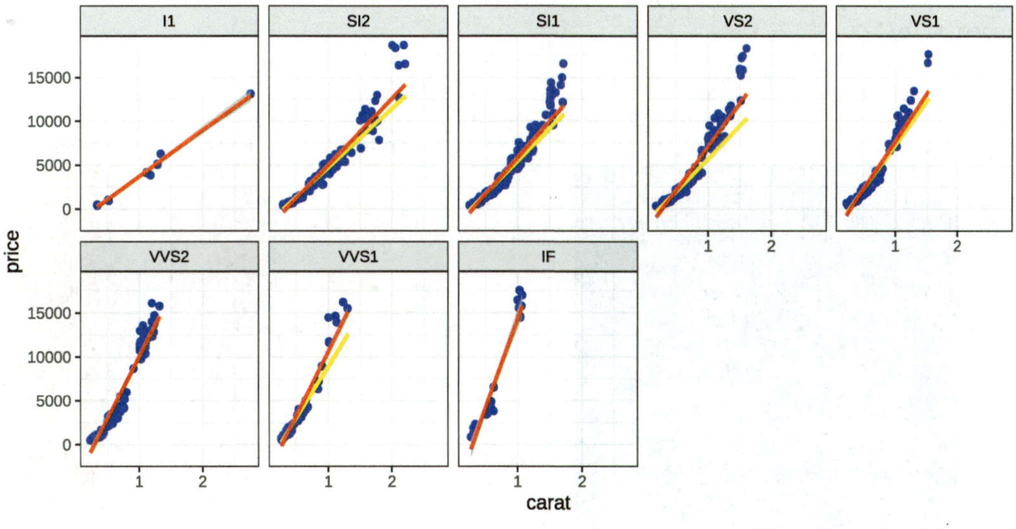

11.3.5 히트맵 heatmaps

히트맵(heatmap)은 서로 다른 2개의 범주형 변수간에 나타나는 값들을 색상으로 구분된 타일 (tile) 형태로 보여주는 그림이다. 이를 적용하기 위해서는 다음의 데이터 구조가 필요하다.

- 제 1 범주형 변수: x 축 상에 위치하는 변수
- 제 2 범주형 변수: y 축 상에 위치하는 변수
- 연속형/이산형 변수: 색상으로 표현할 변수

geom_tile()

색상 조절

- `scico::scale_fill_scico(palette = c("bilbao", "vik", "lajolla")`
- `scale_fill_distiller(palette = c("Spectral", "RdPu", "YlOrBr"))`

예제 17. 기본 그림: 가상 데이터

```
heat_data <- read.csv(paste0(data_path, "heat.data.csv"))

heat_data  %>%
 ggplot(aes(x, y, fill= value)) +
  geom_tile()
```

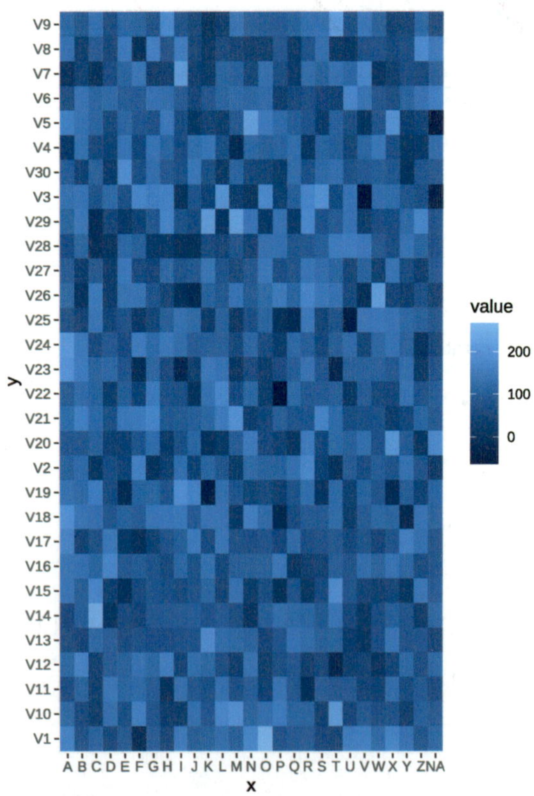

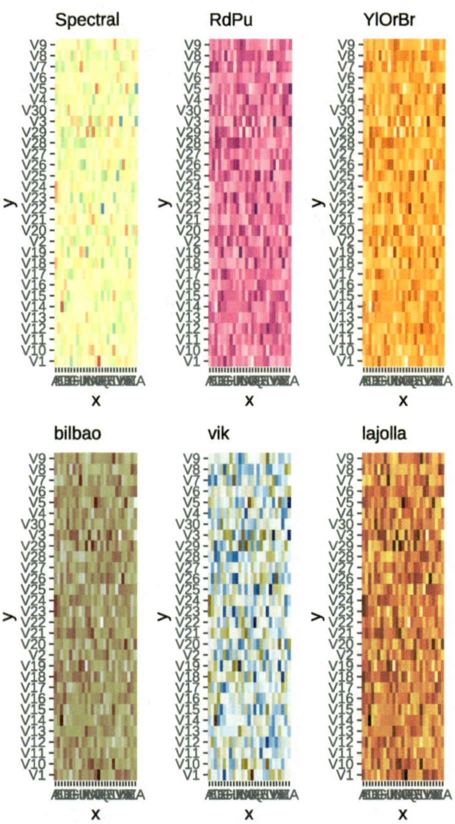

예제 18. 기본 그림: *volcano* 격자 데이터

다음은 **R**에 내장되어있는 volcano 데이터를 이용한 마웅가 화우(Maunga Whau)의 지형 정보 데이터이다. 이는 오클랜드(Auckand) 화산 지대에 있는 약 50개의 화산 중의 하나이며, 지형 정보는 10m x 10m 격자 형태로 기록되었다. X는 동(east)에서 서(west) 그리고 Y는 남(south)에서 북(north)으로의 격자선을 나타낸다.

```
volcano2 <- read.csv(paste0(data_path, "volcano2.csv"))
volcano2 %>%
 ggplot(aes(X, Y, fill= Z)) +
  geom_tile() +
 theme_bw() +
 theme(legend.position="none")
```

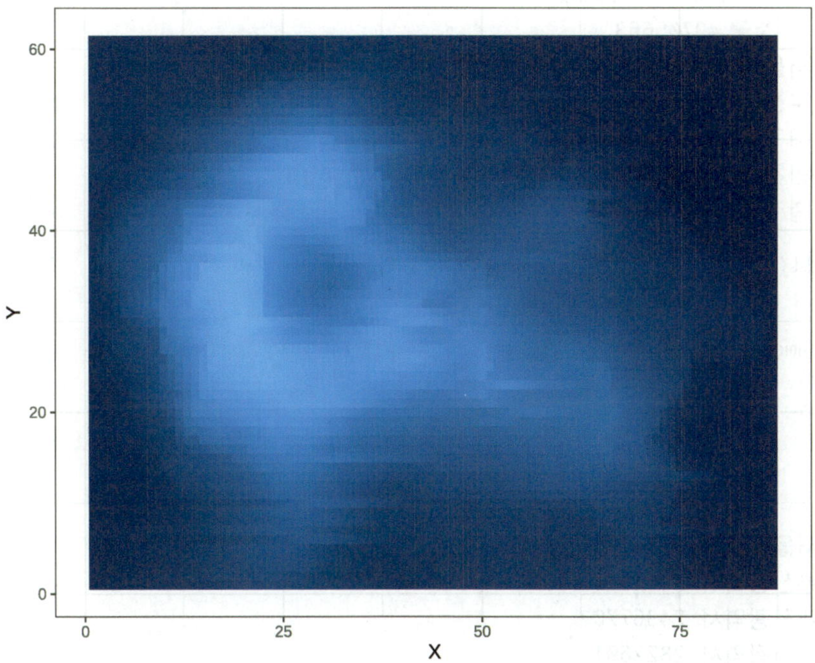

실습 16. 국내 성씨 본관의 분포 2015 lastname.2015.csv

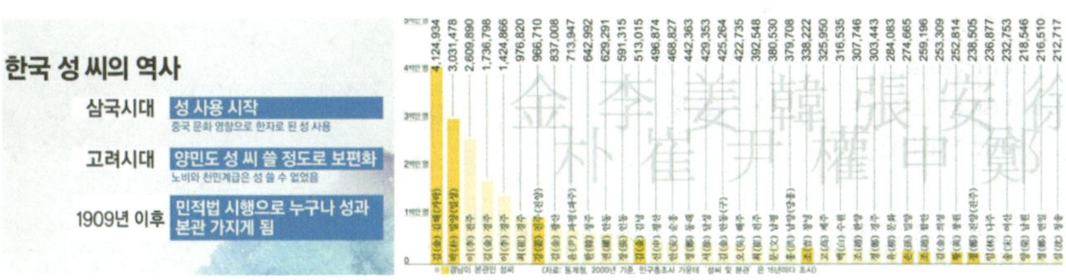

데이터 불러오기

```
names <- read.csv(paste0(data_path, "lastname.2015.csv"))
```

데이터의 구조 확인

변수와 케이스의 수 그리고 변수의 유형을 확인하고, 결측값(missing values; NA)의 존재 여부를 확인한다.

```
head(names)
```

```
#   last      area    total
# 1   계      전국 49705663
# 2 <NA> 서울특별시  9567196
# 3 <NA> 부산광역시  3404667
# 4 <NA> 대구광역시  2436770
# 5 <NA> 인천광역시  2822601
# 6 <NA> 광주광역시  1481289
```

- fill(): 기록되지 않은 분류값을 채워준다.

```
names <- names  %>%
 fill(last)
head(names)
```

```
#   last      area    total
# 1   계      전국 49705663
# 2   계 서울특별시  9567196
# 3   계 부산광역시  3404667
# 4   계 대구광역시  2436770
# 5   계 인천광역시  2822601
# 6   계 광주광역시  1481289
```

국내에는 어떤 성씨들이 있는가?

```
names_total <- names  %>%
 fill(last)  %>%
  dplyr::filter(area == "전국") %>%
  dplyr::filter(last != "계")  %>%
   arrange(desc(total))

lastnames <- unique(names_total$last)
lastnames
```

```
#   [1] "김(金)"       "이(李)"       "박(朴)"       "최(崔)"       "정(鄭)"
#   [6] "강(姜)"       "조(趙)"       "윤(尹)"       "장(張)"       "임(林)"
#  [11] "한(韓)"       "오(吳)"       "서(徐)"       "신(申)"       "권(權)"
#  [16] "황(黃)"       "안(安)"       "송(宋)"       "전(全)"       "홍(洪)"
#  [21] "유(柳)"       "고(高)"       "문(文)"       "양(梁)"       "손(孫)"
#  [26] "배(裵)"       "조(曺)"       "백(白)"       "허(許)"       "유(劉)"
#  [31] "남(南)"       "심(沈)"       "노(盧)"       "정(丁)"       "하(河)"
#  [36] "곽(郭)"       "성(成)"       "차(車)"       "주(朱)"       "우(禹)"
#  [41] "구(具)"       "신(辛)"       "임(任)"       "전(田)"       "민(閔)"
#  [46] "유(兪)"       "류(柳)"       "나(羅)"       "진(陳)"       "지(池)"
#  [51] "엄(嚴)"       "채(蔡)"       "원(元)"       "기타"         "천(千)"
#  [56] "방(方)"       "공(孔)"       "강(康)"       "현(玄)"       "함(咸)"
#  [61] "변(卞)"       "염(廉)"       "양(楊)"       "변(邊)"       "여(呂)"
#  [66] "추(秋)"       "노(魯)"       "도(都)"       "소(蘇)"       "신(愼)"
#  [71] "석(石)"       "선(宣)"       "설(薛)"       "마(馬)"       "길(吉)"
#  [76] "주(周)"       "연(延)"       "방(房)"       "위(魏)"       "표(表)"
#  [81] "명(明)"       "기(奇)"       "반(潘)"       "라(羅)"       "왕(王)"
#  [86] "금(琴)"       "옥(玉)"       "육(陸)"       "인(印)"       "맹(孟)"
#  [91] "제(諸)"       "모(牟)"       "장(蔣)"       "남궁(南宮)"   "탁(卓)"
#  [96] "국(鞠)"       "여(余)"       "진(秦)"       "어(魚)"       "은(殷)"
# [101] "편(片)"       "구(丘)"       "용(龍)"       "유(庾)"       "예(芮)"
# [106] "경(慶)"       "봉(奉)"       "정(程)"       "석(昔)"       "사(史)"
# [111] "부(夫)"       "황보(皇甫)"   "가(賈)"       "복(卜)"       "태(太)"
# [116] "목(睦)"       "진(晋)"       "형(邢)"       "계(桂)"       "최(催)"
# [121] "피(皮)"       "두(杜)"       "지(智)"       "감(甘)"       "장(章)"
# [126] "제갈(諸葛)"   "음(陰)"       "빈(賓)"       "동(董)"       "온(溫)"
# [131] "사공(司空)"   "호(扈)"       "경(景)"       "범(范)"       "전(錢)"
# [136] "선우(鮮于)"   "좌(左)"       "설(□)"        "팽(彭)"       "승(承)"
# [141] "간(簡)"       "하(夏)"       "상(尙)"       "시(施)"       "시(柴)"
# [146] "갈(葛)"       "서문(西門)"   "진(陣)"       "단(段)"       "호(胡)"
# [151] "소(邵)"       "견(甄)"       "당(唐)"       "도(陶)"
```

```
length(lastnames)
```

```
# [1] 154
```

국내에는 가장 많은 상위 50개의 성씨들은 어떤 빈도를 갖는가?

```
names_50 <- names_total  %>%
 top_n(50)

names_50 %>%
```

```
ggplot(aes(fct_reorder(last, total), total))  +
geom_col(color = "white", fill = "blue") +
labs(x = "성씨",
     y = "등록 인구 수",
     subtitle = "국내 빈도 상위 50개 성씨들(2015)"
     ) +
coord_flip() +
theme_bw()
```

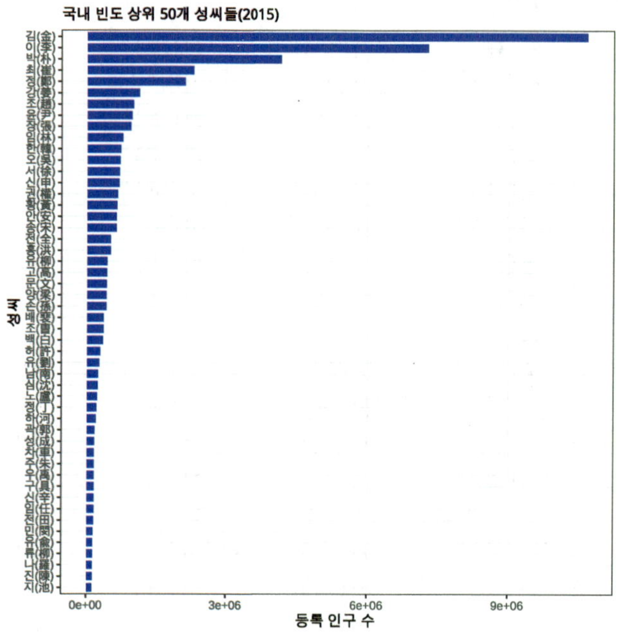

⚙ 가장 많은 상위 50개 성씨들의 지역 분포는 어떠한가?

⚙ `scico::scale_fill_scico(palette = c("bilbao", "vik", "lajolla")` 또는 `scale_fill_distiller(palette = c("Spectral", "RdPu", "YlOrBr"))` 을 이용하여 색상을 조절할 수 있다.

```
names_50_area <- names  %>%
 fill(last)  %>%
  dplyr::filter(area != "전국") %>%
  dplyr::filter(last != "계" & last %in% names_50$last)
names_50_area %>%
 ggplot(aes(fct_reorder(area, -total),
            fct_reorder(last, total),
            fill = total)) +
 geom_tile() +
```

```
geom_text(aes(label=sprintf("%0.2f", round(total/10000,2)),
              color = "red"),
           size = 1.5
           )+
labs(x = "행정구역",
     y = "성씨",
     subtitle = "2015년 국내 빈도 상위 50개 성씨들(단위:만명)"
     ) +
theme_bw() +
theme(axis.text.x = element_text(angle = 90, vjust = 0.5, hjust=1),
      legend.position="none"
      ) +
scico::scale_fill_scico(palette = "lajolla")
```

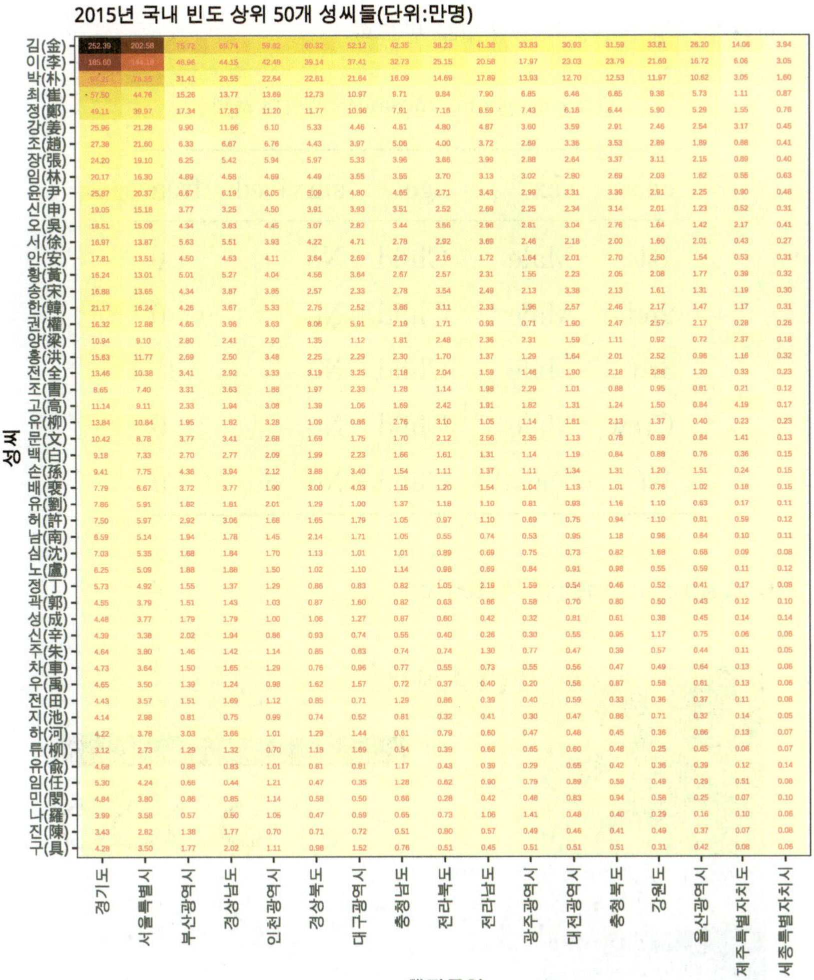

11.3.6 모자이크 그림 mosaic plots

모자이크 그림(mosaic plots)은 2개 이상의 범주형 데이터의 빈도 시각화를 위한 그림이다. 적용 데이터는 사전에 고려한 변수들의 범주간 교차 조건에서 빈도화(frequency) 또는 테이블(table)로 저장되어 있어야 한다. 이는 막대 그림, 누적 막대 그림 그리고 중복 교차 빈도 그림 등을 생성하여 요약된 데이터를 시각화할 수 있다.

적용 가능한 데이터 구조

- 2 개 이상의 범주형 변수들의 조합 별로 빈도화

표 11.9: geom_mosaic의 데이터 포멧

class	sex	age	survived	freq
1st	Male	Child	No	0
2nd	Male	Child	No	0
3rd	Male	Child	No	35
Crew	Male	Child	No	0
1st	Female	Child	No	0

예제 19. `tragic accident: titanic`

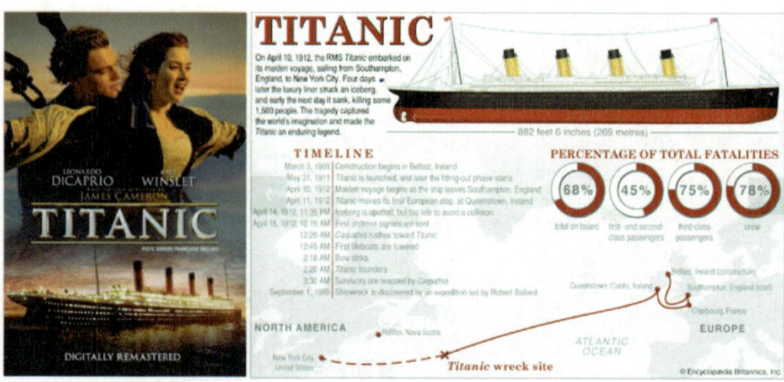

https://www.britannica.com/topic/Titanic

데이터의 불러오기

```
titanic <- read.csv(paste0(data_path, "titanic.csv"))
```

데이터의 구조확인

```
str(titanic)

# 'data.frame': 32 obs. of  5 variables:
#  $ class   : chr  "1st" "2nd" "3rd" "Crew" ...
#  $ sex     : chr  "Male" "Male" "Male" "Male" ...
#  $ age     : chr  "Child" "Child" "Child" "Child" ...
#  $ survived: chr  "No" "No" "No" "No" ...
#  $ freq    : int  0 0 35 0 0 0 17 0 118 154 ...
```

```
na_count(titanic)

#    class      sex      age survived     freq
#        0        0        0        0        0
```

- ggmosaic:: 설치

```
install.packages("ggmosaic")
library(ggmosaic)
```

- 관심 있는 변수를 fill에 저장
- aes()의 변수는 반드시 product()를 지정

```
mosaic_color = c("red", "blue", "darkgreen", "black")

titanic  %>%
 ggplot() +
 geom_mosaic(aes(weight = freq,
                 x = product(class),
                 fill = survived) ) +
 #theme_mosaic() +
 scale_fill_manual(values=mosaic_color)

titanic  %>%
 ggplot() +
 geom_mosaic(aes(weight = freq,
                 x = product(class, age),
```

```
                fill = survived)) +
  # 시도해 보세요.
  # geom_mosaic(aes(weight = freq, x = product(class),
  #                 conds= product(age), fill =survived)) +
  theme_bw() +
  theme(axis.text.x = element_text(angle = 90, vjust = 0.5, hjust = 1))
  scale_fill_manual(values=mosaic_color)
```

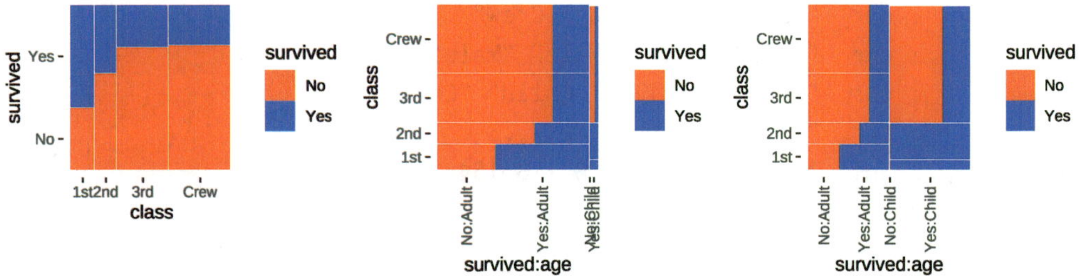

11.3.7 등고선도 contour plots

등고선도(contour plots)는 $\{x, y, z\}$로 주어지는 공간 데이터를 표현하는 방법으로 일반적으로 표면도(surface plots)와 함께 활용한다. 이때, $\{x, y\}$는 공간을 구성하는 평면상의 위치 좌표를 나타내고, z는 해당 위치에서의 특성을 나타내는 값을 나타낸다. 일반적으로 위치 좌표는 격자(grid) 형태로 주어진다.

- `geom_contour()`: 등고선을 그리는 기본 기능을 제공한다.
- `geom_density_2d(aes(color = ..level..))`: 등고선 수준에 따라 색상을 적용한다.
- `geom_density_2d_filled()`: 등고선 수준에 색상을 채운다.
- `scale_color_viridis_c`: 녹색 계열의 등고선을 적용한다.

예제 20. 기본 그림: 가상 데이터

- `reshape2::melt()`: matrix를 (행, 열, 값)으로 전환한다.

```
library(reshape2)
df <- melt(volcano)

a <- as.data.frame(volcano)
class(volcano)

# [1] "matrix" "array"
```

```
ggplot(df, aes(Var1, Var2, z= value)) +
  geom_contour() +
 geom_contour(aes(z = value, colour = stat(level))) +
  scale_colour_viridis_c() +
  scale_fill_distiller(palette = "Spectral", direction = -1) +
  coord_equal() +
  theme_bw()
```

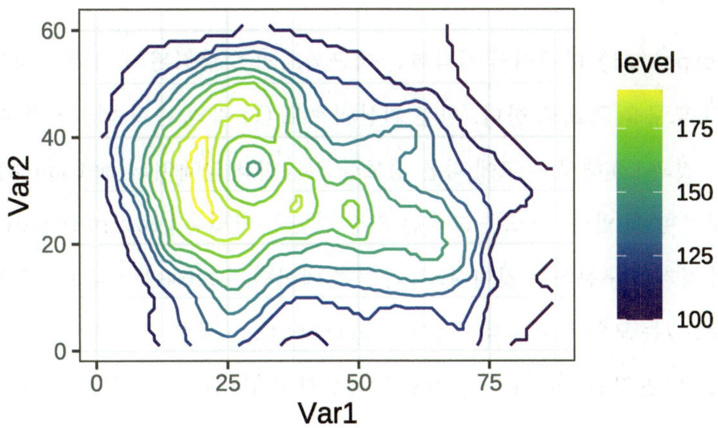


```
ggplot(df, aes(Var1, Var2, z= value)) +
  stat_contour(geom="polygon",aes(fill=stat(level))) +
  scale_fill_distiller(palette = "Spectral", direction = -1) +
  theme_bw()
```

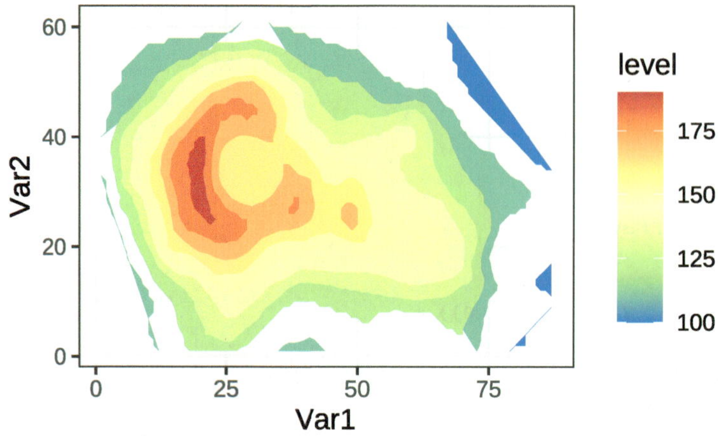

11.3.8 지도 maps

지리 공간(geospatial) 데이터의 시각화는 지금까지의 수량화된 데이터를 시각화하는 것과 비교할 때 특별한 도구를 필요로 한다. 이는 기본적으로 (1) 지리 관련 데이터를 이용하여 지도 (maps)를 그리는 것과 (2) 해당 지도에 다른 정보를 저장한 메타데이터(metadata)를 지도에 추가하는 문제로 구분할 수 있다. 지도를 그리는 가장 간단한 방법은 `geom_polygon()`을 이용하여 서로 다른 지역의 경계를 구분하는 것이다. 지리 공간 데이터는 `geometry`와 `attribute`로 구성된다. 여기서 `geometry`는 모양과 위치를 지정하고 `attribute`는 색상, 크기 등의 특성(properties) 정보를 지정한다. 일반적인 image를 `*.jpg`로 저장하고 Word 문서를 `*.docx`로 저장하듯이 `GIS(Geographical Information System)` 응용 프로그램 역시 [표 11.10]의 양식으로 데이터를 저장한다. `GIS` 데이터에 대한 다양한 파일 형식이 존재하지만, 가장 일반적인 형식은 `shape file`이다. 이는 하나의 파일로 명명되지만 실제로는 3 개 이상의 서로 다른 형식의 파일들의 그룹(group)으으로 저장한다.

표 11.10: shapefile을 구성하는 기본 화일 그룹

확장자 Extension	설명 Description
`*.shp`	벡터 특성의 geometry
`*.dbf`	벡터 특성의 attributes

확장자 Extension	설명 Description
*.shx	GIS 응용 프로그램의 특성 선택을 돕는 인덱스

*.shp 불러오기

rgdal::을 설치한다. 이는 래스터 및 벡터 맵 데이터를 R로 가져올 수 있고 래스터 및 벡터 sp 개체로 저장할 수 있다. 여기서 lat은 위도(latitude) 그리고 long은 경도(longitude)를 나타내고 group은 지역을 구분하는 고유 식별자(섬 또는 홀 등을 포함)를 지정한다. 이를 geom_point()와 geom_polygon()을 이용하여 지도를 그려보면 다음과 같다.

fortify(): map 데이터를 data.frame으로 전환해 준다.

```
file_name <- paste0(data_path,"TL_SCCO_CTPRVN.shp")
map.i <- rgdal::readOGR(file_name,
                        layer = "TL_SCCO_CTPRVN",
                        use_iconv = TRUE,
                        encoding = "euc-kr"
                        )
```

```
# OGR data source with driver: ESRI Shapefile
# Source: "E:\_data\eda\TL_SCCO_CTPRVN.shp", layer: "TL_SCCO_CTPRVN"
# with 17 features
# It has 3 fields
```

```
map.ko <- fortify(map.i)
map.ko  %>%
 ggplot(aes(x = long, y = lat, group = group)) +
   geom_polygon(size = 0.05, fill = "white", color = "black") +
 labs(title = 'South Korea', subtitle = 'EDA course')+
 theme_minimal() +
 scale_x_discrete(labels = NULL, breaks = NULL) + labs(x = "") +
 scale_y_discrete(labels = NULL, breaks = NULL) + labs(y = "") +
 theme(legend.position = "none")
```

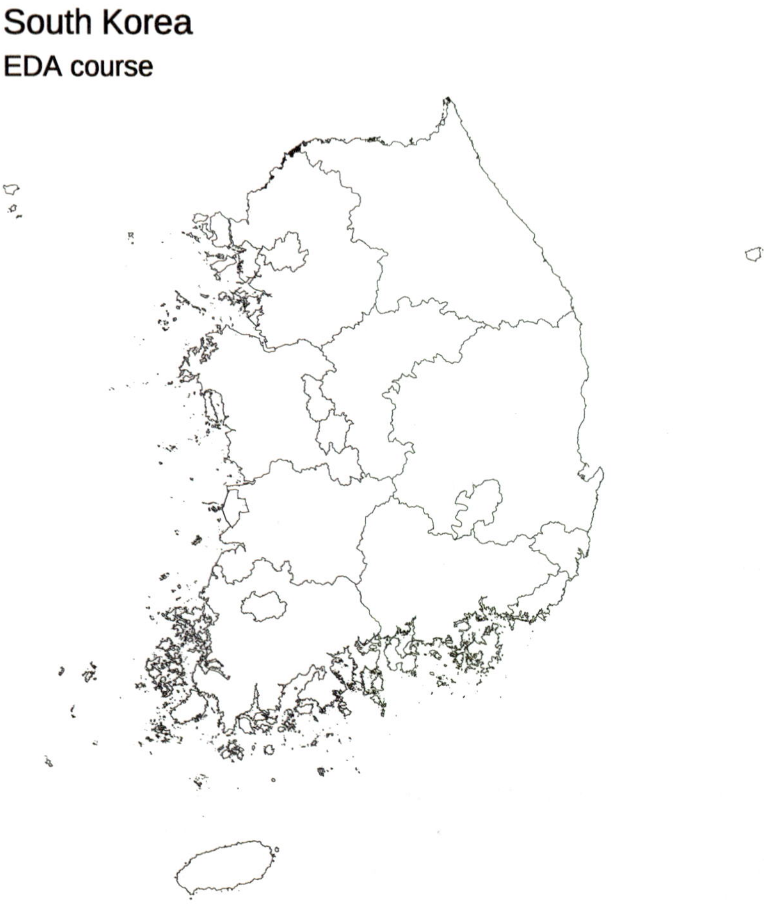

빈 지도에 데이터를 추가하기 위해서는 (1) 지도와 동일한 id를 갖는 데이터를 생성한 후 (2) 이를 지도와 결합한다. 그리고 지도의 좌표와 geom_polygon()을 이용하여 데이터를 표시한다.

```
# 지역별 id 정보
ident <- read.csv(paste0(data_path, "geomap.csv"),
                  fileEncoding = "euc-kr")
# 구급 관련 데이터
emergency <- read.csv(paste0(data_path, "emergency.csv"),
                  fileEncoding = "euc-kr")
emergency <- ident %>%
 dplyr::left_join(emergency, by = c("area" = "본부"))  %>%
  mutate(id = as.character(id))
# 지도 + 메타 데이터
data <- map.ko %>% dplyr::left_join(emergency, by = "id")
# 데이터를 반영한 지도
```

```
data  %>%
 ggplot(aes(x=long, y=lat)) +
 geom_polygon(aes(fill=보유구급차, group = group)) +
 labs(fill="보유 구급차") +
 theme_minimal() +
 scale_x_discrete(labels = NULL, breaks = NULL) + labs(x = "") +
 scale_y_discrete(labels = NULL, breaks = NULL) + labs(y = "") +
 scico::scale_fill_scico("lajolla")
```

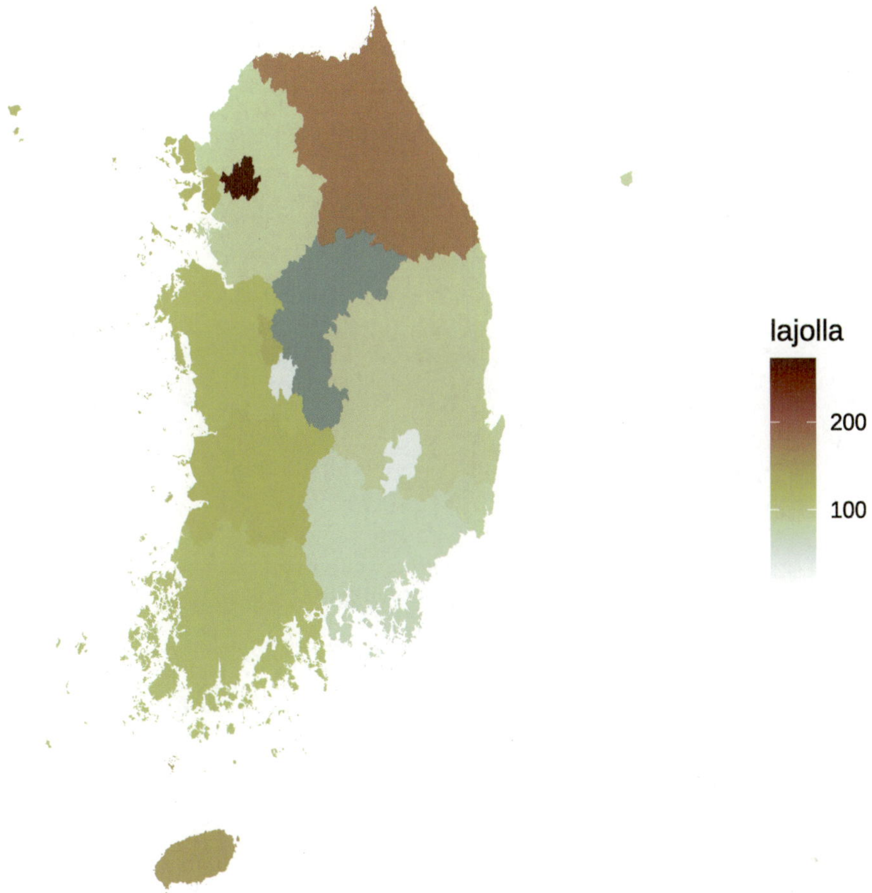

참고 문헌

Becker, R.A.and Chambers, J. (1984). *S: An Interactive Environment for Data Analysis and Graphics.* Wadsworth and Brooks/Cole.

Burn, D. A. (1993). *Designing Effective Statistical Graphs.*

Crawley, M. J. (2012). *The R book.* John Wiley and Sons.

Friendly, M. (2008). *A brief history of data visualization.* Springer.

Friendly, M. (2022). Remembrances of things eda. *Journal of the Data Visualization Society Nightingale.*

Friendly, M. and Meyer, D. (2015). *Discrete data analysis with R: visualization and modeling techniques for categorical and count data.* CRC Press.

Hoaglin, D. C., Mosteller, F., and Tukey, J. W. (1983). *Understanding robust and exploratory data anlysis.* probability and mathematical statistics. Wiley–series.

Hoaglin, D. C., Mosteller, F., and Tukey, J. W. (2011). *Exploring data tables, trends, and shapes.* John Wiley and Sons.

Huber, P. J. (2011). *Robust statistics.* Springer.

Ihaka, R. and Gentleman, R. (1996). A language for data analysis and graphics. *Journal of Computational and Graphical Statistics*, 5(3):299–314.

Mallows, C. L. and Tukey, J. W. (1982). An overview of techniques of data analysis, emphasizing its exploratory aspects. *Some recent advances in statistics*, 33:111–172.

Mosteller, F. and Tukey, J. W. (1977). *Data analysis and regression.* behavioral science: quantitative methods. Addison–Wesley.

Pearson, K. (1895). Contributions to the mathematical theory of evolution. ii. skew variation in homogeneous material. *Philosophical Transactions of the Royal Society A: Mathematical, Physical and Engineering Sciences*, 186:343–414.

R Core Team (2022). *R: A Language and Environment for Statistical Computing*. R Foundation for Statistical Computing, Vienna, Austria.

Ripley, B. (2021). *MASS: Support Functions and Datasets for Venables and Ripley's MASS*. R package version 7.3-54.

Rousseeuw, P. J. (1984). Least median of squares regression. *the American statistical association*, 79(388):871–880.

Rousseeuw, P. J. and Leroy, A. M. (1987). *Robust Regression and Outlier Detection*. Wiley.

Rousseeuw, P. J. and Leroy, A. M. (1988). A robust scale estimator based on the shortest half. *Statistica Neerlandica*, 42(2):103–116.

Velleman, P. and Hoaglin, D. (2004). *The ABC's of EDA: Applications. Basics.* Duxbury Press.

Venables, W. N. and Ripley, B. D. (1999). *Modern Applied Statistics with S-PLUS*. Springer, third edition.

Wheelwright, S., Makridakis, S., and Hyndman, R. J. (1998). *Forecasting: methods and applications*. Wiley, third edition.

Wickham, H. (2010). A layered grammar of graphics. *Computational and Graphical Statistics*, 19(1):3–28.

Wickham, H. (2014). Tidy data. *The Journal of Statistical Software*, 59.

Wickham, H. (2016). *ggplot2: Elegant Graphics for Data Analysis*. Springer-Verlag New York.

Wickham, H. (2019). *Advanced R. 2nd Edition*. CRC press, second edition.

Wickham, H. (2022). *tidyverse: Easily Install and Load the Tidyverse*. R package version 1.3.1.

Wickham, H., Chang, W., Henry, L., Pedersen, T. L., Takahashi, K., Wilke, C., Woo, K., Yutani, H., and Dunnington, D. (2022a). *ggplot2: Create Elegant Data Visualisations Using the Grammar of Graphics.* R package version 4.1.3.

Wickham, H., François, R., Henry, L., and Müller, K. (2022b). *dplyr: A Grammar of Data Manipulation.* R package version 1.0.7.

Wilkinson, L. (2013). *The grammar of graphics.* Springer Science and Business Media.

Wolf, H. P. (2021). *aplpack: Another Plot Package.* R package version 1.3.5.

고승곤 (2014). 원리와 실무 중심의 통계적 사고 방법. 교우사.

고승곤 (2020). 프로젝트 기반의 통계적 문제 해결. 교우사.

허명회 (2012). *R*을 활용한 탐색적 자료분석[개정판]. 자유아카데미.

국문 찾아보기

영문 찾아보기

R function 찾아보기

저자 약력

고 승곤

(현) 가천대학교 응용통계학과 교수

(미) Iowa State University, 통계학 박사

(주요 저서)

새 일반통계학, 교우사, 1998, 2003
마케팅 조사방법론, 율곡출판사, 2000
엑스 이노베이션, 엘빅미디어, 2011
액션 리더, 엘빅미디어, 2012
통계적 사고 방법, 교우사, 2014
통계적 문제 해결, 교우사, 2020
R의 활용과 실무 회귀 분석, 교우사, 2023

이 저서는 2022년도 가천대학교 교내연구비 지원에 의한 결과임.
(GCU-202205370001)

R과 통계적 방법을 활용한 **탐색적 데이터 분석**

초판발행 2023년 1월 20일

지은이 고승곤
펴낸이 오판근
펴낸곳 (주) 교우
주　소 서울시 동대문구 약령시로 8 교우빌딩 2층 (주)교우
전　화 02-925-2861 / **팩　스** 070-7966-8610, **편집부** 02-925-2825
홈페이지&북스토어 www.kyowoo.co.kr / **이메일** kyowoo@kyowoo.co.kr

등　록 1994년 3월 24일 제1994-000013호
ISBN 979-11-251-0372-1 (93310)

(주) 교우는 보다 혁신적이고 참신한 도서를 다양하게 기획하고 있습니다.
책으로 펴내고자 하는 아이디어나 원고는 메일로 보내주세요.
(주) 교우는 전과정을 책임지고 최선을 다하겠습니다.

값 35,000원

교우미디어는 (주) 교우의 Imprint 사입니다.
수학정원·과학정원은 (주) 교우의 새로운 브랜드명입니다.

잘못된 책은 구입하신 서점에서 교환해 드립니다.